2024

컴퓨터그래픽스
운용기능사 필기

한 번에 합격하기 이론 및 기출문제

무료동영상

조영우 저

예문사

머리말

컴퓨터그래픽스운용기능사는 다양한 디자인 분야에서 일하고 싶은 예비 디자이너들이 취득해야 할 기본 자격증이라 할 수 있다. 과거와 달리 오늘날에는 디자인의 표현도구로 컴퓨터그래픽이 적극적으로 사용되기 때문이다. 우리나라는 1997년 자격시험이 처음 신설되어 해마다 많은 수의 기능사를 배출하고 있다. 컴퓨터그래픽은 디자이너들의 소통 수단이며 표현의 도구이므로 기본적으로 능숙하게 다룰 수 있어야 한다. 그러나 단순히 컴퓨터그래픽을 기능적으로만 잘 다루는 것이 아니라 다양한 커뮤니케이션 상황에서 창의적인 소통방법으로 디자인하고 컴퓨터그래픽을 활용해 표현할 수 있어야 한다. 이런 이유에서 본 교재는 암기식 이론 공부를 지양하고 실제 창의적 아이디어를 발상하고 컴퓨터그래픽운용기능사로서 알아야 할 기본 지식을 효과적으로 익힐 수 있는 내용을 영상강의와 함께 공부할 수 있도록 구성하였다.

본 교재를 통해 필기시험 합격은 물론 디자인의 개념을 이해하고, 나아가 그것을 어떻게 컴퓨터그래픽을 통해 잘 표현해낼 수 있는지에 대해 배우며, 예비 디자이너가 갖추어야 할 기본기를 탄탄하게 갖출 수 있기를 바란다.

이 책의 구성

자격시험은 물론 실무에서도 꼭 알아야 할 내용을 위주로 정리하고 해당 내용에 출제연도를 표기해 출제경향을 한눈에 파악하면서 총 20일로 나누어 효율적 학습을 진행할 수 있도록 하였다. 또한 중간 중간 '핵심요약정리 및 체크리스트'를 통해 학습 정도를 스스로 평가 · 점검할 수 있도록 하였다.

2013~최근 기출문제 총 900여 개를 제공하고 각 문제마다 체크박스를 두어 아는 문제와 모르는 문제를 표시하면서 반복적으로 풀어볼 수 있도록 하였다.

이 책의 기획단계에서 가장 신경을 쓴 부분으로 기출문제 하나하나마다 상세한 해설을 달아 이론 내용을 요약 정리하면서 각 문제의 보기가 왜 오류인지, 아니면 왜 정답이 되는지를 상세히 설명하였다. 또한 각 문제마다 중요도를 표시해 효율적인 수험준비를 할 수 있도록 했다.

이 외에도 무료로 인터넷 강의를 들을 수 있으며, 핸드폰으로 언제 어디서나 강의를 들을 수 있는 유튜브 인터넷 강의를 제공하여 책으로만 공부하는 것보다 훨씬 효율적인 학습이 되도록 했다.

효율적인
학습방법

1. 먼저 영상 강의를 듣는다.

전체적인 흐름을 파악하면서 어떤 내용이 중요한지 알게 되어 교재를 쉽게 이해할 수 있다.

2. 분문 내용을 정독하고 최대한 암기한 후 체크리스트를 풀어본다.

누구든 한 번 읽고 암기하기는 어렵다. 하지만 한두 번 정독한 후에 파트별 체크리스트를 풀면 아는 내용과 모르는 내용이 구분되고 자신의 수준도 파악하게 된다.

3. 기출문제를 풀고 채점 시에 해설부분을 보면서 틀린 문제를 다시 숙지한다.

기출문제를 풀어본 후 해설을 보며 채점할 때 틀린 부분을 확인함으로써 모르거나 헷갈리는 부분을 다시 점검하여 학습 완성도를 높이게 된다.

필자는 어떻게 하면 디자인을 통해 행복한 삶을 구현할 수 있을지를 연구하는 학자이자 디자이너로서 20여 년 동안 다양한 사람들에게 강의를 해왔다. 그런데 강의를 들으면서도 디자인이 뭔지, 왜 이 공부를 해야 하는지 모른 채 시험을 준비하는 학생들을 보면서 참으로 안타까운 마음이 들었다. 이런 마음이 이 책을 기획하게 된 동기라 할 수 있을 것이다. 때문에 최선을 다해 준비했다. 부족한 점이 없지 않지만 이상에서 설명한 대로 이 책의 장점을 최대한 활용하여 공부한다면 자격시험을 준비하거나 실무에서 활용할 때도 부족함이 없을 것이다.

이 책 한 권이 나오기까지 많은 분들이 도움을 주었다. 일일이 인사하지 못하는 것을 양해해 주기 바라며 모두에게 감사의 마음을 전한다.

조 영 우

시험안내

1. 컴퓨터그래픽스운용기능사 자격시험 절차안내

[원서 접수 방법]
① 컴퓨터그래픽스운용기능사는 1년에 5회 실시(일반인은 4회, 3회 시험은 실업계 고등학교 의무 검정으로 시행)
② 원서접수는 큐넷(산업인력공단 자격시험 홈페이지 www.q-net.or.kr)에서 온라인으로 접수 가능

[필기 원서 접수]
① 필기접수 기간 내 인터넷으로 수험원서 제출
② 사진(6개월 이내에 촬영한 반명함판 사진파일, 수수료)
③ 시험장소 본인 선택(선착순)

[필기시험 준비물]
수험표, 신분증, 필기구(볼펜, 컴퓨터사인펜 등) 지참

[합격자 발표]
인터넷(www.q-net.or.kr)으로 합격자 발표를 확인한 후 반드시 정해진 기간에 응시자격서류를 제출하여야 한다.

[실기 원서 접수]
① 실기접수 기간 내 인터넷으로 접수
② 원서 접수는 큐넷(산업인력공단 자격시험 홈페이지 www.q-net.or.kr)에서 접수

[자격증 발급 시 준비물]
증명사진 1매, 신분증, 수수료

2. 응시자격조건 안내

누구나 응시할 수 있음

3. 시험안내

필기, 실기시험 100점 만점에 평균 60점 합격

필기과목(60분)	실기과목(4시간)
제1과목 산업디자인 일반(20문제) 제2과목 색채 및 도법(20문제) 제3과목 디자인 재료(8문제) 제4과목 컴퓨터그래픽스(12문제)	일러스트레이터, 포토샵, 인디자인(쿽익스프레스, 페이지메이커)을 이용해 주어진 이미지를 컴퓨터 그래픽 작업(도면 B4, 레이아웃 변경)

출제기준(필기)

직무 분야	문화 · 예술 · 디자인 · 방송	중'직무 분야	디자인	자격 종목	컴퓨터그래픽스운용기능사	적용 기간	2022.1.1. ~ 2024.12.31
○ 직무내용 : 디자인에 관한 기초지식을 가지고 컴퓨터그래픽 프로그램을 활용하여 광고, 편집, 포장디자인 등의 시각디 자인 관련 원고지시에 의해 그래픽디자인 작업을 하는 직무								
필기검정방법	객관식			문제 수	60	시험시간	1시간

필기과목명	문제 수	주요항목	세부항목	세세항목
산업디자인 일반	20	1. 디자인의 개요	1. 디자인 일반	1. 디자인의 의미, 성립, 조건 2. 디자인의 분류 및 특징
			2. 디자인의 요소와 원리	1. 디자인의 요소 2. 디자인의 원리 3. 형태의 분류 및 특징 4. 형태 심리
			3. 디자인사	1. 근대 디자인사 2. 현대 디자인사
		2. 마케팅	1. 디자인과 마케팅	1. 디자인 정책 및 디자인 관리 2. 마케팅의 정의, 기능, 전략 3. 시장조사방법과 자료수집기법 4. 소비자 생활유형(Life Style) 5. 친환경디자인과 마케팅
		3. 컴퓨터그래픽스 활용 분야	1. 시각디자인	1. 광고디자인(Pop 등) 2. 편집디자인 3. 아이덴티티디자인 4. 타이포그래피 5. 포장디자인 6. 웹디자인(UX/UI) 7. 영상디자인(TV · CF, 애니메이션, 가 상현실 등) 8. 캐릭터디자인
			2. 제품디자인	1. 전자/가전제품디자인 2. 가구디자인 3. 액세서리(보석)디자인 4. 잡화디자인 5. 문구/완구디자인 6. 운송수단디자인

필기과목명	문제 수	주요항목	세부항목	세세항목
색채 및 도법	20	3. 컴퓨터그래픽스 활용 분야	3. 환경디자인	1. 도시환경디자인 2. 조경디자인 3. 인테리어디자인 4. 디스플레이 5. 무대디자인 등
		4. 색채	1. 색의 기본원리	1. 색을 지각하는 기본원리 2. 색의 분류 및 색의 3속성
			2. 색의 혼합 및 색의 표시 방법	1. 색의 혼합(감산, 가산, 중간혼합 등) 2. 색체계, 색명 3. 먼셀색체계
			3. 색의 지각과 심리	1. 색의 대비 2. 동화, 현상, 잔상, 명시도, 주목성, 진출과 후퇴, 팽창과 수축 등 3. 온도감, 중량감, 흥분과 침정, 색의 경연감 등 색의 수반감정
			4. 색채조화	1. 색채조화와 배색
		5. 제도	1. 제도 일반	1. 선의 종류와 용도, 기호 및 치수, 제도 문자, 제도의 순서 등
			2. 평면도법	1. 원, 타원, 다각형 그리기 등
			3. 투상도법	1. 투상도법의 종류, 특성, 작도법
			4. 투시도법	1. 투시도법의 종류, 특성, 작도법
디자인 재료	8	6. 재료의 개요	1. 재료 일반	1. 재료의 조건 및 분류방법 2. 재료의 일반적 성질
		7. 재료의 분류	1. 종이재료	1. 종이의 개요 및 제조 2. 종이의 종류 및 특성
			2. 디자인 표현재료 (채색재료)	1. 디자인 표현재료의 종류 및 특성 2. 디자인 표현재료의 용도 및 활용방법
			3. 사진재료 일반	1. 필름의 종류 및 특성, 용도 2. 인화 및 현상재료의 종류, 특성, 용도
			4. 공업재료 일반	1. 목재, 플라스틱, 금속, 점토, 석고, 석재, 섬유, 유리, 연마, 광택, 접착제 등의 종류 및 특성
			5. 도장재료 일반	1. 도장재료의 종류, 특성, 용도

필기과목명	문제 수	주요항목	세부항목	세세항목
컴퓨터 그래픽스	12	8. 컴퓨터그래픽스 일반	1. 컴퓨터그래픽스의 이해	1. 컴퓨터그래픽스 개념 및 특징 2. 컴퓨터그래픽스 역사 3. 디자인프로세스와 컴퓨터그래픽스
			2. 컴퓨터그래픽스의 원리	1. 컴퓨터그래픽 좌표계 2. 컬러와 컴퓨터그래픽 3. 벡터방식 및 픽셀방식 4. 해상도 5. 그래픽 파일 포맷
		9. 컴퓨터그래픽스 시스템 구성	1. 입력장치	1. 입력장치의 종류 및 특징
			2. 중앙처리장치	1. 연산, 제어, 기억장치
			3. 출력장치	1. 출력장치의 종류 및 특징
		10. 컴퓨터그래픽스 활용	1. 컴퓨터응용디자인 (프로그램의 기본개념)	1. 2차원 컴퓨터그래픽스 2. 3차원 컴퓨터그래픽스 3. 컴퓨터 애니메이션
			2. 컴퓨터에 관한 지식	1. 컴퓨터 관련 지식 2. 컴퓨터 및 주변기기 운용

목 차

Part
05

기출문제

PART
01

산업
디자인
일반
(20문제)

컴퓨터그래픽스운용기능사 필기 무료 강의는
유튜브 조선생TV에서 시청할 수 있습니다.

디자인의 개요

01 | 디자인 일반

(1) 디자인의 의미

① 디자인(design)은 '계획하다', '설계하다'의 의미를 가지며, 말의 어원은 라틴어인 '데 시그나레(designare)'와 이탈리어인 '디세뇨(disegno)', 그리고 프랑스어 '데생(dessein)' 에서 유래되었다. (2008년 2회)(2008년 4회)(2014년 5회)

② 디자인의 목적은 인간의 행복을 추구하는 데 있으며, 물질적 생활환경의 개선 및 다 양한 문제를 해결하기 위한 실용적이면서 미적인 조형을 계획하고 이를 실현하는 창 의적인 과정이라 할 수 있다. (2005년 2회)(2005년 5회)(2010년 2회)(2013년 5회)(2015년 5회)(2016년 4회)

③ 현대의 디자인은 인간의 문제와 관련한 자원의 보존과 재생문제, 환경문제, 사회복지 와 구호문제, 지역의 개발과 성장 및 교육문제, 인구와 공간문제, 주거문제, 식량문 제, 노동생산문제, 도시환경의 위생시설문제 등 인간의 욕구와 다양한 환경문제를 해 결하기 위한 목적으로 사용되고 있다.

빅터 파파넥 (2006년 5회)(2007년 2회)(2016년 2회)

• 20세기 디자이너이자 이론가였던 빅터 파파넥(Victor Papanek)은 디자 이너의 사회적인 책임감을 강조했으며, 디자인은 단순히 미적인 아름다 움만을 추구하는 예술행위가 아니라 인간이 가지고 있는 경제적, 심리 적, 정신적, 기술적, 윤리적 지적 요구와 같은 다양한 환경까지 고려한 복합적인 기능이라 주장했다.

• 디자인을 미와 기능 그리고 형태를 포괄적인 의미로 이해해 형태와 기 능을 분리하지 않고 방법(method), 용도(use), 필요성(need), 텔레시스(목 적, telesis), 연상(association), 미학(aesthetics) 등 6가지로 구성된다고 설 명하고 있다.

 조선생의 **TIP**

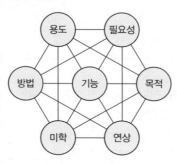

(2) 디자인의 성립

1) 기능적 활동에서의 디자인 과정

① 제1단계(욕구)

새로운 것을 추구하는 심리적 욕구의 단계로 필요성과 소유욕이 자극되는 단계

② 제2단계(조형)

욕구에 따라 새로운 형태를 만들어 내는 단계로 욕구의 구체화, 시각화의 단계

③ 제3단계(재료)

구상한 형태를 만들기 위한 단계로 재료에 대한 여러 가지 특성을 파악하고 과학적 지식이 필요한 단계

④ 제4단계(기술) (2008년 2회)

정해진 재료로써 대량생산에 따른 규격화와 제품의 경제성을 고려하여 재료에 형태를 주는 행위

2) 기획적 활동에서의 디자인 과정

(2005년 1회)(2005년 5회)(2009년 4회)(2010년 1회)(2011년 1회)(2012년 4회)(2012년 5회)(2014년 4회)(2015년 4회)(2016년 1회)(2016년 2회)(2016년 4회)

① 문제인식

문제인식을 통해 문제에 대한 답을 얻고자 하는 욕구가 기획의 동기가 된다.

② 자료수집

좋은 자료는 좋은 아이디어의 재료가 된다. 때문에 문제에 대한 모든 정보를 입수하여 자료를 수집하는 단계는 매우 중요한 과정이다.

③ 자료분석

자료분석을 통해 문제를 발견하고 보완함으로써 효율적으로 문제해결을 할 수 있으며, 수집한 자료 중 디자인 기획에 필요한 좋은 자료를 선택하여 아이디어를 낼 수 있게 된다.

④ 평가

모든 문제 해결과정이 효율적으로 해결되었는지를 판단·평가하여 보다 나은 방법과 보완점을 찾는 과정이다.

(3) 디자인의 조건

(2006년 1회)(2007년 1회)(2007년 5회)(2008년 2회)(2009년 1회)(2010년 1회)(2011년 5회)(2012년 2회)(2014년 4회)(2015년 4회)

디자인의 4대 조건은 합목적성, 심미성, 경제성, 독창성이다. 이를 질서 있게 사용하는 질서성이 있는 최상의 디자인을 굿디자인(Good Design)이라 한다.

기능과 형태 등 디자인을 이루는 복합적인 조건이 균형과 질서를 갖출 때 인간의 생활을 보다 더 풍요롭게 만드는 좋은 디자인이 된다. 현대에는 지역성, 문화성, 친자연성도 굿 디자인에 포함되고 있다.

① 합목적성

(2004년 2회)(2004년 4회)(2004년 5회)(2006년 1회)(2006년 4회)(2007년 1회)(2007년 4회)(2008년 1회)(2010년 4회)(2010년 5회)(2012년 5회)(2013년 2회)(2014년 2회)(2015년 1회)

디자인의 조건 중 가장 중요한 것으로 '목적에 얼마나 부합하는가?' 또는 '목적과 얼마나 일치하는가?'를 의미한다. 즉, 목적을 실현하는 데에 적합한 성질을 말하는 것으로 조형에서는 이를 '실용성(기능성)' 또는 '효용성'이라고도 한다.

② 심미성 (2011년 2회)(2011년 5회)(2015년 1회)

'아름답다'는 느낌, 즉 미의식을 통틀어 심미성이라고 할 수 있다. 심미성은 스타일(양식), 유행, 민족성, 시대성, 개성 등에 따라 다양하게 나타날 수 있으며 객관적이고 합리적인 합목적성과는 대립되는 위치에 있다. 맹목적인 미를 추구하는 것이 아니라 기능과 유기적으로 결합된 조형미나 내용미, 또는 기능미 등과 색채, 그리고 재질의 아름다움을 모두 고려한 미를 추구하는 것을 의미한다.

③ 경제성

경제성이란 '최소의 비용과 노력으로 최대의 이익'을 발생시키려는 경제활동의 가장 기본이 되는 원칙으로 디자인에서도 경제성을 중요한 조건으로 취급하고 있다. 가장 합리적이고 효율적이며 경제적인 제작효과를 얻기 위한 다운 코스트(down cost)를 고려해야 한다.

④ 독창성 (2010년 5회)(2011년 4회)(2012년 1회)(2015년 4회)

독창성은 디자인에서 기능 및 미와 구별되는 가장 중요한 조건 중 하나인데, 다른 말로는 창의성이라 할 수 있다. 디자인에 최종적으로 생명을 불어넣는 중요한 역할을 한다.

⑤ 질서성 (2015년 4회)

디자인의 조건에는 비합리적(주관적) 영역의 '심미성'과 '독창성' 그리고 합리적(객관적) 영역인 '경제성'이나 '합목적성'이 있다. 좋은 디자인을 위해서는 어느 한쪽으로 치우침 없이 합리성과 비합리성을 조화롭게 고려해야 하며 서로 상관관계를 인정해야 한다. 이때 이들의 상관관계를 적절하게 유지시켜 주는 것이 바로 질서성이다.

POINT 질서성(합리성 + 비합리성의 조화)
- 합리성 = 객관적 = 합목적성, 경제성
- 비합리성 = 주관적 = 심미성, 독창성

---

(4) 디자인의 분류 및 특징 (2004년 1회)(2004년 4회)(2007년 5회)(2008년 1회)(2009년 1회)(2009년 2회)

① 시각디자인(Visual Communication Design) (2015년 4회)

커뮤니케이션, 즉 정보 전달을 목적으로 하는 디자인으로 시각적인 매체를 통해 소통하고 정보를 잘 전달해 인간의 삶을 보다 더 풍요롭게 만드는 데 초점을 둔다.

② 제품디자인(Product Design) (2012년 2회)

도구, 즉 제품을 디자인하는 분야로 인간이 사용하는 제품의 편의를 추구한다. 도구를 이용해 인간 삶의 질적 향상을 도모한다. 현대의 제품디자인은 대량생산에 의한 제품 및 기능성과 심미성을 고려해 발전해가는 공업디자인과 관련이 있다.

③ 환경디자인(Environmental Design)

(2005년 4회)(2007년 4회)(2008년 1회)(2008년 5회)(2009년 2회)(2010년 5회)(2012년 2회)(2014년 1회)

사회와 자연을 연결하는 장치로서 인간이 살아가는 공간을 디자인하는 분야를 환경디자인이라 한다. 공간은 실내와 실외로 나뉘는데, 실내 개념을 인테리어(interior) 디자인, 실외 개념을 익스테리어(exterior) 디자인이라 한다. 환경은 인간이 살아가는 삶의 현장이기 때문에 인위적인 유기체로서 다른 디자인 분야에 비해 넓고 다양한 문제인식이 요구된다.

[디자인의 분류]

구분	시각디자인 (2011년 2회)(2016년 4회)	제품디자인 (2008년 5회)(2010년 2회) (2014년 4회)(2015년 4회)	환경디자인
2차(평면) (2016년 2회)	심벌, 타이포그래피, 그래픽디자인, 포장지, 리플릿, 편집디자인, 일러스트레이션 등	텍스타일(직물) 디자인, 벽지디자인, 카펫디자인, 인테리어패브릭디자인 등	
3차(입체)	패키지(포장)디자인, 사인디자인, CI, POP, 디스플레이디자인 등	공업디자인, 액세서리디자인, 패션디자인, 공예디자인, 엔지니어링디자인, 가구디자인, 조명디자인, 운송기기디자인 등 (2010년 5회)	
4차(공간) (2015년 5회)	TV, CF, 무대디자인, 영상디자인, 영화 등 (2008년 5회)(2010년 1회) (2010년 2회)		실내디자인, 점포디자인, 인테리어디자인, 조경디자인, 정원디자인, 도시계획, 스트리트퍼니처 등 (2015년 1회)

[디자인의 종류 및 정의]

실내디자인	공간의 내부를 편리하고 쾌적하게 만드는 디자인 (2009년 5회)(2013년 1회)
도시디자인	인간에게 가장 이상적인 도시 형태를 연구하고, 쾌적한 도시공간의 정비 및 확보를 목적으로 하는 디자인
경관디자인	각종 경관 자원의 보존, 관리 및 형성에 필요한 사항들을 정함으로써 아름답고 쾌적하며 지역 특성을 나타내는 국토환경 및 지역환경의 조성에 기여함을 목적으로 하는 디자인
스트리트 퍼니처	도시의 공공공간에 설치하는 가구라는 뜻으로 가로등, 쓰레기통, 우체통, 공중전화 등을 디자인하는 것 (2006년 4회)(2006년 5회)(2012년 4회)
실외디자인	공간의 외부를 편리하고 쾌적하게 만드는 분야로 조경설계, 도시계획 등이 해당함 (2008년 5회)
조경디자인	가로수와 나무 심기, 산책로 조성, 분수대와 연못 건설, 어린이 놀이터 등이 주요 대상인 디자인 (2012년 1회)
공간디자인	인간이 살아가는 공간을 보다 편안하게 하고, 삶의 질 향상을 목적으로 하는 디자인
그린디자인	디자인에서 자연환경의 피해를 줄이고 디자인된 제품의 기능과 품질 그리고 경쟁력을 높이도록 하는 친환경 자연주의 디자인. 3R은 Reduce(줄이고), Reuse(재사용), Recycle(재활용)을 의미 (2010년 1회)

조선생의 TIP

리디자인(Redesign) (2014년 2회)(2016년 1회)
기존 제품의 재료나 기능 또는 형태를 개량하고 개선하는 디자인

조선생의 TIP

유니버설디자인(Universal Desgin) (2012년 5회)
미국 노스캐롤라이너 주립대학 유니버설 디자인센터(NC state University, The Center for Universal Desgin)의 론 메이스(Ron Mace)는 유니버설디자인의 7가지 원칙을 다음과 같이 정리했다.

❶ 쉽게 누구나 사용할 수 있을 것
❷ 유연하고 자유도가 높은 사용성
❸ 직감적이고 심플한 사용방법
❹ 쉬운 가독성과 빠른 정보 습득
❺ 사용 시 위험하거나 오류가 없는 디자인
❻ 자연스러운 자세와 적은 힘으로도 쉽게 사용할 수 있을 것
❼ 접근과 조작이 쉬운 크기와 적절한 공간

02 | 디자인의 요소와 원리

(1) 디자인의 요소

디자인의 요소를 이용해 구성의 형식을 발견하고 이를 디자인 과정에 적용함으로써 새로운 조형 질서를 만들어 나갈 수 있다. 디자인의 요소는 크게 개념, 시각, 실제, 상관요소로 구분한다. (2008년 5회)

① 개념요소 (2005년 1회)(2010년 1회)(2011년 2회)(2014년 2회)(2016년 4회)

시각적으로 실제로는 존재하지 않으나 이념상으로는 존재하는 것처럼 보이는 디자인 요소이다. 예를 들어 어떠한 면의 테두리가 점으로 연결되어 마치 선으로 둘러싸인 것처럼 보이고, 선의 양끝에는 꼭짓점이 있는 것처럼 보이며, 점의 연결인 평면들이 모여 입체를 형성함으로써 공간감이 생기기도 한다. 이와 같은 점, 선, 면, 입체를 개념요소라 한다.

POINT 개념요소의 종류 (2012년 4회)(2013년 1회)

❶ **점(point) : 선의 한계** (2007년 2회)(2014년 5회)
점은 조형요소의 최초 단위로 기하학적 정의로 볼 때 위치를 나타낸다. 점은 공간 내의 조형활동에서 시동, 교차, 정지 등 여러 가지 표정을 지니고 있다.

❷ **선(line) : 면의 한계** (2006년 5회)(2010년 5회)(2012년 1회)(2013년 2회)(2013년 4회)(2013년 5회)(2014년 1회)(2014년 2회)(2016년 1회)(2016년 2회)
기하학적 정의로 볼 때 선은 점의 이동 흔적으로 무수히 많은 점들의 집합체이며, 방향을 나타낸다. 선의 동적 특성에 영향을 끼치는 것은 운동의 속도, 강약, 방향 등이다. 선은 여러 가지 너비를 가지고 있고 너비를 넓히면 면으로 이동한다.

선의 종류와 성질
- **직선** : 정직, 명료, 확실, 단순, 남성적, 상승, 형식, 도전 등
- **수직선** : 고결, 희망, 상승감, 긴장감, 종교적, 강직함 등 (2005년 1회)(2009년 4회)(2012년 1회)(2015년 5회)
- **수평선** : 평화, 정지, 안정감 등
- **사선** : 동적, 불안감 등
  (2007년 5회)(2008년 1회)(2010년 1회)(2010년 2회)(2011년 1회)(2011년 2회)(2014년 1회)(2016년 4회)
- **곡선** : 우아, 매력, 여성적, 자유, 고상, 불명료, 유연, 부드러움 등
  (2006년 5회)(2009년 5회)(2013년 2회)(2015년 4회)
- **호** : 유연한 표정
- **포물선** : 속도감
- **쌍곡선** : 균형의 미
- **S선** : 우아, 매력, 연속성
- **나사선** : 발전적, 가장 동적(아르키메데스 나사선)

---

❸ **면(plane) : 입체의 한계** (2009년 4회)(2009년 5회)(2010년 4회)(2011년 4회)(2011년 5회)(2015년 2회)(2015년 4회)

면은 기하학적 정의로 볼 때 선이 이동한 궤적(흔적)으로 공간을 나타내는데, 공간을 구성하는 기본 단위에 길이와 넓이만 있고 두께는 없다.

> **면의 종류**
> • **소극적인 면(Negative Plane) :** 점의 밀집이나 선으로 둘러싸인 소극적인 면 (2012년 5회)(2016년 1회)
> • **적극적인 면(Positive Plane) :** 점의 확대나 선의 이동, 너비의 확대 등
>   (2006년 4회)(2007년 1회)(2008년 1회)(2011년 1회)(2014년 4회)(2016년 4회)

❹ **입체(solid)** (2006년 2회)(2014년 4회)

입체는 기하학의 동적 정의로 보면 '면의 이동 흔적'으로 두께와 부피를 말한다. 이때 면은 3차원적으로 이동해야 한다.

② **시각요소** (2004년 4회)(2010년 5회)(2013년 4회)(2015년 5회)

개념요소는 실재하진 않지만 각 요소들이 가시적으로 표현되면 형태, 크기, 색채, 질감 등으로 지각할 수 있다. 이처럼 인간이 시각적으로 물체를 실제로 인식하는 데 필요한 요소를 '시각요소'라 한다. 시각요소로는 형(Shape), 방향(direction), 명암(tone), 색(color), 질감(texture), 크기(size), 운동감 등이 있다.

> **POINT 질감(texture)** (2007년 5회)(2009년 1회)(2010년 4회)(2012년 2회)(2015년 4회)(2015년 5회)
> 시각적 · 촉각적으로 느껴지는 결과로 명도나 거리감에 따라 전혀 다른 느낌을 줄 수 있다. 크게 촉감적 질감과 시각적 질감으로 나누어진다.

③ **상관요소**

디자인의 형태나 위치의 상관관계를 '상관요소'라 한다. 상관요소들은 방향(direction)이나 위치(position) 등은 확인할 수 있지만 실제로는 공간(면적)이나 중량감(gravity) 같은 느낌만 있다.

④ **실제 요소**

디자인의 내용(content)과 영역(extension)에 내포되는 것으로 메시지 전달에서의 의미나 목적을 충족시키기 위한 기능과 조형적 표현 등 현실적인 요소를 말한다. 그러므로 디자인이란 실제적인 요소를 만족시키기 위한 시각표현의 과정이라 할 수 있다.

> **POINT 디자인 요소의 구분** (2007년 2회)
> • **개념요소 :** 점, 선, 면, 입체
> • **시각요소 :** 형, 방향, 명암, 색, 질감, 크기, 운동감
> • **상관요소 :** 서로 간의 관계에 따라 달라 보이는 것 → 면적, 중량감
> • **실제 요소 :** 실제적인 목적과 기능, 조형적인 표현재료

(2) 디자인의 원리 (2009년 2회)(2011년 5회)

고대 이집트의 건축이나 그리스 예술에서 시작된 조형의 미적 원리는 근대 심리학자들에 의해 많은 개념들이 정리되었는데 이를 '조형의 원리'라고도 한다. 이러한 원리에는 율동 (리듬), 균형, 조화, 통일과 변화 등이 있고, 이 요소들이 디자인 원리에 의해 유기적으로 관련되어 서로 의존적 관계를 갖는다. 디자인 원리는 요소들의 조직에 관한 기본적인 지침이며, 요소들을 서로 연결시키는 방법이다.

1) 율동(리듬, Rhythm) (2004년 1회)(2004년 5회)(2006년 4회)(2009년 4회)(2010년 2회)(2010년 4회)(2011년 1회)(2015년 1회)

율동감은 그리스어 '흐르다(rheo)'에서 유래된 말로서, 공통요소가 연속적으로 되풀이되는 억양의 톤(tone), 즉 시각적인 무브먼트(movement)이다. 유사한 요소가 반복·배열됨에 따라 시각적으로 가독성이 높아지면서 보는 사람에게 동적인 활기를 느낄 수 있게 한다.

① 반복(Repetition) (2006년 4회)

동일한 요소들을 여러 번 사용하여 동적인 느낌과 율동감을 주는 것으로 지나치면 지루함을 주지만 균형성을 유지하는 반복효과는 안정감을 준다. 즉 동일한 요소나 대상을 연속적으로 되풀이하는 구성방법을 말한다.

② 점이(점증, Gradation) (2004년 2회)(2005년 1회)(2011년 2회)(2014년 2회)(2015년 4회)

어떤 체계(색채, 질감, 형태, 무늬 등)가 일정한 비율로 점점 커지거나 강해지는 것으로 동적인 리듬감을 만들어 시각적인 힘의 경쾌한 율동감을 준다.

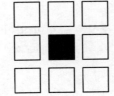

③ 강조(Accent) (2007년 5회)(2009년 2회)(2013년 1회)

특정 부분에 변화를 주어 시각적인 집중도를 높이는 것으로 강조가 지나치면 균형이 깨지기 쉽다. 단조롭거나 지루함을 탈피하고 싶을 때 주로 사용된다. 관심의 초점이나 움직이는 효과, 흥분 등을 나타낼 때 효과적이다.

POINT 대비 (2005년 5회)(2007년 4회)(2013년 1회)(2014년 4회)(2015년 1회)
서로 다른 부분을 조합할 때 생기는 시각상 힘의 강약에 의한 감정효과로 형태, 크기, 색채, 질감, 방향, 위치, 공간, 중량감의 대비들이 있다.

2) 균형(Balance)과 비례(Proportion)

① 균형(balance) (2004년 2회)(2007년 2회)(2008년 2회)(2012년 2회)(2012년 5회)(2013년 1회)(2016년 2회)

디자인 원리 중 어떤 요소와 요소들 사이에 시각상 힘의 평형을 이루어 안정감을 주는 것을 균형(Balance)이라 한다. 역학적으로 균형을 유지하는 것을 말하며 보는 사람에게 안정감을 주고 명쾌한 감정을 느끼게 한다. 균형은 '대칭(Formal balance)'과 '비대칭(informal balance)'으로 나뉜다. (2014년 5회)

• 대칭(symmetry)

대칭은 어떠한 형이나 물체가 대칭축을 중심으로 반대쪽과 평형을 이루는 것으로 균형의 가장 정형적인 구성형식이며 균형감, 통일감, 안정감을 준다. (2012년 5회)

• 비대칭(asymmetry) (2012년 2회)

비대칭은 형태상으로는 불균형하지만 시각상 힘의 정돈에 의하여 균형이 잡힌 디자인을 말한다.

대칭균형   비대칭균형

POINT 대칭의 종류
• **선대칭** : 좌우 또는 상하로 1개의 직선을 축으로 대칭하는 것 (2005년 4회)(2010년 4회)(2015년 2회)(2015년 5회)
• **방사대칭** : 대칭이 한 점을 중심으로 뻗어나가는 방사상의 모습을 한 대칭 **예** 삼태극마크
(2006년 5회)(2011년 1회)
• **이동대칭** : 일정한 규칙에 따라 평행하게 이동하면서 생기는 대칭
• **역대칭** : 착시효과를 내는 데 가장 효과적이며 반대되는 형태가 대칭을 이루는 것
(2004년 5회)(2005년 2회)(2013년 5회)

② 비례(proportion)

부분과 부분 또는 부분과 전체 사이에 좋은 비례를 가지는 구성은 균형이 있어 보여 균형과 통일감의 상쾌하고 즐거운 감정을 준다. (2004년 5회)

POINT 비례의 종류

- **루트비** : 사각형의 한 변을 1이라 했을 때 긴 변의 길이가 $\sqrt{2}$, $\sqrt{3}$, $\sqrt{4}$ 등의 무리수로 되어 있는 비례
- **정수비** : 정수비는 1:2:3: …… 또는 1:2, 2:3, …… 과 같은 정수에 의한 비례
- **상가 수열비** : 1:2:3:5:8:13: ……과 같이 각 항이 앞의 두 항의 합과 같은 수열에 의한 비례
- **피보나치 수열** : 1, 1, 2, 3, 5, 8, 13, 21, 34, 55, 89,144와 같이 수열에 의한 비례, 앞의 두 항을 합하면 다음 항이 되는 규칙을 가진다. (2008년 2회)(2010년 1회)
- **등차 수열비** : 1:4:7:10:13: ……과 같이 이웃하는 두 항의 차이가 일정한 수열에 의한 비례 (2010년 2회)
- **등비 수열비** : 1:2:4:8:16: ……과 같이 이웃하는 두 항의 비가 일정한 수열에 의한 비례
- **황금률비** : 황금분할(Golden section)이라고 하며 1:1.618이다.

(2004년 5회)(2008년 1회)(2008년 5회)(2011년 5회)(2016년 2회)

---

3) 조화(Harmony) (2014년 1회)(2014년 5회)

① 조화란 여러 요소들이 가진 다양성이 질적 · 양적으로 자연스럽게 어울려 아름다운 상태를 만드는 것으로 크게 유사조화와 대비조화가 있다. 전체적인 미적 감각을 높이는 형식으로 유사, 대비, 균일, 강약 등이 있다.

② 유사조화는 요소들 간의 성질이 유사한 것들끼리 조화를 이루는 것을 말하며, 대비조화는 극적이고 상쾌감을 준다. (2004년 2회)(2005년 4회)(2006년 2회)

4) 통일(Unity)과 변화(Variation)

① 통일감을 주는 방법에는 어떠한 단위를 반복하거나 늘어선 요소들을 한 점으로 집중시키는 방법 등이 있으나 지루하고 재미없는 느낌을 줄 수 있다.

② 대상의 부분과 부분, 부분과 전체 사이에 질서를 주는 형식으로서 모든 형식의 출발점이 통일과 변화이다. 여기서 말하는 변화는 질서가 있는 통일된 느낌의 변화를 말한다. 변화는 시각적으로 자극을 주어 흥미와 재미를 부여할 수 있다. (2013년 5회)

(3) 형태의 분류 및 특징 (2013년 5회)(2014년 4회)(2015년 1회)(2015년 5회)(2016년 2회)

① 형태를 인식하기 위한 가장 중요한 감각으로 시각과 촉각을 사용한다. 일반적으로 시각이 촉각보다 더 예민한 차이를 찾아낼 수 있다. 또한 질감은 촉각에 의해 판단되는 것이지만 촉각 경험을 통해 시각으로도 질감을 느낄 수 있다.

② 형태는 크게 현실적 형태와 이념적 형태로 나눌 수 있다. 현실적 형태란 인간의 눈으로 보이거나 만져지는 형태를 말하고 이념적 형태는 실체하지 않아 보이지 않는 형태를 말한다. 형태 인식의 순서는 지각 → 인지 → 이미지와 기억이다.

(2005년 1회)(2005년 4회)(2006년 1회)(2006년 2회)(2007년 4회)(2009년 1회)(2009년 5회)(2010년 2회)(2011년 2회)(2011년 4회)

> **POINT 형태**
> • 이념적 형태 = 순수형태 = 추상형태(기하학적 형태)
> • 현실적 형태 = 인위형태와 자연형태(유기적 형태)

(4) 형태심리와 게슈탈트의 시지각 원리

(2004년 1회)(2005년 5회)(2006년 2회)(2006년 5회)(2007년 2회)(2007년 4회)(2008년 4회)(2009년 2회)(2009년 4회)(2010년 1회)(2011년 5회)(2011년 4회)(2012년 1회)(2012년 4회)(2012년 5회)(2013년 4회)(2013년 5회)(2014년 2회)(2015년 1회)(2015년 2회)(2016년 2회)

게슈탈트는 형(形), 형태(形態)를 의미하는 독일어이다. 게슈탈트 심리학자들은 창시자 베르트하이머의 최초 연구를 바탕으로 인간은 어떤 대상을 지각할 때 일정불변하게 지각되지 않고 심리상태, 과거의 기억, 관심, 주의, 흥미 등이 복합된 경험에 영향을 받아 형태를 지각한다고 주장하는 심리이론이다. 시지각의 원리는 근접의 원리, 유사의 원리, 폐쇄의 원리, 연속의 원리 등이 있다.

① 근접의 원리 : 근접에서 중요한 것은 군(group)을 이루는 것, 즉 비슷한 모양이 서로 가까이 놓여 있을 때 관찰자가 그 모양들을 합하여 동일한 형태를 그룹으로 보는 원리이다. (2015년 2회)

② 유사의 원리 : 비슷한 성질을 가진 요소는 비록 떨어져 있어도 군(group)으로 보이는 경향이 있다. 이 법칙을 이용해 색맹검사표도 제작한다. (2012년 2회)

③ 연속의 원리 : 유사한 배열이 진행방향이나 배열이 같은 것끼리 그룹지어 보이는 원리를 말한다. (2014년 1회)

④ **폐쇄의 원리** : 완전히 연결되어 있지 않더라도 연결되어 보이는 것으로 불완전한 형이나 그룹들은 완전한 형이나 그룹으로 완성시키려는 경향이 있다.
(2009년 5회)(2011년 2회)(2015년 5회)

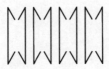

(5) 도형과 바탕의 원리 (2004년 1회)(2004년 4회)(2005년 5회)(2008년 5회)(2010년 5회)

도형과 바탕의 원리, 즉 도(Figure)와 지(Ground)에 대하여 연구한 사람은 루빈(Rubin)이다. 그래서 '루빈의 컵'이라 하는데 '애매한 도형' 또는 '다의적 도형'이라고도 불린다.

> **POINT 도형으로 지각되는 경우** (2012년 4회)(2015년 2회)
> • 면적이 작은 부분이 도형으로 지각되기 쉽다.
> • 대칭형이 비대칭형에 비해 도형으로 지각되기 쉽다.
> • 둘러싸인 형태가 도형이 되기 쉽다.
> • 무늬가 있는 형태가 도형이 되기 쉽다.
> • 밝고 고운 것이 도형이 되기 쉽다.
> • 난색이 한색보다 도형이 되기 쉽다.
> • 외곽선이 있는 형태가 도형이 되기 쉽다.
> • 가까운 것이 멀리 있는 형태보다 도형이 되기 쉽다.
> • 수직과 수평의 형태가 도형이 되기 쉽다.
> • 위에서 아래보다 아래에서 위로 올라가는 형태가 도형이 되기 쉽다.

(6) 착시(Optical Illusion) (2012년 4회)(2013년 2회)(2014년 1회)

망막에 미치는 빛 자극에 대한 시각적인 착각으로 지각된 부분들 사이에 상호작용의 결과로 인간의 눈에서 생기는 생리적 작용이라 할 수 있다. 시각적 착시는 대상의 길이, 방향, 면적, 색채의 각 부분에 걸쳐 생길 수 있는 것으로, 대상을 물리적 실제와 다르게 지각하는 현상이다.

① 방향의 착시

가로방향의 두 선은 평행선이다. 그러나 사선의 방향에 따라 평행선은 들어가 보이거나 튀어나와 보인다.

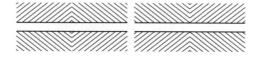

② 거리의 착시

같은 모양의 사각형과 삼각형도 크기에 따라 가까워 보이거나 멀어 보인다.

③ 분할의 착시 (2010년 1회)(2010년 5회)

같은 길이의 선이라도 나누어진 선은 나누어지지 않은 선보다 길어 보인다.

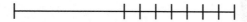

④ 길이의 착시 (2008년 5회)

뮬러 라이어의 착시(Muller-Lyer Illusion)는 다음 도형과 같이 선의 길이가 같더라도 놓인 위치, 끝의 모양, 추가요소에 따라 길이가 다르게 보이는 현상으로 a보다 b가 더 길어 보이고 c가 가장 길어 보인다.

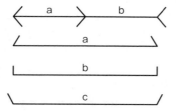

⑤ 각도의 착시

같은 두 개의 도형이 바깥쪽 각의 넓이에 따라 내각의 차이가 있어 보인다.

⑥ 크기의 착시 (2010년 4회)(2011년 4회)(2014년 1회)

가운데 원이 같은 크기임에도 주변에 배열된 점의 크기에 따라 크기가 달라 보인다.

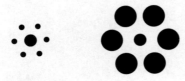

⑦ 상방거리의 과대시(위 방향 과대 착시)

숫자나 알파벳에서 찾아보기 쉽다. 예를 들어 알파벳의 B나 S, 또는 숫자 8이나 3의 경우 아래 위의 크기를 같게 할 경우 위의 것이 더 큰 가분수처럼 보이기 때문에 위쪽에 있는 도형을 조금 작게 함으로써 안정감을 줄 수 있다.

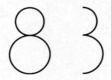

⑧ 수직·수평의 착시

같은 길이의 선이라도 수직선이 수평선보다 길게 보이는 착시현상을 말한다.

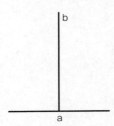

⑨ 반전실체의 착시(반전도형 착시) (2004년 2회)(2008년 2회)

반전실체의 착시는 평면의 경우에 명암이나 도형선의 영향으로 돌출되거나 들어가 보이는 착시현상이다. 다음 그림과 같이 도형의 검은 부분은 각각 들어가 보이기도 하고 앞으로 나와 보이기도 한다. 마찬가지로 계단을 자세히 보면 한편이 튀어나와 올라가는 계단으로 보이기도 하고 반대편이 튀어나와 보이기도 한다.

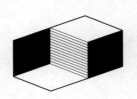

핵심요약정리 및 체크리스트

[꼭 이해하고 넘어가야 할 핵심내용입니다. 아래 내용의 80% 이상을 암기하지 못했다면 다시 공부하세요.]

1. 디자인은 (   ), (   )의 의미를 가진다.   계획하다. 설계하다

2. 디자인의 어원은 라틴어 (   )와 이탈리어 "디세뇨(disegno)", 프랑스어 "데생(dessein)"에서 유래되었다.   데시그나레(designare)

3. 20세기 디자이너이자 이론가였던 (   )은 디자이너의 사회적인 책임감을 강조했으며, 디자인은 단순히 미적인 아름다움만을 추구하는 예술 행위가 아니라 인간이 가지고 있는 경제적, 심리적, 정신적, 기술적, 윤리적 지적 요구와 같은 다양한 환경까지 고려한 복합적인 기능이라 주장했다.   빅터 파파넥

4. 굿디자인의 4대 조건은 (   ), 심미성, 경제성, 독창성이다.   합목적성

5. 커뮤니케이션, 즉 정보 전달을 목적으로 하는 디자인으로 시각적인 매체를 이용하여 어떻게 정보를 잘 전달할 것인가를 디자인하는 분야를 (   )이라 한다.   시각디자인

6. 디자인의 요소에는 개념요소, (   ), 상관요소, 실제 요소가 있다.   시각요소

7. 디자인의 요소 중 점, 선, 면, 입체를 (   )라 한다.   개념요소

8. 디자인의 원리 중 율동에는 강조, 반복, (   )가 있다.   점이

9. 황금률비는 황금분할(golden section)이라고 하며 (   )이다.   1:1.618

10. 형태의 종류
    - (   ) 형태 = 순수형태 = 추상형태(기하학적 형태)
    - 현실적 형태 = 인위형태와 자연형태(유기적 형태)   이념적

11. 시지각의 원리에는 (   ), 유사의 원리, 폐쇄의 원리, 연속의 원리 등이 있다.   근접의 원리

12. 시지각의 원리 중 완전히 연결되어 있지 않더라도 연결되어 보이는 것, 불완전한 형이나 그룹들은 완전한 형이나 그룹으로 완성시키려는 경향이 있는 것을 (   )의 원리라고 한다.   폐쇄

13. 도형과 바탕의 원리, 즉 도(Figure)와 지(Ground)에 대하여 연구한 사람은 (   )이다. "애매한 도형" 또는 "다의적 도형"이라고 불린다.   루빈(Rubin)

14. (   ) 착시는 평면의 경우에 명암이나 도형선의 영향으로 돌출되거나 들어가 보이는 착시현상이다.   반전실체의

03 | 디자인사

(1) 근대디자인사

1) 산업혁명(Industrial Revolution)

① 산업혁명 당시 동력기계에 의한 대량생산은 기계제품의 범람을 가져와 제품의 질 저하, 중세시대의 전통 수공예 기술의 단절을 초래하였다.
(2005년 2회)(2007년 1회)(2008년 1회)(2014년 2회)

② 특권계층에게만 이윤을 주는 기계를 파괴해야 한다고 하면서 수공예의 복귀를 내세운 존 러스킨(John. Ruskin)은 "베니스의 돌"에서 중세의 노동은 인간의 성실한 노력과 자유로운 개성적 표현이 중시되었다고 주장하며 고딕예술을 높이 평가했다.
(2009년 1회)(2016년 4회)

존 러스킨

조선생의
TIP

고대국가와 중세시대 건축의 특징 (2013년 4회)
- 고대국가의 특징은 기념비적 특성, 기하학적 비례 사용, 강력한 통치의 과시 등이다.
  (2007년 4회)
- 중세건축의 특징은 높이 솟은 첨탑과 높은 천장 그리고 스테인드글라스효과 등이 중시되었고 새로운 건축 기술인 아치(arch)와 돔(dome) 형식이 도입되었다. (2009년 4회)(2011년 1회)

2) 모더니즘(Modernism)

① 1920년대 일어난 근대적인 감각을 나타내는 예술상의 여러 경향으로 넓은 의미로는 교회의 권위 또는 봉건성에 대한 반항으로 과학이나 합리성을 중시하고 널리 근대화를 지향하는 것을 말한다. 좁은 의미로는 기계문명과 도회적 감각을 중시하여 현대풍을 추구하는 것을 의미한다.

② 1920년대에 일어난 표현주의, 미래주의, 다다이즘, 형식주의(포멀리즘) 등의 감각적, 추상적, 초현실적인 경향의 여러 운동 등이 있다.

3) 런던 만국박람회(수정궁, Crystal Palace)

① 빅토리아 여왕시대의 영국은 1851년 런던에서 만국박람회를 통해 자국의 기술 우월성을 대내외적으로 홍보할 목적으로 박람회를 개최했다. (2005년 1회)(2007년 1회)(2011년 2회)(2015년 2회)

② 박람회장인 수정궁은 공장에서 미리 생산한 철골과 판유리를 공사현장에서 조립하는 프리패브리케이션(prefabrication) 공법에 의해서 제작되었고 온실 설계가인 조셉 팩스톤(Joseph Paxton)에 의하여 설계되었다.

수정궁

4) 미술공예운동(Art and Craft Movement) (2004년 1회)(2004년 2회)(2011년 1회)(2013년 5회)(2016년 1회)

① 미술공예운동은 19세기 후반 존 러스킨의 영향을 받은 윌리엄 모리스(William Morris)에 의해 시작되었다. 대중을 위한 예술, 예술의 사회화 · 민주화를 추구하였으며 "산업 없는 생활은 죄악이고 미술이 없는 산업은 야만이다."라고 주장하였다.
(2005년 2회)(2007년 5회)(2010년 5회)(2011년 5회)

② 미술공예운동은 품질회복운동으로 기계에 의한 대량생산을 반대하였고 숙련공에 의해 제작된 수공예품을 권장했다. 레드하우스(Red House)를 중심으로 근대디자인사에 큰 영향을 주었으며 모리스는 20세기 디자인공예운동의 선구자가 되었다.
(2007년 2회)(2009년 5회)(2016년 2회)

윌리엄 모리스   레드하우스

5) 아르누보(Art Nouveau) (2014년 4회)(2015년 5회)

① '새로운 예술'이라는 의미로 19세기 말 기존의 순수미술에서 탈피해 실용적이고 대중적인 응용미술을 추구한 운동으로 벨기에에서 시작되었다.
1900년 파리박람회에 처음 소개되었고 윌리엄 모리스의 영향을 받은 헨리 반 데 벨데에 의해 발전하였으며 회화, 건축, 공예, 인테리어, 그래픽 분야 등에 영향을 주었다.
(2009년 2회)(2010년 5회)(2012년 4회)(2015년 1회)

② 아르누보는 공예상의 자연주의로 새로운 소재의 결합과 담쟁이 덩굴, 수선화, 단풍나무, 잠자리, 백조 등의 식물무늬와 같은 동적이고 곡선적인 장식문양을 주로 사용하였고 여성적, 유기적 곡선, 비대칭적 구성, 화려한 색채 등의 특징을 가진다.
(2004년 2회)(2007년 4회)(2014년 1회)

③ 아르누보는 공예와 건축 등 다양한 분야에서 제조되었고 나라마다 뱀장어 양식, 국수 양식, 촌충 양식, 귀마르 양식 등 다양한 이름으로 불렸다. 이러한 호칭 외에도 지역에 따라 약 30여 개에 달하는 호칭을 가지고 있다.

알퐁스무하 〈꽃〉

6) 유겐트 스틸(Jugend Stil)

① 독일 아르누보(Art Nouveau) 운동의 양식과 경향에 대한 호칭으로 '청춘양식'이라는 뜻을 가진다. 1896년 뮌헨에서 발행되고 있던 미술잡지 '유겐트(Jugend)'에서 유래되었다.

② 유겐트 스틸은 식물적 요소 꽃, 잎 등을 주로 사용하고 곡선의 변화와 율동적인 패턴에 의해 추상화ㆍ양식화 등의 특징을 가지며, 프랑스의 아르누보(Art Nouveau)에 비하여 중후한 양식이다.

잡지 〈유겐트〉

7) 분리파(Sezession) (2010년 4회)(2011년 5회)

① 1897년 오스트리아의 비엔나에서 일어난 신예술 조형운동으로 라틴어 Secessio plebis(탈퇴, 분리하다)에서 유래한 과거의 양식을 답습하는 것에 반대하여 일어난 반 아카데미즘 미술운동이다. 주로 직선적이고 단순한 형식의 장식과 식물의 편화 무늬 등을 사용했다. (2006년 5회)(2011년 2회)

② 중심인물인 오토 와그너(Otto Wagner)는 "모든 새 양식은 새로운 재료, 새로운 과제 및 생각이 기존 형식의 변경, 또는 신형식을 요구하는 데서 성립된다."고 하면서 예술 에서의 필요성을 강조하였다.

오토 와그너

8) 독일공작연맹(Deutscher Werkbund) (2010년 2회)

① 독일공작연맹은 유겐트 스틸의 몰락과 기술 주도적인 디자인에 대한 관심이 커지면 서 1907년 헤르만 무테지우스(Hermann Mutherius)를 중심으로 제조업자, 예술가, 건 축가, 저술가 등이 함께 모여 만들어진 디자인 진흥단체이다. (2006년 4회)(2006년 5회)(2010년 4회)(2012년 5회)(2013년 2회)(2014년 1회)

② 기계화 시대에 교육과 산업을 결합시키려는 최초의 시도로서 예술, 공예, 공업의 협 력으로 독일공업제품의 품질 향상을 목적으로 산업제품의 표준화와 합리적 질서를 주장하였고 현대디자인 운동의 실질적인 모체가 되었다. (2009년 4회)(2011년 2회)

헤르만 무테지우스

9) 큐비즘(Cubism, 입체파)

① 1907~1908년 파리에서 생겨난 미술운동으로 자연과 인간을 기본적이고 기하학적인 단순한 형태로 환원시키려는 시도에서 시작된 디자인 사조이다. 대표적인 작가로는 세잔, 브라크, 피카소 등이 있다.

② 초기 큐비즘은 프랑스의 세잔(Cezanne)에 의해 주도되었다. 그는 모든 사물을 원뿔, 입방체, 원통, 구에 집중할 것을 주장하였으며 자연대상을 기하학적 형태로 환원시켜, 그것을 단순한 면과 입체로 재구성하였다.

③ 1906년 피카소는 청색시대(검푸른 색이나 짙은 청록색의 색조를 띤 그림)의 양식에서 이탈해 '아비뇽의 여인들(Les Demoiselles D' Avignon)'과 같은 시네마식 원근법(new cinematic perspective)을 사용한 도전적인 작품을 그렸다. (2006년 4회)(2010년 5회)(2013년 1회)

피카소 〈아비뇽의 여인들〉

10) 구성주의(Constructivism) (2005년 2회)

① 1920~1930년대 러시아 혁명기의 대표적 아방가르드 운동의 하나로서 러시아 전위 미술운동을 이끌던 말레비치(Malevich Kazimir Severinovich)에 의해 주도된 '추상주의 예술운동'으로 구성파라 한다.

② 대표적인 중심인물은 말레비치, 로드첸코(Aexander Rodchenko), 엘리시츠키(El Lis-sitzky) 등이며 디자인을 생산주의적 관점에서 이해하고 단순 명쾌한 양식을 주장했다. 그리고 개인주의적이고 실용성이 없었던 기존의 예술을 부정하고, 산업주의와 집단주의에 입각한 사회성을 추구하였다.

말레비치 〈Black cross〉　　로드첸코의 작품

11) 데 스틸(De Stijl, 신조형주의) (2004년 4회)(2005년 4회)

① 데 스틸은 잡지의 이름으로 '양식'을 의미하며 '신조형주의'라고도 한다. 기하학적 형태가 가장 기능적인 것이라 주장하고 기능주의 철학을 대두시켰으며 네덜란드를 중심으로 일어난 추상미술운동이다. (2012년 2회)

② 데 스틸의 대표적인 작가는 몬드리안(Piet Mondrian)으로 추상화가 중에서는 가장 정밀하고 구조적인 화풍을 구사하는 것으로 알려져 있다. 그는 수직선과 수평선만을 사용하여 이미지를 정방형과 장방형으로 구성하였으며 3원색과 무채색만을 사용하였다. (2015년 1회)

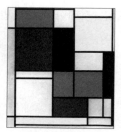

몬드리안의 작품

12) 순수주의(Purism)

① 1918년 프랑스에서 오장팡(Amédée Ozanfant)과 르 코르뷔지에(Le Corbusier)에 의해 입체주의를 계승하여 일어난 조형운동이다. 기하학에서 새로운 미의식을 찾아 형태와 색채를 과학적으로 구성하였으며 건축, 공예, 공예 생활예술에 이르기까지 큰 영향을 주었다.

② 프랑스의 건축가인 르 코르뷔지에는 1924년경부터 회화운동의 하나인 순수주의의 원리를 건축에 응용하였다. 그는 "인간은 기하학적 동물이다.", "집은 살기 위한 기계이다."라고 주장했으며 순수하게 기능적인 목적을 획득하기 위해서 콘크리트, 놋쇠, 유리 등의 재료로 조작하고 부착시키는 디자인을 시작했다.

르 코르뷔지에   르 코르뷔지에 〈롱샹 성당〉

13) 바우하우스(Bauhaus) (2005년 4회)(2007년 5회)(2010년 4회)(2013년 2회)(2014년 5회)(2015년 5회)

① 월터 그로피우스(Walter Gropius)는 1919년 국립 종합조형학교인 '바이마르 바우하우스'를 설립한다. 바우하우스는 독일 공작연맹의 이념을 계승하여 조형교육과 기계적인 기술교육의 통합을 목적으로 설립한 최초의 디자인 조형학교이다. (2004년 1회)(2008년 2회)(2008년 4회)(2009년 1회)(2012년 5회)(2013년 5회)(2015년 2회)

② 바우하우스의 디자인 철학은 창의적인 문제해결 능력을 향상시켜 빠르게 변하는 산업화 사회에 적응하고 기계에 의한 인간의 노예화를 방지하며, 기계의 단점을 제거하고 장점만을 유지해 우수한 표준을 만드는 데 있다. (2012년 2회)(2012년 4회)(2016년 1회)

③ 제1기 국립 바이마르 바우하우스의 중심인물은 요하네스 이텐(Johannes Itten)이었다. 그는 조형 교육의 기본은 직관과 무의식에 있다고 주장하면서 조형 예비 과정과 색채 교육을 강조했다. 그러나 이론적 경향의 예술 지향적 교육에만 전념한 이텐은 실용적 활용을 강조한 학교의 이념과 차이를 둠으로써 월터 그로피우스와 대립하게 된다.

④ 제2기 바우하우스는 진보적 조형 교육에 관심을 보인 데사우(Dassau)의 시장이 설립하였다. '데사우 바우하우스'는 수공생산에서 대량생산의 원형 제작이라는 일종의 생산 시험소로 전환되었는데, 제1기의 문제를 개선하고 공적인 교육과 사적인 판매 조직을 함께 운영하는 유한회사 형태로 설립되었다. (2008년 1회)(2010년 2회)(2013년 1회)

⑤ 제3기 바우하우스는 그로피우스의 추천을 받은 마이어(Meyer)에 의해 시작되었다. 마이어는 예술은 모든 사람이 쉽게 이해하고 대중적이어야 한다고 생각했다. 그 후 정치적인 대립이 계속되면서 나치가 정권을 장악한 1933년 3월 볼셰비즘(Bolshevism)의 소굴로 간주되어 폐교되었다. (2012년 1회)

⑥ 바우하우스의 폐교 이후 많은 바우하우스 교수들은 미국으로 이주하여 하버드 대학과 프린스턴 대학, 예일 대학 등에서 강의했으며, 모홀리 나기는 시카고에 뉴 바우하우스(New Bauhaus)를 열었다. (2004년 4회)

월터 그로피우스

바우하우스 학교

14) 아르데코(Art Deco)

① 아르데코는 1910~1930년대 프랑스를 중심으로 한 유럽에서 시작된 장식예술로서 1925년 파리에서 개최된 "현대 장식미술 국제박람회"의 약칭에서 유래되었다.

② 아르데코는 모더니즘 디자인 운동이 전 세계로 퍼지면서 유럽과 미국에서 유행한 양식으로 장식을 기계적으로 대량생산할 수 있게 하였고 복고적 장식과 단순한 현대적 양식을 결합하여 대중화를 시도했다.

아르데코 스타일의
뉴욕 크라이슬러 빌딩

POINT 근대디자인사 요점정리

운동	국가	특징	창시자/작가
미술공예운동 (1860~1900)	영국	• 수공예운동 • 존 러스킨의 영향 • 중심지 레드하우스	윌리엄 모리스
아르누보 (1890~1910)	벨기에	• 식물의 편화 무늬 사용 • 곡선과 곡면활용	빅토르 오르타
유겐트 스틸 (19C 말)	독일	• 독일식 아르누보 • 패턴 사용 • 프랑스 아르누보보다 중후	헨레 반 데 벨데
시세션 (분리파, 19C 말)	오스트리아	직선적 아르누보	오토 와그너
독일공작연맹 (DWB, 1907~)	독일	• 디자인 진흥단체 • 기계에 의한 대량생산 활용 • 공업제품의 양질화, 규격화	헤르만 무테지우스
큐비즘 (1908~1914)	프랑스	아프리카의 전통문양 사용	세잔, 피카소, 브라크
구성주의 (1920~)	러시아	• 기계적, 혁명(추상)주의 • 실용성 없는 예술 전면 부인	로드첸코, 말레비치, 엘리시츠키
데 스틸 (1917~1919)	네덜란드	• '양식'이라는 뜻의 잡지 이름 • 신조형주의, 기하학적인 순수한 선의 관계와 순수한 색채에 기초, 순수한 형태미 추구	몬드리안
순수주의 (1920~)	프랑스	• 기능주의, 입체주의 • 형태와 색채를 과학적으로 구성 • 간결하고 정확한 조형미를 통해 건축적 미를 추구	오장팡, 르 코르뷔지에
바우하우스 (1919~1933)	독일	• 최초의 디자인 조형학교 • 바이마르에서 설립	월터 그로피우스
아르데코 (1920~1939)	프랑스	장식 미술	카상드로

(2) 현대디자인사

1) 포스트모더니즘(Postmodernism) (2005년 1회)(2008년 4회)(2016년 2회)

① 모더니즘의 기능성을 거부하고 모더니즘의 문제와 폐단을 해결하려는 개혁주의적 경향이 큰 흐름을 갖는 사조로 포스트모더니즘의 특징은 절충주의(중도적인 경향), 맥락주의(다양한 환경을 분석), 은유와 상징 등이다. (2012년 1회)

② 포스트모더니즘은 과거의 형식을 빌려 현재 상황으로 변형, 건축의 이중부호, 문학의 패러디, 유머와 위트, 장식성의 회복, 예술 · 공예 · 디자인의 장르 허물기, 미술의 알레고리, 근대디자인 탈피, 기능주의 탈피, 촉감, 빛의 반사 흡수 색조 등을 사용했고, 인간의 정서적 · 유희적 본성을 중시했으며 다양성과 미래지향적 생활조형을 강조했다. (2014년 2회)

2) 미래주의(Futurism) (2005년 5회)(2014년 4회)

① 20C 초 이탈리아에서 일어난 전위예술운동으로 이탈리아 북부의 공업 도시 밀라노에서 '마리네티(Marinetti)'가 주도했다.

② 기존의 낡은 예술을 모두 부정하고, 기계세대에 어울리는 새롭고 다이내믹한 미를 창조할 것을 주장하였으며, 기계가 지닌 차갑고 역동적인 아름다움을 조형 예술의 주제로 사용하였다. 스피드감과 운동감을 표현하기 위해 시간의 요소를 도입한 예술운동으로 주로 하이테크 소재로 색채를 표현한 미술사조이다.

산텔리아의 신도시

보치오니 〈갤러리에서의 폭동〉

3) 다다이즘(Dadaism)

① 1916년 잡지 'Dada(프랑스어로 목마를 의미함)'로부터 시작되었고 인간의 이성을 배제한 제스추어를 쓰는 비합리, 반이성, 반도덕, 반예술을 표방한 무계획적 허무주의 예술운동을 말한다.

② 과거의 예술을 새로운 예술로 현실에 직접 통합해야 한다는 관점으로 유머, 변형, 충격 등을 커뮤니케이션의 수단으로 사용하였고 부르조아, 제1차 세계대전(1914~ 1918)의 영향을 받아 사회적 불안과 허무감이 문화 전반에 드러났다.

③ 대표적 작가인 마르셀 뒤샹(Marcel Duchamp)은 '남자소변기'를 '옹달샘'이라는 제목으로 전시하였고 이 외에도 에른스트, 앙드레 브르통, 폴 엘뤼아르, 한스 아르포, 루이 아르퐁 등의 작가가 활동했다.

마르셀 뒤샹 〈옹달샘〉　　　마르셀 뒤샹 〈자전거바퀴〉

조선생의
TIP

키네틱 아트(kinetic art)

키네틱 아트는 움직일 수 있는 작품 또는 움직임에 근거한 작용을 이용해 시지각적 현상을 탐구하는 것으로 움직이거나 움직이는 부분을 넣은 예술작품을 말한다. 작품은 거의 조각의 형태이며, 이러한 경향은 미래파나 다다의 예술운동에서 파생된 것으로, 최초의 작품은 마르셀 뒤샹이 1913년 자전거바퀴를 사용해 만든 '모빌'이다. (2007년 1회)

4) 초현실주의(Surrealism)

① 초현실주의는 다다이즘의 영향으로 1919년부터 약 20년간 프랑스를 중심으로 일어났으며, 이성의 지배를 배척하고 무의식의 세계를 표현하였다.

② 제1차 세계대전 후 파괴되는 물질세계의 허무와 실망에서 시작된 전위적 예술운동으로 무의식적인 정신세계와 공상, 환상과 같은 초월적 꿈의 세계의 표현을 지향하는 20세기의 예술사조이다. (2011년 1회)

③ 재래형식을 타파하고 합리주의나 자연주의에 반대하였으며 추상주의와 팝아트에 영향을 주었다. 대표적인 작가로는 에른스트(Max Ernst), 미로(Joan Miro), 달리(Salvador Dalí), 르네 마그리트(René Magritte) 등이 있다.

살바도르 달리 〈기억의 고집〉　　　에른스트 〈오이디푸스 콤플렉스〉

5) 추상주의(Abstract Expresionism)

① 추상주의는 1940년대 뉴욕을 중심으로 일어난 예술운동으로 현실적 대상의 실제적 재현보다는 선, 형, 색 등 순수한 조형만 사용하여 자신의 느낌을 표현한 예술이다.

칸딘스키 〈컴포지션 No. 7〉

② 초현실주의의 이념을 바탕으로 발전하였으며, 그림이나 조형뿐만 아니라 건축과 상업미술, 디자인 분야에 이르기까지 응용되었다. 추상미술은 대표적으로 '뜨거운 추상'과 '차가운 추상'으로 나뉜다.

③ 뜨거운 추상은 비기하학적인 추상, 비정형 추상, 서정적 추상, 추상표현주의라 하며 대표적인 인물은 칸딘스키로 형태와 색채가 완전히 자유롭게 표현되었다.

④ 차가운 추상은 기하학적인 추상, 정형 추상, 주지적 추상, 신조형주의라 하는데, 대표적 작가인 몬드리안은 "순수한 조형적 표현은 선, 면, 색채의 관계에 의해 창조된다." 라고 주장했다.

6) 팝아트(Pop Art) (2007년 2회)(2011년 1회)

① 팝아트는 1960년대 뉴욕에서 일어난 미술 경향으로 상업성, 상징성, 풍속과 대중문화에 관심을 두었다. 역동성, 유선형, 경제성의 특징을 가지는데, 특히 그래픽 디자인 분야에 큰 영향을 미쳤다. (2006년 4회)(2010년 1회)

② 팝아트는 대중을 위한 예술을 주장하면서 엘리트 문화에 반대하는 젊고 활기찬 디자인운동이다. 일부 팝아트가 저급한 미술로 전락되기도 하였지만, 기존의 회화 양식에서 벗어난 상업적인 기법, 인상적인 만화나 사진 영상 등을 이용한 반미술적 사고방식으로 현대미술에 큰 영향을 미쳤다. (2007년 2회)

③ 대표적인 작가로 존스(Jasper Johns)와 라우센버그(Robert Rauschenberg)가 있으며 대표 작품은 앤디 워홀(Andy Warhol)의 '코카콜라의 마크', '마릴린 먼로의 사진' 등이다.

앤디워홀 〈마릴린 먼로〉

리히텐슈타인 〈행복한 눈물〉

7) 옵아트(Op-Art) <small>(2007년 5회)(2013년 4회)</small>

① 옵아트는 '시각적 미술'이란 뜻으로 1960년대 '상업주의', '상징성'에 반대하여 미국에서 일어난 추상주의 미술운동이다. 색채의 시지각 원리에 근거를 두고 시각적 환영과 착시 등 심리적 효과를 적극적으로 활용하였다. <small>(2006년 5회)(2007년 5회)(2010년 1회)</small>

② 형태와 색채의 체계적이고 정밀한 조작을 통해 얻어지는 옵아트의 효과는 원근법상의 착시나 색채의 장력을 이용한 것이다. 시각적 표현이라기보다는 생리적 착각의 회화로서 '망막의 예술'이라고 불리기도 한다. 명암에 의한 색의 진출과 후퇴의 변화, 중복에 의한 규칙적 변화로 공감각이 표현되기도 한다.

바사렐리 〈얼룩말〉　　　　　브리지트 라일리 〈사각형의 움직임〉

8) 미니멀리즘(Minimalism)

① 미니멀 아트는 '최소한의 예술'이란 의미로 1950년대 후반 미국 뉴욕에서 젊은 작가들에 의해 시작된 시각예술과 음악분야의 운동으로 극도로 단순한 형태의 표현과 즉자적·객관적인 접근을 특징으로 한다. 'ABC 아트'라고도 불리는 미니멀 아트는 "적은 것이 많은 것이다."라는 표어에서 드러나듯 단순형태의 그림을 중요시 여겼다.

② 극단적인 간결성, 기계적인 엄밀성 등의 특징을 가지며, 3차원적이고 우연하며 단순한 기하학적 형태 등으로 똑같은 형태가 반복되어 나타난다. 단순 기하학적인 형태의 이미지와 조형요소를 최소화하여 기본적인 구조로 환원시키고, 원형이나 정육면체 등의 단일 입방체 사용과 단색 사용 등으로 단순함을 강조했다.

도널드 저드 〈무제〉

9) 기능주의(Functionalism) <small>(2004년 1회)(2012년 2회)</small>

① 기능주의는 디자인에서 기능을 우선시하는 경향으로 대상을 기능적 부분에서의 현상과 속성만으로 파악하고 실체, 본질, 사물 자체는 부정한다. 근대건축과 디자인의 기본적인 조형원리에 바탕을 둔 사조로 근본적인 전제는 기능과 미 또는 형태를 일치시키는 데 있다.

루이스 설리반

② 기능주의의 실용성과 합목적성의 개념은 19세기 초반 고전주의 건축가 쉰켈(Karl Friedrich Schinkel) 등의 사상에서부터 싹트기 시작하여, 19세기 후반 오토 와그너(Otto Wagner), 미국의 루이스 설리반(Louis Henri Sullivan) 등 진보적인 건축가들에 의해 적극적으로 사용되었다.

③ 근대 건축의 아버지라 불리는 오토 와그너는 "예술은 필요에 따라서만 지배된다." 고 주장하였으며, 미국 건축의 개척자인 루이스 설리반은 "형태(form)는 기능을 따른다."면서 디자인의 목적 자체가 합리적으로 설정되어야 하고 기능적 형태가 가장 아름답다고 주장했다. 이러한 기능주의 사상은 현대디자인의 사상적 배경이 된다.

<small>(2008년 4회)(2011년 4회)(2013년 5회)(2014년 2회)(2015년 4회)</small>

POINT 현대디자인사 요약

명칭	국가	특징	창시자 / 작가
다다이즘 (1915~1922)	유럽, 미국	인간의 이성을 배제하고 제스추어를 쓰면서 "비합리적"이고 "무계획적인 예술 운동"	마르셀 뒤샹
초현실주의 (1920~1930)	프랑스	이성의 지배를 배척하고 무의식의 세계를 표현하는 예술 운동	에른스트, 미로, 달리, 마그리트
추상주의 (1940~1950)	미국	1940년대 뉴욕을 중심으로 일어난 추상 회화	몬드리안, 칸딘스키
팝아트 (1960~)	서유럽, 미국	• 상업성과 상징성을 강조하고 엘리트 문화에 반대하는 젊고 활기찬 디자인 운동 • 대표작 : 앤디워홀의 코가콜라 마크, 마릴린 먼로의 사진 등	앤디 워홀
옵아트 (1960~)	미국	팝아트의 '상업주의'와 '상징성'에 반대하고, 시각적 착시현상을 확대, 응용한 미술운동	바자렐리, 알베르스, 푼즈

(3) 각국의 현대디자인

1) 이탈리아의 디자인

① 이탈리아의 디자인은 미학이론(esthetic theory)과 미래주의
의 영향을 받아 공업제품에 응용하였고 '꼼파소도로' 디자인
상 등을 제정해 디자인 분야의 진흥을 도모하고 있다.

② 멤피스 디자인 그룹(Memphis Design Group)은 1981년에 창
립된 이탈리아의 혁신적 디자인 그룹으로 '에토레 소트사스
(Ettore Sottsass)'가 중심이 되어 장난기 넘치는 신기한 형태,
무늬, 장식을 사용한 일상제품을 더욱 장식적이며 풍요로운
디자인으로 탐색했다. (2009년 2회)(2013년 5회)

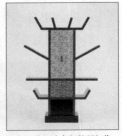
소트사스의 〈카사블랑카〉
식기 찬장 디자인

조선생의
TIP

반디자인 운동 (2005년 5회)(2009년 5회)(2013년 4회)
자본주의와 과시적 소비가 지나치게 밀착하는 현상에 대한 저항으로 좀 더 환경적이고 인간적인 디자
인 철학을 제시한 조형운동으로 제도화되고 체계화된 디자인에 반대하는 모든 경향을 말한다.

2) 스칸디나비아 제국의 디자인

① 스칸디나비아(Scandinavia)는 북유럽의 스칸디나비아 반도를 중심으로 한 문화적 ·
역사적 지역으로 스웨덴(Sweden), 노르웨이(Norway), 덴마크(Denmark), 핀란드
(Finland) 등이 포함된다.

② 인간의 감각과의 관계를 중요시하는 예술적 방향을 추구하였으며 민중적인 사회전통
과 풍부한 목재를 활용한 민속적이고 가정적인 분위기에 서구 디자인을 조화롭게 접
목한 가구, 식기, 조명기구 등 실내 생활용품 디자인으로 유명하다.
(2004년 5회)(2011년 5회)

3) 미국의 디자인

① 1910년을 전후로 시작되는 미국의 디자인 운동은 주로 공업디자인 분야에서 두드러
졌다. 현대 미국 공업디자인이 발전하게 되는 뚜렷한 계기는 바우하우스(Bauhaus)의
조형이념이 미국으로 전파된 것과 1930년대 세계경제대공황인데, 이런 영향으로 미
국의 대표적 디자인 경향은 실용주의와 기능주의라 할 수 있다.

② 미국의 공업주의를 상징하는 헨리 포드에 의한 자동차의 대량생산화 방식은 컨베이어
시스템(conveyer system)으로 자동차산업에 혁신을 가져왔고 그 결과 정교하고 복잡한
부품에 의한 자동차를 대중화시켰다. (2008년 5회)

③ 1920년대 미국에서는 산업디자인 스튜디오를 개설하여 산업디자인이라는 용어를 대중적으로 알렸다. 그리고 1930년대에 "유선형"의 디자인이 유행하기 시작했는데, 노만 벨 게데스(Norman bel Geddes)에 의한 "유선형" 디자인은 과학적인 형태로서 유체의 저항을 줄여 비행기나 기관차의 디자인에 활용되었고, 사무기기나 가정용품에도 사용되었다. (2013년 4회)(2016년 2회)

게데스 〈유선형 자동차〉

4) 일본의 디자인

① 일본(Japan)은 2차대전 후 미국과 유럽의 새로운 제품이 유입되면서 1970년대 후반부터 기술혁신과 세련되고 경쟁력이 우수한 전자제품, 카메라, 자동차 등을 만들어 하이테크 산업제품의 강국이라는 이미지를 세계적으로 부각시켰다.

② 일본 전통공예가 갖고 있는 조밀함, 변조성, 간결성, 명쾌성, 형태와 상징성 등이 산업생산에 융합되면서 완벽주의와 극소주의를 만들어 냈다. 일본의 현대디자인이 발전하게 된 계기 중 하나는 레이먼드 로위(Raymond Loewy)의 피스(Peace) 담뱃갑이었다. (2014년 5회)

 **마케팅**

01 | 디자인과 마케팅

(1) 디자인 정책 및 디자인 관리

1) 디자인 정책(Design Policy)

① 디자인 정책이란 디자인을 통해 문화적·경제적 가치를 창출하기 위한 정부 또는 기업의 의도적이며 계획적인 행동 및 절차이다.

② 디자인 정책은 시민의 전반적인 문화 활동을 배경으로 문화적·경제적 가치 획득을 위한 정부 또는 기업의 중·장기적 목표 형성과 이의 달성을 위한 의도적이며 계획적인 행동 및 지침을 포함한다.

2) 디자인 관리(Design Management)

① 급변하는 현대사회에서 기업은 생존을 위해 '기술 혁신'과 함께 좋은 디자인을 개발하여 다른 기업과 차별되는 우수한 제품을 만들어 경쟁력을 높여야 한다. 따라서 디자인은 기업의 생존을 위한 기업정책과 경영에 큰 영향을 미치고 있다.

② 디자인 관리의 중요성은 1951년 영국의 산업디자인위원회(CoID ; The Council of Industrial Design)의 연례 총회에서 '디자인은 최고 경영진의 책임'이라는 정의가 내려진 것을 기점으로 디자인 관리의 중요성이 거론되기 시작하여 1960년대 중반 디자인과 경영정책 간의 이해가 보다 명확하게 인식되면서 그 중요성이 높아졌다.

③ 디자인 프로젝트의 문제 해결(problem solving)과 의사 결정(decision making)을 효율적으로 해결하기 위해서는 관리에 필요한 다양한 이론과 기술을 디자인 과정과 조직 운영에 도입시켜 새로운 디자인 관리의 지식체계와 전문성을 확립시켜야 한다.

(2015년 5회)

디자인 경영자의 역할 (2009년 4회)(2014년 4회)
- 조직운영에 관한 모든 의사결정 시 결단적 역할을 수행한다.
- 디자인 조직 내외부의 사람들과 완만한 인간관계 구축을 위해 노력한다.
- 디자인 조직 내외부로부터의 정보를 받아들이고 전달해 준다.

3) 디자인 관리의 필요성 (2005년 2회)

① 사회문화적 요구

정보화시대, 우주시대를 살고 있는 오늘날 사회문화적 생활양식도 그만큼 다양해지고 복잡해지고 있다. 따라서 복잡해진 사회와 문화를 고려하는 디자인 관리의 필요성이 어느 때보다 필요하게 되었다.

② 산업경제적 요구

과학기술의 발전은 산업경제와 정보발전은 물론 디자인에도 직접적인 영향을 끼쳤다. 산업화에 따른 발전은 소비 시장의 확대를 초래하였고 더불어 디자인 관리의 필요성이 요구되었다.

③ 학문적 요구

디자인은 예술과 과학은 물론 삶의 전반에 걸쳐 연관을 맺는 종합적인 분야이다. 따라서 의학, 법학, 건축, 물리학 등의 학문들처럼 정확한 학문적 정의를 내리는 것이 쉽지 않다. 그러므로 디자인 관리를 위해서는 학문적 체계 확립이 필요하다.

(2) 마케팅의 정의, 기능, 원칙, 전략

1) 마케팅의 정의 (2004년 1회)(2004년 2회)(2005년 4회)(2007년 4회)(2007년 5회)(2016년 1회)

① 마케팅은 기업(생산자)이 제품이나 서비스를 효율적으로 많이 판매하기 위해 소비자의 심리를 분석하거나 판매촉진행사 등을 펼치는 일련의 활동이다. AMA(미국 마케팅협회)에서는 마케팅을 "개인이나 조직의 목표를 충족시키는 교환이 이루어지도록 가격결정 및 아이디어 개발, 제품, 서비스 등을 결정하여 촉진·유통시키는 실천과정"이라고 정의하고 있다. (2015년 4회)

② 마케팅은 산업제품이 생산자로부터 소비자에게 전달되는 모든 과정과 관련된다. 즉, 개인이나 조직의 목표를 충족시키는 교환이 이루어지도록 제품을 만들고 서비스 및 아이디어 개발과 적정 가격을 책정하여 이를 촉진·유통시키는 활동을 계획하고 실천하는 과정이다.

- 4P는 효과적 마케팅을 위한 네 가지 핵심 요소로서 마케팅 믹스라고 하는데 4가지 핵심 요소를 어떻게 잘 혼합하느냐에 따라 마케팅 효과를 극대화할 수 있기 때문이다. 4P는 제품(Product), 유통(장소, Place), 촉진(Promotion), 가격(Price)으로 1960년대 제롬 매카시 교수가 처음 제안했다.
- 마케팅 믹스는 기업이 마케팅 목표의 효과적인 달성을 위하여 마케팅 활동에서 사용하는 여러 가지 방법을 전체적으로 균형이 잡히도록 통제하는 마케팅 변수의 총집합을 말한다.

2) 마케팅의 기능 (2012년 2회)

① 판매방향 제시의 기준
② 고지(이루어야 할 목표)의 기능
③ 기업의 전략적 관리도구
④ 집행자원을 지급받는 근거
⑤ 자원의 효율적 배분
⑥ 투자위험의 사전예방 및 요인의 강화
⑦ 합리적 조직운용

3) 마케팅의 원칙 (2008년 1회)(2010년 4회)(2015년 4회)

① 수요전제의 원칙
② 판매촉진의 원칙
③ 수요창조의 원칙
④ 유통계열화의 원칙
⑤ 기업주체성의 원칙
⑥ 과학적 시장인식의 원칙
⑦ 판매중추성의 원칙

4) 마케팅의 전략

① 마케팅 전략이란 마케팅 과정에서 전략적 디자인 기획을 하는 것으로 통합적 전략, 직감적 전략, 분석적 전략이 있다. 상황분석과 목표시장을 설정하고 전략을 수립해 일정을 계획하고 실행하는 모든 과정을 전략적으로 수행한다. (2012년 2회)

② 마케팅 전략의 진행절차
상황분석 → 목표시장 설정 → 전략 수립 → 일정계획 → 실행

③ 시장의 확보 및 확대를 위한 마케팅 전략 (2014년 1회)(2016년 4회)

시장의 세분화, 제품의 차별화, 제품의 다양화

포지셔닝(Positioning) (2006년 4회)

소비자의 마음속에 자사제품이나 기업을 표적시장, 경쟁력, 기업능력과 관련하여 가장 유리한 포지션에 위치하도록 만드는 과정. 즉 소비자에게 자사제품을 어떻게 차별적으로 인식시킬 것인가에 대한 전략이다.

(3) 시장조사방법과 자료수집기법

1) 시장조사(marketing research) (2013년 1회)(2014년 5회)

① 시장조사란 상품을 판매하거나 서비스를 제공받는 시장에 대한 조사를 의미한다. 상품 및 마케팅과 관련하여 과학적으로 자료를 수집, 분석, 보고하고 이를 토대로 계획 활동에 적용하는 것을 말한다.

② 생산자로부터 소비자에게 이전되는 재화, 서비스 판매에 따라 일어나는 마케팅 전반에 관한 사실의 수정, 기록, 분석 등을 조사하는 것으로 상품조사, 판매조사, 소비자조사, 광고조사, 잠재 수요자조사, 판로조사 등 여러 분야가 포함된다.

2) 시장조사의 필요성 (2010년 1회)

① 기업은 소비자가 무엇을 필요로 하고 선호하는지를 조사, 분석, 결정, 실행하는 과정에서 시장을 세분화하여 효율적으로 관리할 자료를 확보해야 효과적으로 이윤을 창출할 수 있다. (2007년 1회)

② 시장조사를 통해 판매촉진 효과를 높일 수 있고, 의사결정 과정에서의 오류를 줄이고 유통과정에서 비용을 절약할 수 있다.

3) 시장조사방법

① 목표가 되는 소비자의 행동을 직접 면밀하게 관찰한다.
② 목표 소비자 집단의 색상 기호 또는 색상 선호도를 직접 조사한다.
③ TV 또는 신문광고의 만족도에 대해 사후 설문조사를 한다.
④ 인구의 성별, 소득정보, 연령구성, 점포의 분포율 등은 시장조사의 기초자료로 사용된다.

조선생의 TIP

> - **디자인 리서치(design research)** (2005년 5회)(2011년 5회)(2014년 5회)
>   디자인의 조사연구를 위한 자료조사로 소비자조사, 디자인 등록, 색채견본조사 등이 있다.
> - **표적시장(target market)** (2008년 5회)
>   표적시장은 특정 고객이나 집단을 대상으로 하는 시장을 말한다.

4) 자료수집기법 (2005년 1회)

양질의 자료에서 양질의 실험결과를 얻어낼 수 있다. 즉 연구결과는 어떤 자료를 사용했느냐에 따라 달라진다. 그래서 좋은 자료를 수집하는 것은 매우 중요하다. 자료를 수집하는 방법은 설문지법, 면접법, 서베이법, 관찰법 등 다양하다. 자료에는 1차 자료(primary data)와 2차 자료(secondary data) 두 가지가 있다. 1차 자료는 직접 조사한 자료이고 2차 자료는 과거 다른 연구목적으로 조사되어 수집된 자료로 현재 연구에 활용 가능한 것을 말한다.

① 설문지법(questionnaire method)

가장 대표적인 1차 자료 수집방법으로 응답자의 답변을 요하는 일련의 질문들로 구성된 설문지를 이용하는 방법이다.

② 면접법(interview method)

조사의 목적을 공개하면서 자료를 수집하는 방법으로 응답자의 자유로운 의사표현을 조사자가 기록하는 방법이다.

③ 서베이법(survey method) (2007년 1회)(2015년 2회)

대인조사, 전화조사, 우편조사, 인터넷조사 등을 이용하여 응답자들에게 연구주제와 관련된 질문에 응답하도록 함으로써 자료를 체계적으로 수집하고 분석하는 방법이다.

④ 관찰법(observation method)

조사의 신뢰도를 높이기 위해 소비자의 행동을 직접적으로 관찰하는 방법으로 특정 지역의 유동인구나 시청률, 시간 집중도 등을 조사하는 데 적합하다.

POINT 양적 연구방법과 질적 연구방법의 종류

❶ 양적 연구방법
- 개별면접조사법
- 전화조사법
- 우편조사법

❷ 질적 연구방법
- **심층면접방법** : 1명의 조사자와 일대일 면접을 통해 소비자의 심리를 파악하는 조사법
- **그룹토론법(포커스그룹조사법)** : 6~12명 정도의 응답자와 집중적인 대화를 통해 정보를 찾아내는 소비자 면접조사법이다.

---

⑤ SD법(Semantic Differential Method, 언어척도법, 의미분화법, 의미미분법) (2005년 4회)

- 1959년 미국의 심리학자 오스굿(C. E. Osgoods)에 의해 고안된 색채이미지에 관한 연구법이다. 경관이나 제품, 색, 음향 감촉, 유행색 경향 및 선호도 비교분석과 여러 가지 대상의 인상을 파악하는 방법으로 많이 사용된다.
- 형용사의 반대어쌍 즉 상반되는 형용사군 10~50개를 이용하여 일정 점수를 갖는 척도를 주어 각 형용사에 해당하는 점수를 부여하는 방식으로 이미지 분석법으로 널리 사용되고 있으며 색채의 지각현상과 감정효과를 다면적으로 분석할 수 있다.
  - 예 좋다-나쁘다, 크다-작다, 빠르다-느리다 등

SWOT 분석

❶ 정의

기업의 환경 분석을 통해 내부적 요인인 강점(Strength), 약점(Weakness)과 외부적인 요인인 기회(Opportunity)와 위협(Threat)을 규정하고 이를 토대로 기업의 색채마케팅 전략을 수립하는 분석기법을 말한다. 학자에 따라서는 외부환경을 강조한다는 점에서 위협, 기회, 약점, 강점을 TOWS라 부르기도 한다.

❷ SWOT 분석에 의한 전략

- **SO전략(강점 - 기회전략)** : 시장의 기회를 활용하기 위해 강점을 사용하는 전략을 선택한다.
- **ST전략(강점 - 위협전략)** : 시장의 위협을 회피하기 위해 강점을 사용하는 전략을 선택한다.
- **WO전략(약점 - 기회전략)** : 약점을 극복함으로써 시장의 기회를 활용하는 전략을 선택한다.
- **WT전략(약점 - 위협전략)** : 시장의 위협을 회피하고 약점을 최소화하는 전략을 선택한다.

5) 전수조사와 표본조사

전수조사는 모집단 구성원 전체에 대해 조사하는 방법이고, 표본조사는 자료조사 수집 방법 중에서 가장 많이 쓰이는 방법으로 모집단을 대표할 수 있는 일부 대상을 표본으로 선정하여 조사하는 것이다.

제품의 수명주기(Product Life Cycle) (2004년 5회)(2008년 2회)(2012년 2회)(2013년 2회)(2014년 4회)

제품은 제한된 수명주기를 갖고 있으며 제품의 이익은 제품수명주기상의 단계별로 증가했다가 감소한다. 제품의 수명주기는 대체로 제품의 판매량 변화를 중심으로 설명한다. (2012년 4회)

❶ **도입기** : 신제품이 시장에 도입되는 시기로 상품의 기능적 가치를 중시하며 잠재고객들의 관심을 끌고 구매를 자극해야 하는 시기 (2004년 2회)(2014년 4회)

❷ **성장기** : 광고와 홍보를 통해 제품의 판매와 이윤이 급격이 상승하는 시기

❸ **성숙기** : 가장 오래 지속되며 수익과 마케팅에 문제가 나타나는 시기로 판매율이 둔화되면서 생산설비의 과잉, 이익의 축소를 초래해 경쟁적 우위를 확보한 경쟁사만 남게 된다. (2004년 4회)(2005년 4회)

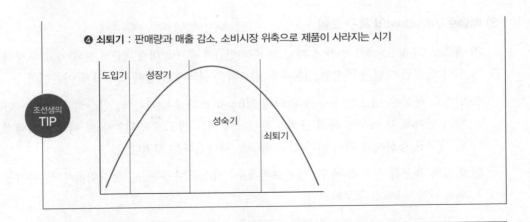

조선생의 TIP

④ 쇠퇴기 : 판매량과 매출 감소, 소비시장 위축으로 제품이 사라지는 시기

도입기 성장기

성숙기

쇠퇴기

조선생의 TIP

가치분석(value analysis) (2007년 1회)(2012년 4회)(2015년 1회)

기본 제품을 이루는 각 부분을 하나하나 분류하여 각각을 평가 · 분석하고 과도한 부분이 있으면 줄이거나 제거한다.

(4) 소비자 생활유형(Life style)

1) 라이프 스타일(Life Style) (2009년 1회)

① 라이프 스타일이란 사람들이 살아가고 돈과 시간을 소비하는 전반적인 양식을 말한다.

② 생활의 구조적 측면인 생활의식, 활동, 관심 등이 복합되어 나타난다.

③ 라이프 스타일의 변화는 기술혁신과 정보화로부터 큰 영향을 받으며 생활수준의 전반적인 향상이 높은 지식과 자기의식, 개성 및 자기 주관을 가진 다양한 소비자 행동으로 나타나고 있다.

2) 소비자 행동(Consumer Behavior) (20016년 4회)

① 소비자는 기업의 제품경쟁에서 판정자의 역할을 한다. 소비자 행동이란 개인이나 조직이 제품 또는 서비스와 관련해 행동하는 일련의 모든 심리적 의사결정 과정을 의미한다. (2007년 4회)(2010년 4회)(2014년 2회)

② 소비자 행동은 문화적, 사회적, 개인적, 심리적 요인과 같은 다양한 이유에 의해 다르게 나타날 수 있으므로 소비자들을 연구하고 원하는 것을 조사 · 분석하는 것이 중요하다. (2007년 2회)(2007년 4회)(2009년 5회)(2010년 2회)(2013년 1회)

③ 소비자 행동은 정보 수집자, 영향력 행사자, 의사결정자, 구매자, 사용자 등 다양한 역할을 맡은 개인들을 포함한 의사결정 단위를 가진다.

3) 매슬로우(Maslow)의 욕구 모델 (2006년 2회)(2006년 4회)(2008년 1회)(2010년 1회)(2011년 4회)(2016년 1회)

① 매슬로우(Maslow)가 인간에 대한 염세적(인간과 세계에 대해 비관적 견해)이고 부정적
이며 한정된 개념을 부정한 인본주의 심리학을 근거로 주장한 욕구단계 이론이다.

② 인간의 행동은 필요와 욕구에 의해 동기(motive)가 유발되는데, 인간의 동기에는 단
계가 있어서 각 욕구는 하위 단계의 욕구들이 어느 정도 충족되었을 때 비로소 지배적
인 욕구로 등장하게 되며 점차 상위 욕구로 나아간다는 것이다.

③ 인간의 욕구를 생리적 욕구, 생활보존욕구, 사회적 수용욕구, 존경취득욕구, 자기실
현욕구의 5단계로 구분하였다.

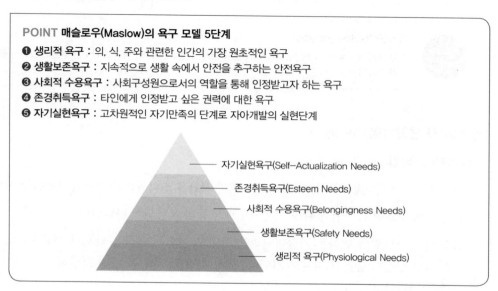

POINT 매슬로우(Maslow)의 욕구 모델 5단계
❶ **생리적 욕구** : 의, 식, 주와 관련한 인간의 가장 원초적인 욕구
❷ **생활보존욕구** : 지속적으로 생활 속에서 안전을 추구하는 안전욕구
❸ **사회적 수용욕구** : 사회구성원으로서의 역할을 통해 인정받고자 하는 욕구
❹ **존경취득욕구** : 타인에게 인정받고 싶은 권력에 대한 욕구
❺ **자기실현욕구** : 고차원적인 자기만족의 단계로 자아개발의 실현단계

- 자기실현욕구(Self-Actualization Needs)
- 존경취득욕구(Esteem Needs)
- 사회적 수용욕구(Belongingness Needs)
- 생활보존욕구(Safety Needs)
- 생리적 욕구(Physiological Needs)

4) 소비자 구매과정(AIDMA 법칙) (2004년 5회)(2005년 4회)(2006년 2회)(2008년 1회)(2009년 2회)(2013년 5회)

1920년대 미국의 경제학자 롤랜드 홀(Rolland Hall)이 발표한 구매행동 마케팅 이론이다.
소비자가 상품에 대한 정보와 광고를 접한 후 어떤 단계를 걸쳐 상품을 구입하는지를 설
명한다. (2005년 2회)

① A(Attention, 인지) : 주의를 끈다. (2010년 5회)
② I(Interest, 관심) : 흥미 유발
③ D(Desire, 욕구) : 가지고 싶은 욕망 발생
④ M(Memory, 기억) : 제품의 기억, 광고효과가 가장 크다.
⑤ A(Action, 수용) : 구매한다. (행동)

5) 생활유형별 소비자 집단 (2006년 5회)(2007년 2회)

① 관습적인 소비자 집단 : 같은 브랜드를 관습적, 반복적으로 선호하는 소비자집단으로 재구매율이 높다.

② 유동적 구매를 하는 소비자 집단 : 물건의 외형을 보고 충동구매를 하는 소비자 집단 (2006년 2회)

③ 합리적 소비자 집단 : 합리적인 구매를 추구하는 소비자 집단

④ 감정적 소비자 집단 : 상품의 상징성이나 구매자 자신의 체면과 이미지를 중요시하는 소비자 집단

⑤ 신소비자 집단 : 심리적으로 아직 안정되지 못한 젊은층으로 뚜렷한 구매 패턴을 형성하지 못하는 집단

6) 소비자 생활유형 측정 (2015년 5회)

① AIO법(소비자 생활유형 측정법, 심리도법)

판매를 촉진시키는 광고의 효과적 집행을 위해 소비자의 구매심리 과정을 파악하는 방법으로 활동(Activities), 흥미(Interest), 의견(Opinions)을 측정한다.

② VALS(Values And Life Styles)

스탠포드 연구기관(Stanford research institute, SRI)에서 개발된 VALS(Value and Life Style)는 가치(value)와 라이프 스타일(lifestyle)의 머리글자를 딴 약어로서 인구통계적 자료나 소비통계뿐만 아니라 시장 세분화를 위한 생활유형 연구에 가장 많이 쓰인다. VALS 1은 동기와 발달심리학 이론(매슬로우의 욕구단계)에 바탕을 두고 개발되었고, VALS 2은 소비자 구매 패턴을 측정하기 위해 개발되었다.

(5) 시장세분화(Market Segmentation)

1) 시장세분화의 의미

시장의 이질성을 충분히 파악해서 소비자의 필요를 가능한 정확하게 충족시키기 위해 유사한 욕구를 갖는 고객을 일정한 기준에 따라 그룹으로 나누어 마케팅 전략을 수립하는 방법을 말한다.

2) 시장세분화의 변수 (2004년 1회)(2006년 5회)(2009년 4회)(2010년 5회)(2013년 4회)

① 사용자 행동 특성별 세분화 : 제품의 사용빈도, 상표 충성도별로 세분화

② 지리적 특성별 세분화 : 지역, 도시크기, 인구밀도, 기후별로 세분화

③ 인구학적 특성별 세분화 : 연령, 성, 결혼선택, 수입, 직업, 거주지역, 학력 및 교육수준, 라이프 스타일, 소득별로 세분화

④ 사회문화적 특성별 세분화 : 문화, 종교, 사회 계층별로 세분화

⑤ 제품특성에 근거한 세분화 : 사용자 유형, 용도, 추구효용, 가격탄력성, 상표인지도, 상표선호도 등

3) 시장세분화로 인한 기업의 이점

① 소비자의 욕구, 구매동기 등을 파악할 수 있다.
② 기업의 강점과 약점 등을 평가하여 유리한 시장을 선택할 수 있다.
③ 마케팅 자원을 효율적으로 배분할 수 있다.

4) 효율적인 시장 세분화를 위한 조건 (2007년 1회)

① 차별화가능성 : 세분시장은 동질성도 있어야 하지만 이질성도 가지고 있어야 한다.
② 측정가능성 : 각 세분시장의 구매력이나 예상 매출액 등이 측정 가능하여야 한다.
③ 접근가능성 : 해당 세분시장에 마케팅 활동을 효과적으로 집중시킬 수 있어야 한다.
④ 실행가능성 : 효율적인 마케팅 프로그램의 수립이 가능하고 실행될 수 있어야 한다.

핵심요약정리 및 체크리스트

[꼭 이해하고 넘어가야 할 핵심내용입니다. 아래 내용의 80% 이상을 암기하지 못했다면 다시 공부하세요.]

1. 디자인 사상의 선구자인 (　　　)은 '베니스의 돌'이라는 저서를 통해 그리스와 중세의 건축을 비교하면서 그리스의 노동자가 주어진 일을 강요에 의해서 했다면, 중세의 노동은 인간의 성실한 노력이나 자유로운 개성적 표현이 중시되었다고 주장하며 고딕예술을 높이 평가했다.

　　　존 러스킨

2. 만국박람회장인 (　　　)은 공장에서 미리 생산한 철골과 판유리를 공사현장에서 조립하는 프리패브리케이션(prefabrication) 공법에 의해서 제작되었고 온실 설계가인 조셉 팩스턴(Joseph Paxton)에 의하여 설계되었다.

　　　수정궁(crystal palace)

3. 미술공예운동은 19C 후반 존 러스킨의 영향을 받은 (　　　)에 의해 시작되었다.

　　　윌리엄 모리스

4. (　　　)는 '새로운 예술'이라는 뜻으로 19세기 말 기존의 순수미술에서 탈피하여 실용적 · 대중적인 응용미술을 추구한 운동으로 벨기에에서 시작되었다.

　　　아르누보

5. (　　　)는 '탈퇴하다, 분리하다'란 뜻으로 과거의 양식을 답습하는 것에 반대하여 일어난 반아카데미즘 미술운동이다.

　　　분리파

6. 독일공작연맹은 (　　　)를 중심으로 제조업자, 예술가, 건축가, 저술가 등이 함께 만든 디자인 진흥단체이다.

　　　헤르만 무테지우스

7. 1906년 (　　　)는 '아비뇽의 여인들'이라는 작품을 통해 새로운 시네마식 원근법을 선보였다.

　　　피카소

8. 1920~1930년대 러시아 혁명기의 대표적인 아방가르드 운동의 하나로서 러시아 전위미술운동을 이끌던 말레비치에 의해 주도된 '추상주의 예술운동'으로 (　　　)라 한다.

　　　구성주의 또는 구성파

9. (　　　)은 잡지 이름으로 '양식'을 의미하며 '신조형주의'라고도 한다. 기하학적 형태가 가장 기능적인 것이라 주장하고 기능주의 철학을 대두시킨 네덜란드를 중심으로 일어난 추상미술운동이다.

　　　데 스틸

10. (　　　)는 1919년 국립 종합조형학교인 '바이마르 국립바우하우스'를 설립했다.

　　　월터 그로피우스

11. 모더니즘의 기능성을 거부하고 모더니즘의 문제와 폐단을 해결하고자 하는 개혁주의적 경향의 큰 흐름을 갖는 사조를 (　　　)이라 한다.

　　　포스트모더니즘

12. (　　　)은 1916년 잡지 'Dada'로부터 시작되었고 인간의 이성을 배제한 제스추어를 쓰는 비합리, 반이성, 반도덕, 반예술을 표방한 무계획적 허무주의 예술운동을 말한다. 　　다다이즘

13. 차가운 추상은 기하학적 추상, 정형추상, 주지적 추상, 신조형주의라 하며 대표적 인물인 (　　　)은 "순수한 조형적 표현은 선, 면, 색채의 관계에 의해 창조된다."라고 주장했다. 　　몬드리안

14. (　　　)는 1960년대 뉴욕에서 일어난 미술 경향으로 상업성, 상징성, 풍속과 대중문화에 관심을 두고 역동성, 유선형, 경제성의 특징을 가지며 특히 그래픽디자인 분야에 큰 영향을 미쳤다. 　　팝아트

15. (　　　)는 '시각적 미술'이란 뜻으로 1960년대 '상업주의'와 '상징성'에 반하여 미국에서 일어난 추상주의 미술운동이다. 　　옵아트

16. (　　　)은 "형태(form)는 기능을 따른다."라고 하면서 디자인의 목적 자체가 합리적으로 설정되어야 하고 기능적 형태가 가장 아름답다고 주장했다. 　　루이스 설리반

17. (　　　)은 1981년 창립된 이탈리아의 혁신적인 디자인 그룹으로 '에토레 소트사스'가 중심이 되어 장난기 넘치는 신기한 형태나 무늬, 장식을 사용해 일상제품을 더욱 장식적이고 풍요로운 디자인으로 탐색했다. 　　멤피스 디자인 그룹

18. (　　　)은 자본주의와 과시적 소비가 지나치게 밀착하는 현상에 대한 저항으로 좀 더 환경적이고 인간적인 디자인 철학을 제시한 조형운동이다. 　　반디자인 운동

19. 1930년대에 '유선형'의 디자인이 유행하기 시작했는데, (　　　)에 의한 유선형 디자인은 과학적 형태로서 유체의 저항을 줄여 비행기나 기관차의 디자인에 활용되었고, 사무기기나 가정용품에도 사용되었다. 　　노만 벨 게데스

20. 마케팅 믹스의 4P는 (　　　), 유통(장소, Place), (　　　), 가격(Price)이다. 　　제품(Product), 촉진(Promotion)

21. 형용사의 반대어쌍, 즉 상반되는 형용사군 10~50개를 이용하여 일정 점수를 가진 척도를 주어 각 형용사에 해당하는 점수를 부여하는 방식의 이미지 분석법을 (　　　)이라 한다. 　　SD법

22. 제품의 수명주기(Product Life Cycle)
　① 도입기 : 신제품이 시장에 도입되는 시기로 상품의 기능적 가치를 중시하고 잠재고객들의 관심을 끌어 구매를 자극하는 시기
　② (　　　) : 광고와 홍보를 통해 제품의 판매와 이윤이 급격이 상승하는 시기

③ (　　　　) : 가장 오래 지속되며 수익과 마케팅에 문제가 나타나는 시기로 판매율이 둔화되면서 생산설비의 과잉, 이익의 축소를 초래해 경쟁적 우위를 확보한 경쟁사만 남게 된다.

④ 쇠퇴기 : 판매량과 매출 감소, 소비시장 위축으로 제품이 사라지는 시기

23. 매슬로우(Maslow)는 인간의 욕구를 생리적 욕구, 생활보존욕구, 사회적 수용욕구, 존경취득욕구, (　　　　) 5단계로 구분하였다.

24. 생활유형별 소비자 집단
   ① 관습적인 소비자 집단 : 같은 브랜드를 관습적·반복적으로 선호하는 소비자 집단
   ② 유동적 구매를 하는 소비자 집단 : 물건의 외형을 보고 충동구매를 하는 소비자 집단
   ③ 합리적 소비자 집단 : 합리적 구매를 추구하는 소비자 집단
   ④ 감정적 소비자 집단 : 상품의 상징성이나 구매자 자신의 체면과 이미지를 중요시하는 소비자 집단
   ⑤ (　　　) 집단 : 심리적으로 아직 안정되지 못한 젊은층으로 뚜렷한 구매 패턴을 형성하지 못한 집단

25. 시장세분화의 변수
   ① 사용자 행동 특성별 세분화 : 제품의 사용빈도, 상표 충성도별로 세분화
   ② 지리적 특성별 세분화 : 지역, 도시크기, 인구밀도, 기후별로 세분화
   ③ (　　　　) 특성별 세분화 : 연령, 성, 결혼선택, 수입, 직업, 거주 지역, 학력 및 교육수준별, 라이프스타일, 소득별로 세분화
   ④ 사회문화적 특성별 세분화 : 문화, 종교, 사회 계층별로 세분화
   ⑤ 제품특성에 근거한 세분화 : 사용자 유형, 용도, 추구효용, 가격탄력성, 상표인지도, 상표애호도 등

제3강 디자인 분야

01 | 시각디자인

가. 시각디자인

(1) 시각디자인의 개념 (2004년 1회)(2013년 1회)(2013년 4회)(2015년 4회)

① 시각전달디자인(visual communication design)을 줄여서 시각디자인이라 하는데 "어떻게 정보를 잘 전달하고 소통할 것인가?"를 다룬다.

② 시각디자인의 궁극적 목적은 소통을 통해 인간의 삶을 보다 풍요롭게 만드는 데 있고, 이를 위해 삶에 필요한 다양한 정보들이 시각적인 매체를 통해 원활하고 효율적으로 소통될 수 있는 환경을 디자인한다.

> **POINT 커뮤니케이션의 이해**
> • 언어 또는 몸짓이나 화상 등의 물질적 기호를 매개수단으로 하는 정신적·심리적 전달 교류를 말한다. 소통을 위해 송신자와 수신자를 연결해 주는 매개수단을 채널(channel) 또는 매체라고 한다.
> • 커뮤니케이션 영역은 인쇄 또는 멀티미디어를 통한 광고 및 각종 선전활동(PR)은 물론 생물과 생물, 인간과 자연·동물·환경 간의 소통까지 포함한다. 커뮤니케이션에는 지시적 기능(화살표, 교통표지), 설득적 기능(포스터, 신문, 잡지), 상징적 기능(심벌, 일러스트레이션), 기록적 기능(사진, TV) 등이 있다.

(2) 시각디자인의 기능

① 시각디자인은 다양한 분야에서 사용되고 있는데 특히 마케팅(marketing)의 수단으로 많이 사용되고 있다.

② 마케팅이라는 관점에서 시각디자인은 판매 촉진을 위해 적극적으로 소비자에게 설득적 커뮤니케이션을 수행하는 광고에 활용되며 이런 이유에서 경영 및 경제적 수단으로 활용된다.

③ 시각디자인에는 지시적 기능(신호, 문자, 활자 등), 상징적 기능(심벌, 마크, 로고 등), 설득적 기능, 기록적 기능(사진, 영화, TV 등), 마케팅 기능, 매스커뮤니케이션 기능(신문, 잡지, TV 등) 등이 있다.

나. 편집디자인

(1) 편집디자인의 개념 (2004년 4회)(2007년 4회)(2009년 2회)(2009년 5회)

① 편집된 원고를 시각적으로 보기 좋게 구성하여 인쇄물로 제작하는 과정을 말한다.

② 1920년대 미국에서 사용하기 시작한 용어로 광고디자인과 구분된다.

③ 초기에는 잡지디자인과 거의 동의어로 사용되었지만 요즘은 출판디자인이라는 용어로 통일되는 추세다.

(2) 편집디자인의 분류 (2004년 2회)(2006년 5회)(2007년 2회)(2011년 1회)(2011년 2회)(2013년 5회)

① 낱장(Sheet) 형식 : 한 장으로 구성된 명함, DM, 안내장. 레터 헤드(letter head), 카드 등
(2012년 5회)

② 스프레드(Spread) 형식 : 펼치고 접는 형식으로 신문, 카탈로그, 팸플릿, 리플릿 등
(2008년 1회)

③ 서적 형식 : 제본이 되어있는 형태로 매뉴얼, 화보, 잡지, 브로슈어, 단행본, 카탈로그 등 (2013년 4회)(2014년 5회)

(3) 편집디자인의 구성요소 (2008년 4회)(2010년 2회)(2015년 2회)(2015년 4회)

① 레이아웃(lay-out) (2005년 1회)(2005년 2회)(2016년 2회)
디자인의 요소(사진, 그림, 글자)를 배열하는 것으로 눈의 이동을 유도할 수 있는 치밀한 설계, 가독성을 원활하게 하는 배열과 아름다운 시각적 균형미가 필요하다.

② 포맷(format)
인쇄물의 사이즈 또는 두께 등

③ 라인업(line up) (2006년 4회)(2013년 4회)(2014년 4회)
계획된 편집물들을 지면 안에 배치하는 작업으로 내용과 중요도에 따라 각각 분할하여 배열하는 것

④ 여백(margin)
공백, 마진이라고 한다.

⑤ 클립아트(clip art) (2007년 5회)(2010년 1회)
문서를 작성할 때 편리하게 이용할 수 있도록 모아 놓은 여러 가지 조각 그림

⑥ 그 외

플래닝(planning), 타이포그래피(typography), 포토그래피(photography), 일러스트레이션, 인쇄 등

바코드(barcode) (2004년 2회)(2005년 4회)(2008년 2회)(2014년 1회)

계산서의 보관이 가능하고 빠르게 계산할 수 있으며, 경영에 합리성을 가져올 수 있다.

(4) 타이포그래피와 레터링

1) 타이포그래피(Typography)

(2008년 1회)(2009년 2회)(2009년 4회)(2011년 1회)(2011년 5회)(2004년 5회)(2005년 1회)(2016년 4회)

① 글자를 구성하는 디자인을 일컬어 타이포그래피라고 한다.

② 활자를 통해 정보를 효과적으로 전달하는 것으로 글자체, 크기, 사이 간격(자간) 등을 조절하여 전체적으로 읽기 편하도록 구성하는 표현기술이다.

③ 가독성, 판독성, 판별성, 적정성, 심미성 등 다양한 요소를 고려해 디자인한다.

> **POINT 타이포그래피의 구성요소**
> • **형태(글자체)** : 글자의 외형
>   ⓔ 명조체(세리프체 – 가독성이 높고, 밝고 가벼우며 여성적인 느낌(심미성, 조화성), 고딕체(산세리프체 – 가장 단순하며, 획의 굵기가 일정하여 깨끗하다.) (2015년 2회)(2016년 4회)
> • **크기** : 글자의 높이
> • **장평(넓이)** : 높이에 대한 글자폭의 비율
> • **자간** : 글자와 글자 사이의 간격
> • **각도** : 글자의 기울어짐

2) 레터링(Lettering)

① 손으로 글자를 쓰는 일과 쓰여진 글자, 또는 글자 표현을 의미하는 디자인 용어로서 일반적으로 디자인의 시각화를 위해 문자를 그리는 것 또는 그려진 문자를 가리킨다.

② 레터링은 언어 본래의 의미뿐만 아니라 글자체를 고려한 조형이나 색채에 의해 보다 풍부한 정보를 전달할 수 있다. 글자라는 소재를 사용하여 어떤 사고나 의도를 표현하고 전달하려는 것으로 글자의 상호관계에 대한 문제가 고려되어야 한다.

(5) 인쇄의 종류 (2004년 5회)(2015년 5회)

1) 볼록판 인쇄(활판인쇄, relief printing) (2007년 2회)

① 가장 오래된 인쇄공정인 양각인쇄방법으로 내쇄력(인쇄판이 인쇄에 견디는 힘)이 비교적 크고 화선이 선명하여 정교한 인쇄에도 이용할 수 있는 판식이다.

② 마지널존(marginal zone) 현상(인쇄 압력에 의해 잉크가 밀려나오는 현상으로 윤곽얼룩이라 한다.)이 나타나기도 한다.

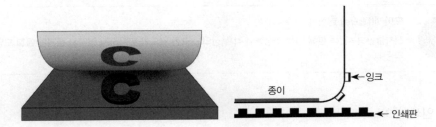

2) 오목판 인쇄(그라비아 인쇄, engraving printing)

① 판면의 화선부에 오목하게 파인 부분에 잉크가 채워져 피인쇄체로 옮겨짐으로써 인쇄가 되는 방식으로 인쇄물의 색채가 매우 풍부한 음각인쇄방법이다.

② 각종 유가증권, 지폐, 미술품, 우표, 포장인쇄, 건축재료 인쇄 등에 사용된다.

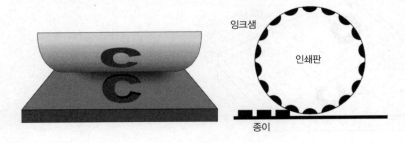

3) 평판 인쇄(오프셋 인쇄, lithographic printing) (2006년 5회)(2007년 1회)

① 물과 기름의 반발을 이용하는 가장 일반화된 인쇄방법으로 화선이 매우 부드러우며 가격이 저렴하다. 제판과정이 사진술의 원리와 같다.

② 팸플릿, 카탈로그, 포스터, 캘린더, 책, 신문 등의 인쇄에 많이 사용된다.

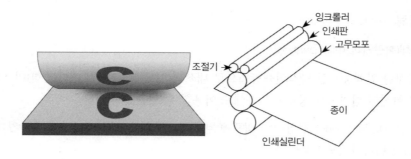

모아레(Moire) 현상 (2004년 2회)(2007년 1회)(2012년 3회)

조선생의 TIP

전자출판의 4원색 분해 인쇄 과정에서 각 색상의 스크린 각도가 일치하지 않아서 생기는 물결 모양의 무늬

4) 공판 인쇄(실크스크린 인쇄)

① 망사를 사용해 제판하고 스퀴지로 가압하여 잉크가 화선부를 통과함으로써 피인쇄체에 인쇄되고 비화선부는 통과하지 않도록 하는 인쇄 방식

② 인쇄판이 유연하고 곡면인쇄에 적합해 등사판작업 포스터, 천, 입간판, 도자기, 기계류, 유리 등 어떠한 재질에도 인쇄가 잘 된다.

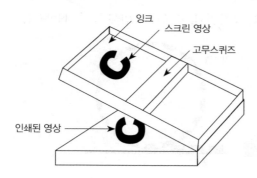

조선생의 TIP

스크린 선수(망선수, Screen Running) (2008년 4회)(2013년 5회)

1인치 폭에 들어가는 망점의 수로 보통 65~200선 정도가 사용되며, 해상력과 계조에 영향을 준다.

- **60선 이하** : 광고사진(선예도가 없다.)
- **60, 65, 75선** : 갱지(신문, 주간지)
- **75, 85, 100, 120선** : 중질지, 상질지(서적, 잡지)
- **120, 133, 150선** : 아트지
- **150, 175, 200선** : 극상아트지(고급미술인쇄) (2005년 4회)

DTP(Desk Top Publishing) (2004년 1회)(2004년 4회)(2008년 1회)(2012년 4회)(2014년 5회)(2016년 2회)

컴퓨터를 이용한 전자출판을 말하며 Indesign이나 Quauk Xpress와 같은 포스트스크립트 방식의 프로그램을 주로 사용한다.

POINT 포스트스크립트(Postscript) (2012년 4회)(2012년 5회)(2014년 1회)

프린트 형식에 관계없이 어떤 출력장치에도 왜곡됨이 없이 그래픽 이미지를 표현할 수 있는 것을 말한다. 이미지의 질과는 관계없이 크기나 모양의 변화가 쉽고 포스트스크립트 페이지 기술언어로서 고급 프린터 시스템에 내장되어 지원한다. 패스의 색과 두께, 패스의 위치와 크기에 관한 정보도 가지고 있다.

다. 광고디자인 (2011년 5회)

(1) 광고의 분류

① 기능별 분류 : 직접광고, 간접광고

② 주체별 분류 : 영리광고, 비영리광고 (2004년 1회)(2012년 4회)(2013년 4회)(2016년 1회)

③ 지역별 분류 : 전국광고, 지역광고

④ 소구대상별 분류 : 소비자광고, 업자광고, 전문광고

⑤ 소구타입별 분류 : 감성광고, 이성광고

(2) 광고의 구성요소 (2016년 2회)

① 조형적 요소

상표, 상품명, 로고타입, 일러스트레이션, 윤곽(보더라인이라 하며 신문광고 레이아웃의 시작이자 마감선, 독자의 시선을 지면 안에 묶어 다른 광고로의 이동 제한, 구획정리를 위한 경계선) 등

② 내용적 요소 (2009년 1회)(2011년 5회)

본문, 캐치프레이즈, 표어, 회사명과 소재, 헤드라인(독자의 주의를 끈다. 보디카피를 읽도록 유도한다. 소비자를 움직여 행동하도록 한다.), 캡션(사진이나 도해의 설명문), 슬로건(기업의 광고에 반복해서 사용하는 간결하면서도 힘이 있는 말), 보디카피 등

(2006년 1회)(2008년 4회)(2009년 4회)(2010년 4회)(2012년 5회)(2013년 5회)(2016년 1회)

POINT 광고의 구성요소

❶ **심벌(simbol)의 의미** (2004년 1회)(2004년 2회)

- 상품 또는 기업의 이념, 이미지, 성격 등을 시각적으로 상징화한 것으로 복잡한 개념을 단순하게 표현하기 위한 의사전달방법이다.

- 기하학적 도형형태의 심벌을 심벌마크라 하고, 문자형태로 된 심벌을 로고타입(logotype)이라 하며, 이미지를 이용한 심벌을 그래픽 심벌이라 한다. 그림과 문자를 이용해 회사명 전체를 한 번에 읽을 수 있도록 하는 심벌을 워드마크(word mark)라 한다.

❷ **그래픽 심벌(graphic simbol)**

- **아이소타입(isotype)** : '국제 그림글자 교육기구 International System of Typographic Picture Education'의 약어로서 오토 노이라트(Otto Neurath)가 만들었고 언어가 통하지 않아도 커뮤니케이션이 가능한 현대 그래픽 심벌의 모체이다.

- **픽토그램(pictogram)** : 문화와 언어를 초월해서 직관적으로 이해할 수 있도록 한 그림문자 또는 문자언어를 시각화한 것으로 올림픽경기 심벌 같은 안내심벌 등이 대표적이다. 1948년 런던 올림픽에서 처음 사용되었다. (2005년4회)(2015년 2회)

- **시멘토그래피(SementoGraphy)** : 호주의 블리스(C. K. Bliss)가 발명한 것으로 블리스 심벌릭스라고도 불리는 국제적인 그림문자 시스템

❸ **일러스트레이션(illustration)**

- **일러스트레이션의 의미**
  좁은 의미로는 핸드드로잉에 의한 그림, 넓은 의미로는 회화, 사진, 도표, 도형, 문자 이외에 시각화된 것을 말하며 출판, 광고와 같은 인쇄매체를 통해 어떤 목적이나 내용을 효과적으로 전달하기 위한 그림으로 사실주의와 초현실주의 기법이 활용되고 있다. (2011년 1회)

- **일러스트레이션의 종류** (2009년 2회)(2013년 2회)(2015년 5회)
  - **기하학적 추상 일러스트레이션** : 주로 직선, 사각형, 원, 타원, 포물선 등 기하학적 형태를 이용한 일러스트레이션 (2004년 5회)

  - **유기적 추상 일러스트레이션** : 자연계에서 찾아볼 수 있는 형태를 이용하는 것으로 기하학적 추상보다 유동적인 쾌감을 느끼게 만든다.

  - **앙포르멜(informal)적 일러스트레이션** : 자유 분방함과 절제된 선 사이의 균형을 강조한 추상적 일러스트레이션

  - **초현실적 일러스트레이션** : 개념적인 어떤 것이나 비합리적 비논리적 복합적 차원의 형태를 시각화한 일러스트레이션

  - **메커니컬(mechanical) 일러스트레이션** : 경기장의 조감도, 실내배치도, 등반로 안내도, 승용차의 내부 단면도 등을 그리는 일러스트레이션

(3) TV 광고 (2004년 5회) (2009년 5회)

1) TV 광고의 종류 (2014년 2회)

① 스폰서십(sponsorship) 광고 : 프로그램 스폰서 광고
② 스팟(spot) 광고 : 프로그램 중간에 삽입되는 광고 (2004년 4회)(2014년 4회)
③ 블록(block) 광고 : 일정한 시간을 정해서 하는 광고
④ 로컬(local) 광고 : 특별한 지역에 전달하는 광고
⑤ ID카드 광고 : 프로그램이 바뀔 때 방송국명과 함께 화면 하단에 문자 위주로 하는 광고
⑥ 네트워크(network) 광고 : 방송본국에서 전국에 광고

2) TV 광고의 장점 (2012년 2회)

① 광범위한 광고효과를 얻을 수 있다.
② 방송 빈도수가 높다.
③ 감정이입의 효과가 높다.
④ 방송대 선별이 가능하다.
⑤ 광고효과가 크다.
⑥ 속보성, 반복성, 대량 전달성, 신뢰성, 시청각, 즉효성, 친근성 등의 특징을 가진다.

3) TV 광고의 단점

① 메시지의 수명이 짧고 광고비가 비싸다.
② 제작과정이 길어 속보성이 떨어진다.

뉴미디어 (2015년 2회)
신문, 방송 등의 기존 매체에 최고의 정보통신기술이 결합된 미디어 또는 그들을 조합한 네트워크의 총칭

(4) 라디오 광고

1) 장점 (2013년 2회)

① 특정 오디언스(audience, 수신자) 계층에 도달 가능하며, 프로그램의 전문화를 통해 특정 계층을 끌어들일 수 있다.
   예 종교방송, 청소년 대상의 심야 음악 방송, 출퇴근 교통 안내 방송, 주부 대상의 주부 토크쇼 등
② 반복노출이 가능하고 TV광고에 비해 광고비가 저렴하다. 그리고 TV나 신문의 보조 매체로 활용된다.

③ CM송을 통해 광고 인지도를 높일 수 있다.

④ 라디오는 휴대가 간편해 각종 옥외 활동이나 많은 사람에게 광범위하게 도달할 수 있다.

⑤ TV와 마찬가지로 전국적인 노출뿐만 아니라 지역적 노출도 가능하다.

2) 단점

① 메시지의 전달시간이 짧다.

② 오디언스 측정자료의 부족으로 매체 계획 및 이용에 장애가 되고 있다.

(5) 신문광고 (2012년 5회)

1) 장점 (2004년 2회)(2005년 4회)(2006년 4회)(2013년 4회)

① 신뢰성, 안정성, 편의성, 전문성, 열독률(신문을 본다든지 읽는다든지 하는 사람이 전체에서 차지하고 있는 비율)이 높다.

② 다양한 독자층과 광대한 보급성으로 전국적인 광고에 적합하다.

③ 반복광고를 할 수 있다.

④ 광고비가 저렴하다.

⑤ 광고효과가 빠르며 배포지역이 명확해서 지역별 광고에 편리하다.

⑥ 자세한 정보를 실을 수 있어 전문적인 내용을 다룰 수 있다. (2014년 5회)

> **POINT 발행기간별 분류**
> - **일간** : 매일 발행
> - **주간** : 7일마다 발행
> - **격월간** : 2달에 한 번 발행
> - **계간** : 3달에 한 번 발행

2) 단점 (2016년 2회)

① 많은 신문을 따로 취급해야 한다.

② 인쇄, 컬러의 질이 떨어지고 다양하지 않다.

③ 광고 수명이 짧다.

3) 신문광고의 종류

① 보도란 광고 : 신문 보도면에 실린 광고로 기사 중 광고, 돌출광고 등이 있다.
(2006년 5회)(2008년 1회)(2008년 4회)

② 광고란 광고 : 광고란에 실린 광고로 상품, 기업, 영업물 광고 등이 있다.
(2007년 4회)(2011년 4회)

③ 간지광고 : 미리 인쇄된 광고물을 신문지 사이에 끼어서 전달하는 광고 (2014년 2회)

(6) 잡지광고

1) 장점 (2005년 5회)(2007년 5회)(2012년 5회)(2013년 2회)

① 특정 독자층을 대상으로 광고하는 효과가 높아 비용 면에서 효율적이다.
② 광고매체로서의 수명이 길다.
③ 독자 간에 회람률(돌려보는 정도)이 높다.
④ 정기구독자의 신뢰와 신용이 광고에까지 전달된다.
⑤ 컬러인쇄 효과로 호소력이 강하다.
⑥ 한 번 광고로 전국에 널리 배포되므로 편리하며 경제적이다.
⑦ 감정적 광고나 무드광고에 적합하다.
⑧ 광고 메시지의 인상도가 지속된다.

2) 단점

① 제작기간이 길다.
② 순발력이 떨어진다.
③ 광고비용이 높다.

3) 잡지광고의 종류

① 표지 1면 광고 : 잡지 앞표지에 실리는 광고
② 표지 2면 광고 : 잡지 앞표지의 내면에 실리는 광고
③ 표지 3면 광고 : 잡지 뒤표지의 내면에 실리는 광고
④ 표지 4면 광고 : 잡지 뒤표지에 실리는 광고로 광고효과가 가장 크다. (2014년 1회)(2016년 1회)

(7) 포스터 광고

1) 포스터(poster) 광고의 유래

18세기경 발명된 석판인쇄기술의 보급으로 본격화되었고 인쇄물이 붙여진 거리의 기둥(Post)에서 유래되었다. 근대포스터의 역사는 19~20세기에 와서 크게 발전하였다.
(2012년 1회)

2) 포스터 광고의 종류

① **문화행사 포스터** : 연극이나 영화, 음악회, 전람회 등의 고지적 기능을 지닌 포스터
(2005년 2회)(2015년 1회)

② **공공캠페인 포스터** : 각종 캠페인의 매체로 대중을 설득하여 통일된 행동을 유도하는 포스터

③ **상품광고 포스터** : 소비자의 상품과의 연결수단이 되면 구매욕을 자극하는 포스터
(2010년 4회)

④ **관광 포스터** : 여행에 대한 동기 부여와 욕구 등을 유발시켜 관광행위를 유도하는 포스터

⑤ **장식 포스터** : 메시지 전달보다는 시각적 자극을 통한 대중 심리와 연결되어 있는 그대로 반응을 유도하는 것을 목적으로 하는 포스터

3) 포스터 광고의 장단점 (2005년 1회)(2010년 4회)

① 위치, 지역, 크기, 색상의 선택이 자유롭다.
② 여러 장을 반복해서 붙이는 방법으로 주목성을 높일 수 있다.
③ 훼손되기 쉽고 수명이 짧다.
④ 청중의 분포도가 낮다.

(8) 옥외광고(Outdoor Advertising) (2007년 1회)(2007년 2회)(2007년 4회)(2010년 2회)(2014년 2회)(2014년 4회)

점두간판(상점 입구 또는 처마 끝 등에 설치하는 광고), 광고탑, 벽면광고, 광고자동차, 네온사인, 전광판, 애드벌룬, 스카이라이팅, 공중투영기, 육교광고, 현수막, 아치, 플래카드, 로드사인(도로나 도로변의 산기슭, 논, 밭 같은 곳에 설치하는 간판) 등으로 옥외에 일정한 곳에 설치하여 많은 사람이 볼 수 있도록 한 광고물을 말한다.

(9) DM(Direct Mail) 광고
(2006년 1회)(2007년 1회)(2008년 5회)(2009년 5회)(2010년 1회)(2012년 1회)(2014년 2회)(2014년 4회)(2015년 4회)

① DM은 사보, 팸플릿, 카탈로그, 간행물 등을 소비자에게 직접 우편으로 우송하는 광고를 말한다.

② 시기와 빈도가 조절되며 주목성 및 오락성이 떨어질 수 있지만 대상을 정확하게 선정하여 직접 발송해 특정한 대상이 읽도록 할 수 있다.

(10) CIP(Corporate Identity Program)

(2004년 2회)(2004년 4회)(2005년 5회)(2008년 4회)(2008년 5회)(2011년 2회)(2013년 4회)(2014년 4회)(2015년 1회)

① CIP는 기업의 이미지 통일을 위한 통합화 작업으로 기업의 이미지나 행동을 하나로 통일시키는 작업을 말한다.

② CIP 도입 시기는 이미지가 타 기업에 비해 저하되거나 기업의 경영 방침에 따라 디자인 측면의 개선이 필요할 때, 기존의 기업 이미지를 탈피하여 선도적 기업상을 형성하고자 할 때 도입한다.

③ CIP의 3대 기본요소는 기업이나 회사의 시각적 통일화인 VI(Visual Identity), 기업과 사원의 행동의 통일화인 BI(Behavior Identity), 기업의 주체성과 통일성인 MI(Mind Identity)이다. (2011년 4회)

CIP의 요소
- **기본요소** : 기업명, 심벌마크, 로고타입, 시그니처, 코퍼레이트 컬러(corporate color, 상징컬러, 전용색), 마스코트, 캐릭터, 슬로건, 전용색채 등 (2015년 1회)(2016년 2회)
- **응용요소** : 서식류 및 포장, 간판, 유니폼, 수송물 및 건물 기타

CI의 3대 기본요소
- **M I(Mind Identity)** : 기업의 주체성과 동일성
- **V I(Visual Identity)** : 기업의 시각적인 통일화
- **B I(Behavior Identity)** : 기업과 직원의 행동 통일화

(11) BI(Brand Identity) (2010년 5회)(2015년 5회)

① BI는 브랜드 로고나 심벌마크를 중심으로 그에 관련된 모든 상업전략적 정체성을 말한다.

② 경영전략의 하나로 상표이미지를 시각적으로 체계화·단순화하여 소비자에게 인식시키고 체계적인 관리를 통해 특정 브랜드에 대한 선호를 향상시킨다.

(12) 구매시점광고(POP ; Point of Purchase)

(2006년 2회)(2007년 4회)(2008년 4회)(2009년 4회)(2012년 4회)(2013년 1회)(2013년 2회)(2014년 1회)

① 판매와 광고가 동시에 이뤄지는 광고를 말하며 "구매시점광고, 판매시점광고"라고도 한다.

② 점두, 점 내에서 주의를 끌도록 자극하는 역할을 하며 상품에 주목, 구매의 결단을 내리게 하는 설득력을 가진다.

③ '말 없는 세일즈맨'으로 판매원을 돕고 판매점에 장식효과와 판매효율을 높인다.

라. 포장디자인

(1) 포장디자인 의미

(2004년 2회)(2005년 4회)(2005년 5회)(2006년 1회)(2006년 2회)(2007년 1회)(2007년 2회)(2007년 4회)(2007년 5회)(2008년 1회)(2008년 4회)(2009년 2회)(2010년 1회)(2011년 2회)(2012년 1회)(2012년 5회)(2014년 1회)(2014년 4회)(2016년 1회)

① 오늘날 제조업체, 특히 소비재 제조업체 및 판매 기업에서는 포장을 매우 중요시하고 있다.

② 제조자와 소비자를 연결해 주는 촉진제가 되며 유통과정에 제품을 보호하는 기능을 가진다.

③ 오늘날 사회의 발전과 생산의 대량화, 소비자 욕구의 변화에 따른 판매경쟁의 변화를 포장의 판매까지 확대된 것이다. (2012년 2회)

(2) 포장디자인의 조건 (2012년 4회)(2013년 2회)(2015년 1회)

① 유통 시 취급 및 보관의 유의점을 고려한다.
② 제품의 보호기능을 고려한다.
③ 제품의 성격을 충분히 고려한다.
④ 보관하기 쉽게 디자인해야 한다.
⑤ 제품의 형태, 크기에 대해 배려가 있어야 한다.

⑥ 다른 회사와 차별성을 가져야 하며 잠재고객의 주의를 끌어야 한다.

⑦ 상품을 쌓기 쉽게 디자인해야 한다. (2011년 2회)(2011년 5회)

(3) 포장디자인의 기능 (2012년 1회)(2015년 2회)

① 보호와 보존성 (2005년 1회)

② 편리성 (2010년 5회)(2014년 1회)

③ 상품성

④ 재활용성

⑤ 친환경성 (2015년 4회)

⑥ 전달성 (2009년 5회)

⑦ 명시성

⑧ 관리성 (2014년 2회)(2016년 2회)

(4) 포장디자인의 개발 시기 (2010년 2회)

① 포장변경이나 쇄신을 통한 계획으로 경쟁에서 우위를 점하려 할 때

② 매상은 좋은데 이윤이 하락할 때

③ 경쟁제품이 포장변경을 하여 시장을 주도한다고 생각할 때

④ C.I 프로그램이 제정됐을 때

⑤ 소비자의 취향이나 구매습관 등 동시성을 가지려 할 때

⑥ 제품이 크게 향상되거나 근본적인 변경을 필요로 할 때

⑦ 포장 및 포장디자인이 경쟁회사에 의해 표절됐을 때

⑧ 판매촉진 캠페인과 밀접성을 더 유지하려 할 때

⑨ 유통경로가 변경될 때

⑩ 시장점유율 확대를 원하거나 새 시장에 진입하려 할 때

마. 영상디자인

(1) 멀티미디어의 이해 (2006년 4회)(2007년 5회)(2012년 1회)(2012년 4회)(2015년 2회)

① 멀티미디어(multimedia)디자인은 멀티미디어와 관련된 컨텐츠의 기획 및 제작, 웹디자인, 인터넷방송, 디지털 영상제작 및 편집, 영상특수효과, 웹사이트 구축, 멀티미디어 컨텐츠를 영상미디어로 표현하는 CD타이틀 제작, 영상제작 및 편집, 인터넷방송 등의 기획 및 실무 제작 분야와 2D, 3D 등 3차원 특수효과 등과 같은 컴퓨터 영상그래픽 관련 분야 등을 포함하여 말한다.

② 매체가 쌍방향적이며 디자인의 모든 가치 기준과 방향이 철저히 사용자 중심으로 변화하고 있다. 여러 개의 미디어와 여러 매체가 통합되어 정보를 디지털 방식으로 표현할 수 있다.

(2) 멀티미디어의 특징

① Usability : 유용하고 편리함
② Information architecture : 자료의 구성
③ Interactivity : 상호작용
④ User-centered design : 사용자 중심의 디자인
⑤ User interface : 사용자 인터페이스
⑥ navigation : 항해

(3) 멀티미디어의 종류

① 홀로그램(hologram) (2004년 4회)(2009년 4회)
물체로부터 날아오는 빛의 파동을 레이저 장치를 이용하여 재생한 영상

② 가상현실 디자인(virtual reality design)
실제 존재하지 않거나 사람이 체험하기 힘든 것을 컴퓨터를 이용하여 인공적으로 만들어내는 것을 말한다.

③ 모바일 콘텐츠 디자인(mobile contents Design)
휴대전화 등에서 볼 수 있는 웹 사이트, 사진, 음향, 동영상 등과 모바일 어플리케이션 등을 디자인하는 것을 말한다.

④ 사용자 인터페이스 디자인(user interface design)
사람들이 컴퓨터와 상호 작용하기 위한 화상, 문자, 소리, 정보와 같은 프로그램을 조작하기 위한 시스템을 말한다.

⑤ GUI(graphic user interface) (2007년 5회)(2009년 4회)(2015년 1회)
그림을 기반으로 사람과 컴퓨터를 연결해주는 일종의 맨-머신(man-machine) 인터페이스로 동작의 목록을 아이콘이나 메뉴로 보여주고 사용자가 마우스로 작업을 수행하는 방식으로 예측성, 일관성, 명료성의 특징을 가진다.

⑥ 웹 디자인(web design)
웹이란 웹브라우저와 인터넷망을 이용해서 볼 수 있는 콘텐츠와 이를 디자인하는 것을 말한다.

⑦ 영상 디자인(image design)

넓은 의미에서 영상 디자인은 영화, 모션그래픽, 애니메이션 등을 총칭한다.

⑧ 가상현실(visual reality)

실제 존재하지 않거나 사람이 체험하기 힘든 것을 컴퓨터를 이용하여 인공적으로 만들어 내는 것을 말한다.

바. 웹디자인 (2010년 2회)

웹이란 웹브라우저와 인터넷 망을 이용해서 볼 수 있는 콘텐츠를 말하고 이를 디자인하는 것을 말한다. 디자인 시 웹브라우저의 특성을 파악하고 이를 잘 활용할 수 있어야 한다. 인터넷 광고에 활용될 수 있다. 인터넷 광고의 특징은 다음과 같다.

① 선별적 광고가 가능하다.
② 목표 집단에 대한 정보 전달 정확성이 높다.
③ 상호 작용성이 높아 피드백과 거래가 용이하다.
④ 광고비용이 상대적으로 저렴하다.
⑤ 광고주의 광고효과 측정이 용이하다.
⑥ 인터넷 기술의 발달, 다양하게 광고를 할 수 있다.

사. 캐릭터(character)디자인

기업이나 특정제품 또는 이미지를 동물, 사람, 식물 등의 요소를 의인화하여 친근감을 주는 만화형태로 개발해 소비자에게 어필하기 위해 만든 상징물이다. 캐릭터의 종류는 브랜드캐릭터, 이벤트캐릭터, 코퍼레이트캐릭터 등이 있다.

POINT

• **카툰**(cartoon)

사회, 정치, 풍자나 일상생활의 유머, 넌센스 등을 소재로 한 생략된 기법으로 표현되는 풍자화 또는 만화를 말한다.

• **캐리커처**(caricature)

주로 인물을 소재로 익살, 유머, 풍자 등의 효과를 과장되게 표현한 그림을 말한다.

• **마스코트**(mascot)

기업 또는 제품의 개성이나 특징을 표현한 아이캐처로서 인물, 동식물을 의인화, 연상화 등으로 해학적으로 표현한 것을 말한다.

---

02 | 제품디자인

가. 디자인 발상 및 아이디어 전개

(1) 관찰과 묘사 (2013년 5회)(2014년 4회)

① 기초 조형 훈련에 있어 관찰과 묘사는 매우 중요하다. 관찰을 통해 문제를 인식하거나 일상에서 보이는 형태와 보이지 않는 형태에 새로운 형상을 부여하고 창의를 발휘하게 된다. (2005년 4회)

② 묘사는 반복함으로써 조형의 표현기술을 습득하여 질서와 법칙을 파악할 수 있고 감각을 깊게 하여 조형력을 기를 수 있다. (2006년 4회)(2007년 5회)(2009년 1회)

③ 좋은 디자이너가 되려면 조형의 기초 감성과 창의력을 높일 수 있는 관찰훈련과 표현 기법을 지속적으로 연습해야 한다.

(2) 디자인 드로잉 (2004년 4회)

① 디자인 드로잉은 스케치 또는 모델링 등에 의한 기술적 행위뿐만 아니라 자료의 수집과 분석 등을 포함한 아이디어 전개, 형태 연구 과정이라 할 수 있다.

② 디자인 드로잉의 목적은 아이디어를 실제화 · 형상화하여 재현하는 것과 정보를 전달하는 데 있다.

(3) 아이디어 발상법과 아이디어 전개 (2010년 4회)

1) 브레인스토밍(Brainstorming) 기법

(2004년 1회)(2004년 4회)(2007년 1회)(2007년 2회)(2007년 4회)(2007년 5회)(2008년 4회)(2009년 4회)(2010년 1회)(2011년 1회)(2012년 1회)(2012년 2회)(2012년 5회)(2013년 2회)(2013년 5회)(2015년 1회)(2015년 5회)(2016년 1회)

① brain은 '두뇌', storm은 '폭풍' 또는 '돌격, 습격'이라는 뜻으로서, 원래는 정신병자의 돌연 발작을 가리키는 용어였다. 이 브레인스토밍은 미국에 있는 광고회사인 BBDO 사의 부사장이었던 오스본(Osborne)이 1941년에 훌륭한 아이디어를 생각해 내는 자유연상 기법으로 개발되었다.

② 아이디어 발상법 중 가장 많이 사용되는 기법으로 단기간에 집단으로부터 많은 아이디어를 얻기 위한 수단으로 질보다 양을 추구한다. 디자인 기획의 모든 과정에서 매우 효과적으로 사용될 수 있는 방법 중 하나이다.

③ 브레인스토밍기법은 제시된 아이디어나 의견에 대해 평가해서는 안 된다. 그리고 사고를 구조화하려 하지 말고 자유자재로 사고해야 한다. 브레인스토밍에서는 다른 사람의 아이디어를 바탕으로 확대하거나 개선하거나 때로는 표절해도 인정된다.

2) 시네틱스(Synetics) 기법 <small>(2007년 2회)(2007년 4회)(2008년 4회)</small>

① 시네틱스는 "관계가 없는 것들을 결부시킨다."라는 의미의 그리스어에서 유래되었다.

② 시네틱스사를 창립한 W. 고든은 여러 가지 유추로부터 아이디어나 힌트를 얻는 방법으로 문제를 보는 관점을 완전히 달리하고 여기서 연상되는 점과 관련성을 찾아 아이디어를 발상하는 기법을 개발하였다.

③ 유추(analogy) 사고란 대상이 되는 것과 유사한 것을 발상해 내는 발상법이다. 서로 관련이 없는 요소들의 결합으로 이질순화(처음보는 것을 친숙한 것처럼), 순질이화(친숙한 것을 알지 못하는 것처럼)로 말할 수 있다.

3) 체크리스트(Checklist) 기법 <small>(2012년 4회)</small>

① 알렉스 오스본(Alex Osborn)에 의해 개발되었다. 체크리스트란 문제해결을 위한 체크 항목을 미리 작성하고 이를 바탕으로 아이디어를 내는 발상법이다. 질문항목의 머리글자를 따서 'SCAMPER'라고도 하며 체계적 · 논리적인 방법이다.

② 이 기법의 장점은 문제의 개선점을 찾기가 비교적 쉽고, 중요한 문제를 꼼꼼하고 정확하게 검토할 수 있으며, 반복되는 디자인의 경우 특히 편리하게 사용할 수 있다는 것이다. 단점은 아이디어가 한정될 수 있고 체크리스트에 없는 항목에 대해서는 아예 아이디어를 낼 수 없다는 것이다.

4) 글라스 박스(Glass box) 기법 <small>(2005년 2회)(2008년 2회)</small>

디자인 프로세스 접근방식에서 과학적 · 체계적인 사고를 바탕으로 하는 글라스 박스 방법은 투입되는 요소와 산출물로 나오는 과정이 비교적 명확하게 식별된다.

조선생의 TIP

콘셉트(concept) <small>(2007년 1회)(2011년 4회)</small>
문자상으로는 개념, 생각하는 방법이라는 의미이며 디자인 행위의 초기 단계로서 대상의 테마와 개념을 구성을 말한다.

나. 제품디자인 계획 및 프로세스

(1) 제품디자인의 개념 <small>(2007년 2회)(2008년 5회)(2009년 2회)(2014년 1회)</small>

① 제품디자인은 인간과 도구의 상호작용이 중요한 연구대상인 디자인 분야이다. 인간은 자연환경에 적응하고 생존하기 위해, 또는 위험한 동물로부터 스스로를 보호하고 삶을 보다 더 풍요롭게 하기 위한 수단으로 자연의 형태를 이용하거나 인공적으로 제

작한 도구를 사용해왔다. (2015년 1회)(2016년 4회)

② 제품의 기본 구성은 구조, 재료, 형태이다. 제품디자인은 '바늘에서 우주선까지'의 구호에서 알 수 있듯 일상생활 속의 수많은 제품을 디자이너의 눈으로 바라보면서 아이디어를 얻을 수 있는 창의적인 디자인 분야이다. (2005년 2회)(2008년 2회)(2011년 4회)

③ 일반 공예와 제품디자인의 가장 큰 차이점은 대량생산이다. 제품디자인은 대량생산되는 산업제품의 형태와 기능을 결정하는 분야이며, 분야에 따라 가구디자인, 전기제품디자인, 전자제품디자인, 운송기기디자인, 주방용품디자인 등이 있다. (2011년 1회)

(2) 제품디자인의 요소

① **형태** : 아름다운 외양, 취급의 용이성, 내구성 등을 고려해 디자인해야 한다.
② **착시** : 착시를 적극적으로 디자인에 적용해야 한다.
③ **색채** : 색채가 인간에 미치는 심리적 작용을 고려해 디자인해야 한다.
④ **재료와 가공기술** : 좋은 재료의 선택과 가공기술력 확보, 그리고 그것을 응용할 수 있어야 한다.
⑤ **질감** : 제품 고유 표면의 특성을 적극 활용해야 한다.
⑥ **가격** : 대량생산과 생산의 합리화를 통한 코스트다운(Cost-down, 가격 절감)과 품질 향상을 해야 한다.

(3) 제품디자인의 프로세스 (2015년 2회)

① **디자인 계획** : 제품의 기본 콘셉트를 설정하는 단계로 콘셉트 및 디자인 이미지 제시 및 방향을 설정하는 단계
② **아이디어 스케치** : 콘셉트에 대한 구체적인 아이디어를 전개하는 단계
③ **렌더링(rendering)** : 제품의 완성예상도로 구체적인 제품을 형상화하는 단계
④ **목업(Mock-up)** : 장치의 제작에 앞서 나무 또는 이와 비슷한 것으로 실물 크기의 디테일한 외장부분을 설계하는 단계
⑤ **모델링(modelling)** : 디자인의 최종단계
⑥ **디자인 제품화** : 디자인의 상품화 단계

> **POINT 제품디자인의 프로세스** (2009년 2회)(2015년 2회)
> 디자인 계획 → 아이디어 스케치 → 렌더링 → 목업 → 모델링 → 디자인 제품화

(4) 제품디자인의 종류

① 주방용 기기(주방의 합리적 설계 + 식생활 향상) : 믹서, 오븐, 냉장고, 식기세척기 등
② 전자/가전제품(가정위생의 촉진 + 오락과 여유) : 각종 음향 오락기구 등
③ 통신기기(개인과 집단 간 커뮤니케이션 + 물리적 거리 극복) : 전화기, 팩스 등
④ 산업기기(자연개발 + 생산성 향상) : 기계, 공구류 등
⑤ 건설 중장비(내구성 + 성능) : 유압굴착기, 크레인, 지게차, 불도저 등
⑥ 운송수단(안정성 + 성능 + 멋) : 자동차디자인 등
⑦ 공공운송기관(안정성 + 사용편리성 + 안락함) : 열차, 지하철, 민간항공기 등
⑧ 그 외 가구디자인, 액세서리(보석)디자인, 잡화디자인, 문구/완구디자인 등이 있다.

(5) 제품디자인의 굿디자인 (2009년 2회)(2013년 1회)(2014년 5회)

① 디자인 측면 : 합리성, 독창성, 심미성
② 경제적 측면 : 경제성, 시장성, 유통성
③ 판매적 측면 : 상품성, 질서성, 유행성
④ 생산적 측면 : 기술성, 재료성, 생산성
⑤ 서비스 측면 : 편리성, 안정성, 윤리성

다. 스케치 및 렌더링 기법

(1) 아이디어 스케치(idea sketch)

(2005년 5회)(2007년 2회)(2008년 4회)(2009년 2회)(2011년 2회)(2012년 2회)(2013년 2회)(2014년 1회)(2015년 1회)(2015년 4회)(2016년 1회)

① 아이디어 스케치는 기획자의 아이디어를 재현, 전달하기 위한 시각적 이미지의 시작 단계로서 목적을 위한 계획된 아이디어 발상 과정이다.
② 아이디어 스케치는 빠른 아이디어와 의도된 형태를 발견, 전개시키고 프레젠테이션을 통해 최종 디자인을 결정할 때 쓰인다.
③ 스케치의 종류는 스크래치 스케치(scratch sketch), 러프 스케치(rough sketch), 스타일 스케치(style sketch)로 나뉜다.

(2) 렌더링(rendering)

(2004년 2회)(2004년 5회)(2005년 2회)(2005년 4회)(2006년 4회)(2007년 4회)(2008년 1회)(2009년 4회)(2009년 5회)(2010년 5회)(2011년 5회)(2012년 4회)(2013년 4회)(2013년 5회)(2015년 2회)

① 표현, 묘사, 연출이라는 뜻을 가지는 렌더링은 '제품의 완성 예상도'를 말한다. 렌더링 과정은 디자인 과정(design process) 중 스타일이 결정되는 단계이다.

② 완성예상도란 단어의 뜻 그대로 현존하는 것이 아니라 만들어질 것을 예상하여 실물이 가진 형태나 색채, 및 재질감을 그대로 재현해 미리 그려 보는 것을 말한다.
(2006년 1회)(2010년 5회)

③ 최근 컴퓨터그래픽스 용어로도 사용되고 있는데 2차원 화상에 광원, 위치, 색상 등 외부의 정보를 고려하여 사실감을 불어넣어 3차원 화상을 만드는 과정을 의미한다.

라. 모델링의 분류 및 특징

① 제품이 대량생산을 하기 전 반드시 모델링 과정을 통해 적절한 방법의 표현으로 제품의 제작을 위한 지시나 전달을 해야 하며 입체적 형태, 양감, 재질감, 촉감 등의 직접적인 호소력을 가져야 한다. (2005년 5회)(2011년 5회)

② 모델링은 모형을 제작하는 일을 말하며 러프 모델, 제시형 모델, 프로토타입 모델의 3단계로 나눈다.

• **러프 모델(rough model)** (2004년 5회)(2005년 4회)(2012년 1회)(2013년 2회)
첫 번째 단계로 디자이너가 형태의 결정과 양감 파악을 위해 최초로 모양을 만드는 단계이다. 디자이너의 아이디어 스케치를 기반으로 최초로 형태의 분량이나 처리의 개요를 연구하고 확인하기 위해 만들어지는 것으로 스터디 모델(Study model)이나 스케치 모델(Sketch model)이라고도 한다. 완벽한 외형의 제작보다는 이미지의 전달과 더불어 설명을 해야 할 점에 중점을 두고 제작되어야 한다.

- **프레젠테이션 모델(presentation model)** (2006년 1회)(2009년 5회)(2011년 1회)(2014년 2회)
디자인 결정에 가까운 시점에서 제품화로의 전달을 위한 모델이다. 외형상으로 실제 제품에 가깝도록 도면에 따라 모형으로 만드는 것으로 제시용 모델 또는 더미모델이라고 한다. 제품의 디자인에 대한 의뢰인에게 제출할 때 정식으로 전달을 하기 위한 모델로서 외관을 제품에 가깝도록 만드는 단계이다.

- **프로토타입 모델(prototype model)** (2004년 4회)(2006년 4회)(2007년 1회)(2008년 5회)(2012년 5회)(2013년 4회)
외형뿐만 아니라 기능까지도 완성품과 똑같이 만들어지기 때문에 완성품과 같은 재료를 사용한다. 또한 내부의 메커니즘도 조립 가공되어 양산품과 마찬가지로 작동하기 때문에 워킹 모델(working model)이라고도 한다.

조선생의 TIP | **파일럿 모델(pilot model)** (2005년 1회)(2006년 2회)
겉모양보다는 작동원리나 특수부품 등의 성능시험을 위하여 제작하는 모델

03 | 환경디자인(environmental design)

가. 도시환경디자인

(1) 환경디자인의 정의

① 환경디자인은 인간이 살아가는 삶의 현장과 자연, 그리고 지구 전체와 우주까지 포함한다. 인간의 생활공간을 아름답고 쾌적하며 기능적으로 생기 있게 만드는 활동으로, 인간과 환경을 조화롭게 구축하는 생활터전에 관한 디자인이라 할 수 있다.

② 환경디자인에서 디자인은 설계(planning)와 시공(construction)으로 나눌 수 있는데 각 분야마다 전문적인 사람이나 단체가 담당하고 있기 때문에 둘 사이의 팀워크(team-work)가 다른 분야에 비해 더욱 필요하다.

③ 환경디자인에서는 색채계획의 결과가 가장 오래 지속되고 사후관리도 가장 중요시된다. 목적과 대상에 따라 색채계획 실무 중 개개의 요소를 표현하고 상징화하기보다 주변과의 맥락을 우선하여 고려해야 한다. (2009년 2회 산업기사)

④ 환경디자인에는 공간의 개념과 자연환경을 포함한 실내디자인, 디스플레이디자인, 건축디자인, 옥외디자인, 인테리어디자인, 조경디자인, 스트리트퍼니처디자인, 도시계획 · 도시경관디자인, 생태그린디자인, 에코디자인, 환경친화적 디자인, 리사이클링디자인, 에너지절약디자인 등이 있다.

⑤ 도시가 발전하고 인구가 증가하면서 자연환경이 파괴되고 그로 인해 파생되는 각종 공해문제뿐만 아니라 인간이 살아갈 환경에 대한 문제는 날로 심각해지고 있다. 인간이 생활하는 환경, 즉 생활공간과 자연 생태계를 좀더 조화롭고 아름답게 보존하고 관리하며 자연환경의 보존, 도시환경의 개발, 옛 건물들의 복원과 조화로운 재사용, 도시계획 등은 환경디자인의 실질적인 과제들이라 할 수 있다. 이런 이유에서 환경디자인은 지속가능한 개발(sustainable development)이어야 한다.

환경디자인의 분류
- **공간개념** : 실내(인테리어디자인)/실외(익스테리어디자인) – 건축, 옥외, 조경, 스트리트퍼니처, 도시경관, 파사드(facade) 등
- **자연개념** : "지속가능한(자연이 먼저 보존되면서 인간과 환경이 조화되는 개발) 디자인"– 생태그린디자인, 에코디자인, 리사이클링디자인 등

스트리트퍼니처(street furniture)
- 테마공원, 버스정류장, 게시판, 벤치, 교통표지판, 쓰레기통, 공중전화 등의 도시민의 편의와 휴식을 위해 만들어진 거리의 시설물 또는 거리의 가구 등으로 도시의 표정을 결정하는 중요한 요소이다.

(2) 환경디자인의 조건

① 자연미와 인공미가 조화를 이뤄야 한다.
② 자연의 보호, 보존이 함께 이루어져야 한다.
③ 공공기관의 배치를 기능적으로 고려한다.
④ 환경색으로서 배경적인 역할을 고려한다.
⑤ 재료 선택 시 자연색을 고려한다.
⑥ 광선, 온도, 기후 등의 자연색을 고려한다.
⑦ 환경적 요소뿐만 아니라 사회 · 윤리적 이슈를 함께 실현하는 미래지향적 디자인으로 지속가능한 디자인이 되도록 한다.

나. 조경디자인

① 조경디자인은 환경과 경관을 대상으로 하여 그곳에서 일어나는 변화, 이용, 경험 등의 현상을 다루는 분야로, 그러한 대상과 현상의 조작(계획, 설계, 시공, 관리)을 연구하는 전문디자인 분야를 말한다.

② 조경디자인의 목표는 편리성, 경제성, 안정성과 함께 아름답고 건강한 환경을 창조하는 데 필요한 실무지식과 기술을 개발하여 사회적 수요에 적합한 환경을 만드는 데 있다. 가장 밀접한 분야로 조경학이 있다.

③ 조경디자인의 지식분야는 조경미학, 조경사, 조경계획·설계, 조경재료 및 시공, 조경수목학, 경관평가 등의 세부학문으로 구분되며 건축, 토목, 도시계획, 미술, 산업디자인, 원예, 임학 등과 협력관계를 갖는다.

④ 1900년 미국 하버드대학에 조경학과가 설치되었는데, 실외환경디자인인 조경디자인은 산업혁명의 부적 결과로 환경의 폐해 등이 문제가 되면서 약 1세기 전부터 본격적으로 다루어졌다. 이런 역사적 경험을 통한 환경문제의 대두, 삶의 질에 대한 추구 등에 부응하기 위해 양적인 성장과 질적인 발전을 거듭해 왔다.

다. 인테리어디자인의 개념과 요소

(1) 인테리어디자인의 개념 (2004년 4회)(2005년 1회)(2005년 4회)(2006년 4회)(2008년 4회)(2010년 2회)(2011년 4회)

① 인테리어디자인은 쾌적한 환경을 위해 환경적, 정서적, 기능적 조건을 고려해야 한다. 초기에는 실내장식(interior decoration)의 의미만 가졌지만 오늘날에는 계획, 코디네이트(coordinate), 전시디자인의 개념을 포함한다. 선박, 기차, 자동차 등의 내부도 실내디자인의 영역에 속한다.

② 인테리어디자인이란 인간의 생활이 이루어지는 모든 종류의 내부공간을 디자인하는 것으로서 아름다움뿐 아니라 거주자의 취향과 개성을 고려해 디자인함으로써 삶의 질을 높이고 쾌적한 삶을 누릴 수 있도록 하는 데 목적이 있다.
(2012년 1회)(2015년 2회)(2015년 4회)

③ 인테리어디자인은 사람과 물체와 공간의 관계를 다루는 것이다. 동선과 순환의 패턴, 광원의 종류, 음향효과, 냉난방, 공기 조절의 상태, 그리고 건물 유지 관리 부분, 실내공간의 분위기, 적절한 재료 선택, 심미성, 경제성, 공간의 이미지 부각, 고객의 요구, 기후와 풍토 등을 고려하여 가장 편안한 공간을 제공해야 한다.
(2007년 5회)(2008년 1회)(2008년 4회)(2010년 1회)(2010년 2회)(2012년 4회)(2014년 4회)

(2) 인테리어디자인의 요소 (2013년 4회)

1) 기본요소 (2005년 5회)(2010년 5회)(2011년 1회)

① 바닥(Floor) (2004년 5회)(2007년 2회)(2007년 4회)(2009년 4회)(2013년 2회)

실내공간 3대요소인 천장, 바닥, 벽 중 하나로 실내요소에서 가장 큰 공간을 차지하며 인간의 접촉빈도가 가장 높다. 수평적 요소로서 실내의 하중을 지탱하는 역할을 한다. 바닥의 색채는 보통 벽의 색상보다 명도가 낮게 한다.

(2012년 4회)(2014년 1회)(2014년 4회)(2015년 4회)(2016년 2회)

② 천장(Celling) (2013년 4회)

바닥과 함께 가장 큰 공간을 차지하며, 외부로부터의 유해한 빛과 음을 차단 · 보호해주는 역할을 하는 수평적 요소이다.

③ 벽(Wall) (2007년 1회)(2008년 4회)(2011년 5회)(2012년 2회)(2014년 5회)(2015년 1회)

벽은 실내공간의 크기와 형태를 결정하고 외부로부터의 차단과 프라이버시 확보, 단열과 소음 차단 역할을 하며 인간의 시선이 가장 많이 머무른다.

④ 창(Window) (2011년 1회)(2016년 1회)

창은 실내공간에서의 중요한 요소로서 조망, 환기, 채광, 통풍 등의 조절을 한다. 창의 요소로는 손잡이, 경첩 등의 철물 창대와 블라인드, 커튼 등의 섬유요소가 있다.

⑤ 문(Door) (2009년 1회)

벽은 출입을 위한 개구부가 필요한데, 사람과 물건 등이 출입하는 개구부를 '문'이라고 한다.

⑥ 기둥(Column) (2008년 2회)

기둥은 철이나 강철, 콘크리트 골조의 현대식 대형건물에서 무게를 지탱하는 역할을 하며 수직의 선적인 요소로 벽면과 독립되는 경우 새로운 공간감을 생성한다.

⑦ 보(Beam)

보는 기둥과 기둥을 연결하는 천장의 하중을 지탱하는 구조물로 수평적 요소이다.

2) 장식요소 (2009년 2회)(2014년 4회)

① 조명(Light) (2013년 4회)

인테리어디자인 색채계획 시 색채와 더불어 쾌적하고 효율적인 공간을 제공하기 위해 사용하며 확산, 집중 연출기능을 수행하기에 가장 적합한 요소이다. (2009년 1회)(2011년 4회)

POINT 조명의 종류

- **정면조명(front light)** (2011년 4회)
  순광이라 하고 그림자가 피사체 뒤로 생기는 평범하고 평면적인 조명

- **측면조명(side light)** (2009년 2회)
  사광이라 하고 45도로부터의 조명으로 적당한 입체감과 깊이가 표현되며 모든 조명의 기본

- **상단조명(top light)** (2014년 4회)
  측광이라 하고 90도 각도로 비추며, 입체감이 강조되고 콘트라스트로 힘 있는 표현이 가능한 조명

- **후면조명(back light)** (2011년 5회)
  역광이라 하고 뒤쪽에서 비추며, 가장자리에 후광 같은 형태를 만들어 실루엣 촬영 시 용이하다.

POINT 조명방식 (2008년 1회)

- **직접조명(direct light)**

  광원에서부터 빛의 90~100%가 작업 면에 직접 비추는 조명방식으로 조명효율이 좋은 반면, 눈부심이 일어나고 균일한 조도를 얻을 수가 없어 그림자가 강하게 나타난다.

- **간접조명(indirect lighting)**

  (2005년 5회)(2006년 1회)(2010년 1회)(2012년 5회)(2015년 5회)
  90% 이상의 빛을 벽이나 천장에 투사하여 조명하는 방식. 광원에서 빛의 대부분은 천장이나 벽에 투사하여 여기에서 반사되는 광속을 이용한다. 빛이 부드러우며, 눈부심이 적고 온화하고 차분한 느낌을 준다.

- **반간접조명**

  대부분의 조명은 벽이나 천장에 조사되지만, 아래방향으로 10~40% 정도 조사하는 방식으로 그늘짐이 부드럽고 눈부심도 적다.

  투명

- **반직접조명**

  반간접조명과 반대되는 조명방식으로 반투명유리나 플라스틱을 사용하여 광원에서 빛의 60~90%가 대상체에 직접 조사되는 방식. 그림자와 눈부심이 생긴다.

투명

- **전반확산조명**

  간접조명과 직접조명의 중간방식으로 투명한 확산성 덮개를 사용하여 빛이 확산되도록 한다. 조명기구를 일정한 높이와 간격으로 배치하여 방 전체를 균일하게 조명하므로 눈부심이 거의 없다.

② **가구**(Furniture) (2005년 2회)

인테리어디자인의 대표적 장식요소로 가구 선택 시 기본적으로 기능, 재료, 형태 등을 고려한다. 휴식용 가구, 작업용 가구, 수납용 가구 등이 있으며 모듈화가 되어 있어 다양한 배치가 가능하고 기능에 따라 다양하게 이동성과 융통성을 가지는 조립식 가구도 있다. (2006년 1회)(2007년 4회)(2012년 2회)(2014년 1회)

③ **소품** (2005년 1회)(2015년 1회)

소품을 지나치게 많이 사용하면 혼란스러울 수 있다. 주변 물건과의 조화를 잘 고려하여 적절하게 배치하고 개인의 개성을 잘 드러낼 수 있어야 한다. 소품이 있는 벽은 원색이 아니고 무늬가 있을 경우 단순한 것으로 하여 소품이 눈에 잘 띄도록 한다.

조선생의 **TIP**

코디네이터(coordinator) **디자인** (2016년 4회)
여러 가지 실내장식 액세서리를 이용하여 실내 분위기를 새롭게 연출하는 장식적 디자인

라. 인테리어디자인의 프로세스 (2004년 1회)(2004년 5회)(2009년 2회)(2013년 5회)

① **기획단계** (2006년 5회)(2008년 4회)(2010년 1회)(2016년 4회)

프로젝트를 분석하고 콘셉트를 잡기 위한 자료수집 및 분석단계

② **설계단계** (2004년 2회)(2009년 4회)(2014년 4회)(2015년 1회)

대상 공간에 대한 모든 계획을 도면화하여 실내디자인 프로젝트를 확정하는 단계로 디자인의 의도를 확인하고 공간의 재료나 가구, 색채 등에 대한 계획을 시각적으로 제시하는 과정

③ 시공단계 (2006년 2회)(2016년 2회)

　설계과정의 결과를 기초로 하여 실제 작업을 하는 과정

④ 사용 후 평가

　기획 단계부터 시공 단계까지 시공상에 문제가 없는지 검사하는 단계

마. 인테리어디자인의 계획 (2014년 1회)(2007년 2회)

(1) 인테리어디자인 계획 시 조건 (2009년 5회)(2012년 5회)(2014년 4회)

① 주거자의 요구 및 시장성을 파악하여 이미지 콘셉트를 선정한다.

② 실내공간에서 생활하는 사람의 생활주기를 정확하게 파악한다.

③ 실내에서 감각적인 효과를 가장 먼저 주는 요소로 색채이미지 계획을 한다.
(2016년 1회)(2012년 1회)(2013년 1회)

④ 설비비, 유지비, 그리고 인적, 물적, 환경적 자원과 재활용까지도 포함해 계획한다.
(2016년 2회)

⑤ 경관이나 일조, 통풍 등 주변 환경을 고려한다.

(2) 주거공간의 계획

① 주거공간은 공동공간, 개인공간, 작업공간 등을 구분해 디자인한다. (2004년 1회)

② 작업공간은 일의 능률이 중시되고, 개인의 개성은 비교적 제한한다.

③ 가구는 효율적으로 배치하고 동선이나 가족형태, 연령, 취미 등을 고려한다.
(2010년 4회)(2013년 2회)(2014년 2회)

④ 동선은 되도록 짧고 단순 명쾌하게 하며, 빈도가 높은 동선은 특히 짧게 한다.
(2007년 1회)(2013년 2회)

⑤ 침실과 같은 개인공간은 디자인 의뢰자의 의견을 최대한 반영한다. (2007년 2회)(2014년 2회)

(3) 전시공간의 계획

① 전시디자인은 '열거'라는 말에서 유래되었는데, 이는 의도를 가지는 진열 또는 전시라는 의미로, 공간 조형에 따라 광고의 목적을 표현하는 것이다.

② 전시공간디자인은 시각디자인 분야에서 공간 전시를 목적으로 하는 커뮤니케이션 수단으로 디스플레이 디자인(display design)이라고도 한다. 활용영역은 매장, 윈도, 전시장, 엑스포 등이다.

③ 전시디자인을 할 때 고려할 것은 단순한 진열이나 장식뿐만 아니라 공간, 시간, 음 등으로 광범위하다. 전시디자인의 구성 요소는 상품, 장소, 소도구, 조명, 그리고 상품의 정보나 가격 등을 보여 주는 쇼 카드(show card) 등이다.

④ 전시디자인의 목적은 새로운 상품 정보를 알리고, 새로운 유행을 창조하며, 직접 또는 암시의 심리적 효과를 통해 상품의 구매의욕을 자극하는 것이다. 따라서 대중의 심리, 조명효과, 무대 연출, 움직이는 장치나 향기, 음악 등 다양하고 종합적인 접근을 요구한다. (2013년 4회)

POINT 전시공간의 종류 (2006년 4회)

- **자유형** : 형태가 복잡하고 한눈에 파악하기 힘들어 규모가 큰 전시관에는 부적당하고 전체적인 조망이 가능한 한정된 공간에 적합하다. (2013년 1회)
- **직사각형** : 가장 기본적인 전시공간으로 사용한다.
- **원형** : 실내공간이 내부로 향하여 집중감을 주면서 시선을 부드럽게 만든다.
- **부채꼴형** : 소규모 전시에 적합하다.

바. 디스플레이(display)디자인

(1) 디스플레이의 의미

'디스플레이(display)'는 전시, 진열의 의미를 가지는데 상품의 진열장이나 진열실, 전람회장 등에서의 단순 진열뿐만 아니라 더 효과적이면서 효율적이며 심미성을 고려한 계획을 수립해 특정한 결과물을 도출하는 커뮤니케이션의 수단으로, 시각디자인 분야나 전시용 방이나 건물의 설계까지도 포함한다.

(2) 디스플레이의 분야

진열되는 대상 및 목적에 따라 전시디자인(exhibition design), 비주얼 머천다이징(visual merchandising), 리테일디자인(retail design), 키오스크디자인(kiosk design) 등이 있다.

사. 무대디자인(stage design)

무대디자인은 넓게는 시각적으로 보여지는 무대 위의 모든 공간적인 조형물, 즉 무대장치물, 무대의상, 무대조명 등을 의미하고 좁게는 무대장치만을 지칭한다.

핵심요약정리 및 체크리스트

[꼭 이해하고 넘어가야 할 핵심내용입니다. 아래 내용의 80% 이상을 암기하지 못했다면 다시 공부하세요.]

1. (　　　)의 궁극적 목적은 소통을 통해 인간의 삶을 보다 풍요롭게 만드는 데 있다. 이러한 목적을 위하여 삶에 필요한 다양한 정보들이 시각적 매체를 통해 원활하고 효율적으로 소통될 수 있는 환경을 디자인한다.

시각디자인

2. (　　　)은 원고를 보기 좋게 시각적으로 구성하여 인쇄물로 제작하는 과정을 말한다.

편집디자인

3. 편집디자인의 분류
　① 낱장(Sheet)형식 : 한 장으로 구성된 명함, DM, 안내장. 레터헤드, 카드 등
　② (　　　) : 펼치고 접는 형식으로 신문, 카탈로그, 팸플릿, 리플렛 등
　③ 서적형식 : 제본이 되어 있는 형태로 매뉴얼, 단행본, 화보, 잡지, 브로슈어, 단행본, 카탈로그 등

스프레드 형식

4. (　　　)은 디자인의 요소(사진, 그림, 글자)를 배열하는 것으로 시선의 이동을 유도할 수 있는 치밀한 설계, 가독성을 원활하게 하는 배열, 아름다운 시각적 균형미가 필요하다.

레이아웃(lay-out)

5. (　　　)는 활자를 통해 정보를 효과적으로 전달하는 것으로 글자체, 크기, 사이 간격 등을 조절하여 전체적으로 읽기 편하도록 구성하는 표현기술이다. 가독성, 판독성, 판별성, 적정성, 심미성 등 다양한 요소를 고려해 디자인한다.

타이포그래피

6. (　　　)은 손으로 글자를 쓰는 일과 쓰여진 글자 또는 글자 표현의 의미를 가리키는 디자인 용어로서 일반적으로 디자인의 시각화를 위해 문자를 그리는 것 또는 그려진 문자를 말한다.

레터링

7. (　　　)는 물과 기름의 반발을 이용하는 가장 일반화된 인쇄로 화선이 매우 부드럽고 가격이 저렴하며 제판과정이 사진술의 원리와 같다.

오프셋 인쇄

8. (　　　)는 컴퓨터를 이용한 전자출판을 말하며 Indesign이나 Quark XPress와 같은 포스트스크립트 방식의 프로그램을 주로 사용한다.

DTP(Desk Top Publishing)

9. 광고의 내용적 요소인 (　　　)은 독자의 주의를 끌고 보디카피를 읽도록 유도하며, 소비자를 움직여 행동하도록 한다.

헤드라인(헤드카피)

10. (　　　)은 문화와 언어를 초월해서 직관적으로 이해할 수 있도록 한 그림문자 또는 문자언어를 시각화한 것으로, 올림픽경기의 심벌 같은 안내심벌 등을 말한다.

　　　픽토그램(pictogram)

11. TV광고의 종류

　　① 스폰서십(sponsorship) 광고 : 프로그램 스폰서 광고

　　② (　　　　　) : 프로그램 중간에 삽입되는 광고

　　③ 블록(block) 광고 : 일정 시간을 정해서 하는 광고

　　④ 로컬(local) 광고 : 특별한 지역에 전달하는 광고

　　⑤ ID카드 광고 : 프로그램이 바뀔 때 방송국명과 함께 화면 하단에 문자 위주로 하는 광고

　　⑥ 네트워크(network) 광고 : 방송본국에서 전국에 하는 광고

　　　스팟(spot) 광고

12. (　　　　)의 장점은 신뢰성, 안정성, 편의성, 전문성, 높은 열독률 등이다. 다양한 독자층과 광대한 보급성으로 전국적 광고에 작합하며, 자세한 정보를 실을 수 있어 전문적인 내용을 다룰 수 있다.

　　　신문광고

13. 신문광고의 종류

　　① (　　　) 광고 : 신문 보도면에 실린 광고로 기사 중 광고, 돌출광고 등이 있다.

　　② 광고란 광고 : 광고란에 실린 광고로 상품, 기업, 영업물 광고 등이 있다.

　　　보도란

14. (　　　　)는 특정 독자층을 대상으로 광고하는 효과가 높아 비용 면에서 효율적이다. 광고매체로서의 수명이 길고 독자 간에 회람률(돌려보는 정도)도 높다.

　　　잡지광고

15. 포스터 광고의 종류 중 (　　　) 포스터는 연극이나 영화, 음악회, 전람회 등의 고지적 기능을 가진다.

　　　문화행사

16. (　　　)광고는 사보, 팸플릿, 카탈로그, 간행물 등을 소비자에게 직접 우편으로 우송하는 광고를 말한다.

　　　DM

17. (　　　)는 기업의 이미지 통일을 위한 통합화 작업으로 기업문화, 미래의 모습과 전략 등을 일컬으며, 기업의 이미지나 행동을 하나로 통일시키는 작업이다.

　　　CIP

18. CIP의 요소

　　① (　　　　) : 기업명, 심벌마크, 로고타입, 코퍼레이트 컬러(corporate color, 상징컬러, 전용색), 마스코트, 캐릭터, 슬로건, 전용색채 등

　　② 응용요소 : 서식류 및 포장, 간판, 유니폼, 수송물 및 건물 기타

　　　기본요소

19. (　　　) 광고는 판매와 광고가 동시에 이뤄지며 "구매시점광고, 판매시점 광고"라고도 한다. '말 없는 세일즈맨'으로 판매원을 돕고 판매점의 장식 효과와 판매효율을 높인다.

POP

20. 포장디자인의 기능
　　① (　　　)와 보존성　　　② 편리성　　　③ 상품성
　　④ 재활용성　　　　　　⑤ 친환경성　　⑥ 전달성
　　⑦ 명시성　　　　　　　⑧ 관리성

보호

21. (　　　)은 물체로부터 날아오는 빛의 파동을 레이저 장치를 이용하여 재생한 영상을 말한다.

홀로그램

22. 아이디어 발상법인 (　　　)은 미국에 있는 광고회사인 BBDO사의 부사장이었던 오스본(Osborne)이 1941년에 훌륭한 아이디어를 얻기 위해 만든 자유연상기법이다. 아이디어 발상법 중 가장 많이 사용되며, 단기간에 집단으로부터 많은 아이디어를 얻는 데 효과적인 수단으로 질보다 양을 추구한다.

브레인스토밍 기법

23. (　　　)은 W. 고든이 개발한 것으로, 여러 가지 유추로부터 아이디어나 힌트를 얻는 방법이다. 문제를 보는 관점을 완전히 달리하고 여기서 연상되는 점과 관련성을 찾아 아이디어를 발상한다.

시네틱스 기법

24. (　　　) 은 '바늘에서 우주선까지'의 구호에서 알 수 있듯 일상생활 속의 수많은 제품을 디자이너의 눈으로 바라보면서 아이디어를 얻을 수 있는 창의적 디자인 분야이다.

제품디자인

25. 제품디자인의 프로세스
　　디자인 계획 → 아이디어 스케치 → (　　　) → 목업 → 모델링 → 디자인 제품화

렌더링

26. 아이디어 스케치의 종류는 아이디어 발상 초기단계에서 행하는 (　　　)와 개략적인 스케치란 뜻을 가지고 아이디어를 비교 검토할 수 있는 러프 스케치(rough sketch), 그리고 투시도법이나 삼면도법에 의하여 전체나 부분을 목적에 맞게 형태, 색상, 재질, 패턴 등을 정확하게 표현하는 스타일 스케치(style sketch)로 나뉜다.

스크래치 스케치(scratch sketch)

27. (　　　)은 표현, 묘사, 연출이라는 뜻을 가지는 '제품의 완성 예상도'를 말한다. 이 과정은 디자인 과정(design process) 중 스타일이 결정되는 단계이다.

렌더링

28. 모델링은 러프 모델, 제시형 모델, 프로토타입 모델의 단계로 나눌 수 있다. 디자이너가 형태의 결정과 양감 파악을 위해 최초로 모양을 만드는 러프 모델(rough model), 디자인 결정에 가까운 시점에서 제품화로의 전달을 위한 제시용 (   ), 그리고 생산을 위한 실제 원형인 프로토타입(prototype)이다.

프레젠테이션 모델
(presentation model)

29. (   )을 하는 디자이너는 동선과 순환의 패턴, 광원의 종류, 음향 효과, 냉난방, 공기 조절의 상태, 건물 유지관리 부분, 실내공간의 분위기, 적절한 재료 선택, 심미성, 경제성, 통일성, 공간의 이미지 부각, 고객의 요구, 기후와 풍토 등을 고려하여 가장 편안한 공간을 제공해야 한다.

인테리어 디자인

30. 실내공간의 3대요소는 (   ), 바닥, 벽이다.

천장

31. (   ) 조명은 90% 이상의 빛을 벽이나 천장에 투사하여 조명하는 방식으로 광원에서 빛의 대부분은 천장이나 벽에 투사하여 여기에서 반사되는 광속을 이용한다. 빛이 부드럽고 눈부심이 적으며, 온화하고 차분한 느낌을 준다.

간접

PART

02

색채 및
도법
(20문제)

컴퓨터그래픽스운용기능사 필기 무료 강의는
유튜브 조선생TV에서 시청할 수 있습니다.

01 | 색의 기본원리

가. 색을 지각하는 기본원리

(1) 빛과 색

1) 색의 개념

① 색의 정의 (2005년 2회)(2007년 2회)(2008년 4회)(2013년 2회)

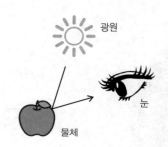

색은 빛이 인간의 눈에 자극될 때 생기는 시감각의 일종이다. 인간은 시감각에 의해 색을 지각하게 되는데, 빛이 눈의 망막에 자극을 주면 빛에너지가 전기화학적 에너지로 바뀌어 대뇌로 전달되고 개인의 주관적 경험을 바탕으로 신호와 정보를 해석한다. 인간이 색을 지각하는 데 필요한 3가지 색 지각 요소가 있는데 '빛(광원), 물체, 눈'이다.

② 빛의 성질

광원에서 빛이 물체에 비출 때 생기는 반사, 흡수, 투과, 굴절, 회절, 산란, 확산, 분해, 간섭 등에 의해 눈에 자극이 생기고 뇌에 전달되면서 색을 인식하게 된다.
(2016년 4회)

POINT 빛의 성질 (2007년 1회)

- **산란** : 한낮의 하늘이 파랗게 보이거나 석양이 붉게 보이는 이유 (2008년 1회)
  ⑩ 노을, 흰구름, 먹구름 등
- **굴절** : 하나의 매질(에너지를 이동시켜 주는 물질)로부터 다른 매질로 진입하는 파동이 그 경계면에서 진행하는 방향을 바꾸는 현상으로 빛의 파장이 길면 굴절률이 약하고, 파장이 짧으면 굴절률이 크다.
  ⑩ 아지랑이, 돋보기, 무지개, 프리즘과 같은 현상 (2011년 4회)(2013년 5회)
- **간섭** : 2개의 빛이 서로 만나서 진폭이 극대화되면 그 백색광을 받는 면에서는 명암의 변화가 일어나는 현상
  ⑩ 전복껍질과 비눗방울에 생기는 무지개현상 (2013년 5회)
- **회절** : 파동이 장애물을 만났을 때 장애물 뒤쪽으로 돌아가는 현상으로 산란과 간섭의 복합현상
  ⑩ CD표면색, 곤충의 날개색 등

---

2) 빛의 개념

① 뉴턴의 프리즘을 이용한 분광실험

1666년 영국의 물리학자 뉴턴(Isaac Newton)은 빛의 파장에 따라서 굴절하는 각도가 다르다는 성질을 이용하여 태양광선을 빨강, 주황, 노랑, 초록, 파랑, 남색, 보라로 구성된 연속적인 띠(스펙트럼)로 나누는 분광실험에 성공했다. (2011년 5회)

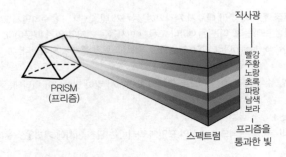

직사광

빨강
주황
노랑
초록
파랑
남색
보라

PRISM
(프리즘)

스펙트럼

프리즘을
통과한 빛

3) 빛의 파장범위와 특징(빛의 파장단위 : Å, μm, nm)

① 스펙트럼(spectrum)이란 빛(백색광)을 파장별로 나눈 배열을 말하며, 스펙트럼에 있어서 색 수는 실험방법의 차이나 관찰자의 주관에 따라 달라질 수 있다.

② 가시광선의 파장범위는 380~780nm이다. 그리고 가장 굴절이 심한 것은 보라색이다. 파장이 가장 짧은 색은 보라색(단파장, 380nm)이고, 가장 긴 색은 빨간색(장파장, 780nm)이다. (2005년 5회)(2006년 1회)(2007년 5회)(2008년 1회)(2008년 4회)(2008년 5회)(2010년 1회)(2010년 4회)(2012년 4회)(2013년 2회)(2014년 1회)(2015년 5회)

③ 빛은 "감마선 – X선 – 자외선(UV) – 가시광선 – 적외선(IR) – 극초단파(UHF)" 순으로 되어 있는 혼합광이다.

4) 빛의 흡수와 반사에 의해 나타나는 현상

① 빛이 물체를 완전히 반사하면 흰색이 되고, 완전히 투과(흡수)하면 검은색(90% 이상 흡수)이 된다. (2016년 2회)

② 스펙트럼 전반에 걸쳐 비교적 고른 반사율을 가지고 있고 색 흡수 반사를 적당히 할 때 물체의 표면색은 회색이 된다.

> **광원색과 물체색의 종류** (2009년 5회)
>
> - **광원색(Illuminate color)**
>   광원이 스스로 빛을 내고 있는 동안의 색으로 전구나 불꽃처럼 발광을 통해 보이는 색을 말한다.
> - **평면색(면색, 개구색, film color)**
>   색자극 외에 질감, 반사 그림자의 영향을 받지 않으며 거리감이 불확실하고 입체감이 없는 색으로 순수한 색만 있는 느낌의 색으로 부드럽고 즐거운 미적 상태를 말한다.
> - **물체색(object color)**
>   평면색과 달리 거리감, 재질, 형태에 따라 다르게 지각되며, 물체가 빛을 반사·흡수하면서 고유의 색을 가지고 있는 것처럼 보이는데, 이는 물체마다 고유한 반사율을 가지고 있기 때문이다. 이를 분광반사율(spectral reflection factor)이라 한다. 그림물감, 염료, 도료가 물체색에 속한다.
> - **표면색(surface color)** (2005년 4회)(2007년 2회)
>   사물의 질감이나 상태를 알 수 있도록 하는 색으로 물체의 표면에서 빛이 반사되어 나타내는 표면의 색을 말한다.
> - **경영색(거울색 mirrored color)** (2006년 5회)
>   거울처럼 평활한 표면에 비추어지는 색으로 물체의 표면에 나타나는 완전 반사에 가까운 색을 말한다.
> - **공간색(Volume color)** (2011년 5회)(2012년 2회)
>   투명한 유리 또는 물의 색 등 일정한 부피가 있는 공간에 3차원적인 덩어리가 차 있는 부피감이 보이고 색의 존재감이 느껴지는 용적색(공간색)으로 유리병 속 액체나 얼음 또는 수영장의 물색 등이 있다.

(2) 색지각의 학설과 색맹

1) 영–헬름홀츠의 3원색설(Young–Helmholtz trichromatic theory)

(2004년 4회)(2005년 1회)(2009년 1회)(2010년 5회)(2012년 1회)(2014년 5회)(2015년 2회)(2015년 4회)

① 영국의 '영'과 독일의 '헬름홀츠'는 빛의 3원색인 R, G, B를 인식하는 색각세포가 있고 색광을 감광하는 시신경 섬유가 망막조직에 있어서 3색의 강도에 따라 색을 인지한다고 주장했다.

② 망막에서 각기 다른 스펙트럼 민감도를 갖는 세 종류의 수용기를 발견하고 모든 색은 각각 스펙트럼 광인 적색(R)영역, 녹색(G)영역, 청색(B)영역에 극대의 감도를 갖는 3종의 기본적인 색 식별 요소의 흥분비율이 통합되어 생긴다는 것이다.

2) 헤링의 4원색설(Herign's opponent–color's theory, 반대색설, 대응색설) (2007년 5회)(2009년 5회)

① 1872년 독일의 심리학자이자 생리학자인 '헤링'은 특정 색을 본 후 반대의 잔상(빨강-초록, 파랑-노랑, 검정-하양)이 서로 대립하는 3종류의 광화학 물질이 존재한다고 가정하고, 망막에 빛이 들어오면 분해(이화)와 합성(동화)이라고 하는 반대반응이 동시에 일어나 반응의 비율에 따라서 여러 가지 색이 지각된다고 주장했다. 이를 심리적

보색개념으로 '반대색설'이라고도 한다.

② 기본적 4가지 유채색인 빨강-초록, 노랑-파랑이 대립적으로 위치하며, 분해와 합성이 동시에 일어날 때 그 정도에 따라 회색의 감각이 생기며, 오스트발트의 색상분할 및 각종 표준표색계에 색상분할의 기본으로 사용되고 있다.

> **POINT 분해와 합성**
> • 분해(이화) : 흰색, 노랑, 빨강
> • 합성(동화) : 검정, 파랑, 초록

(3) 눈의 구조와 특성

1) 눈의 구조 (2015년 1회)

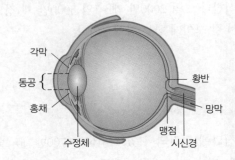

① 보통 눈의 구조와 카메라 구조를 연결해서 설명하는데, 홍채는 카메라의 조리개, 수정체는 렌즈, 망막은 필름 역할을 한다. (2004년 5회)

② **망막** (2014년5회)

망막은 빛에너지가 전기화학적 에너지로 변환되는 곳이다. 망막의 가장 중심부에 작은 굴곡을 이루며 위치한 중심와(황반)는 시세포가 밀집해 있어 가장 선명한 상이 맺히는 부분(추상체가 밀집)이다.

③ **맹점** (2011년 4회)

빛을 구분하는 시세포가 없어 형태나 상이 맺히지 않는 부분으로, 망막에서 뇌로 들어가는 시신경 다발 때문에 시신경의 통로역할을 한다.

2) 눈의 특성

① 눈은 시각정보를 받아들일 뿐 분석을 하지는 않는다.
② 사람은 코나 귀보다 주로 눈에 의해 환경을 알아본다.
③ 사람은 눈을 통해 가장 많은 정보를 얻는다.
④ 시각범위는 상하 약 130도, 좌우 약 190도이다.
⑤ 사람의 눈으로 200만 개 정도(색상 200가지×명도 500가지×채도 20가지)의 색을 인식할 수 있다.

3) 시세포

① 간상체(rod receptor, 간상세포) (2008년 5회)(2009년 1회)(2010년 4회)(2011년 1회)(2011년 2회)(2014년 1회)(2015년 5회)

간상체는 망막의 주변부에 위치하며, 색의 지각이 아닌 흑색, 회색, 백색의 명암만을 인식한다. 1억 2000만 개~1억 3000만 개 정도가 존재하며 어두운 데서 잘 보이게 하는 야행성이다.

② 추상체(cone receptor, 원추세포) (2012년 1회)(2013년 2회)(2014년 4회)(2016년 1회)

추상체는 망막의 중심와에 밀집되어 있으며(600~700만 개), 밝은 부분과 색을 인식한다. 빛에 따라 다른 반응을 보이는 3가지의 추상체(장파장(L), 중파장(M), 단파장(S))가 존재하며 주행성이다.

4) 색맹(color blindness. 색각이상) (2016년 1회)

추상체의 이상으로 인해 색조(色調)의 식별능력이 없는 상태를 말한다.

① 전색맹

전혀 색을 감각하지 못하기 때문에 흑백사진과 같이 명암만 느낄 수 있다. 추상체의 기능이 없고, 간상체의 기능만 존재한다.

② 부분색맹

부분색맹 중 가장 많은 적록색맹은 적색과 녹색, 회색 신호등의 교통신호를 구별하지 못한다. 청황색맹은 청색과 황색 그리고 회색의 구별이 어렵다.

POINT 색맹

색맹 – 전색맹
– 부분색맹 – 적록색맹
– 청황색맹

(4) 시지각과 인간의 반응

1) 박명시 현상(mesopic vision) (2004년 4회)(2006년 1회)(2014년 2회)(2015년 2회)(2016년 4회)

명소시(밝음에 적응하는 시점)와 암소시(어두움에 적응하는 시점)의 중간 정도의 밝기에서 추상체와 간상체가 동시에 작용하여 시야가 흐려지는 현상을 말한다.

2) 푸르킨예 현상(purkinje shift)

(2004년 1회)(2005년 5회)(2006년 2회)(2006년 6회)(2007년 1회)(2007년 5회)(2010년 4회)(2014년 1회)(2014년 4회)(2015년 4회)
(2016년 4회)

① 명소시에서 암소시로 갑자기 이동할 때 빨간색은 어둡게, 파란색은 밝게 보이는 현상이다. (2004년 5회)

② 간상체와 추상체 시각의 스펙트럼 민감도가 서로 다르기 때문에 나타난다.

3) 순응(adaption)

① 색순응 (2004년 1회)(2006년 2회)(2008년 5회)(2009년 2회)(2013년 5회)
물체에 빛을 비추었을 때 색이 순간적으로 변해보이나 곧 자신의 색으로 돌아오게 되는 현상이다.
⑩ 선글라스를 끼고 있는 동안 선글라스의 색이 느껴지지 않은 현상

② 암순응
밝은 곳에서 어두운 곳으로 갑자기 들어갔을 경우 시간이 흘러야 주위의 물체를 식별할 수 있는 현상으로 30분 정도 걸린다.
⑩ 터널의 출입구 부근에 조명이 집중되어 있고 중심부로 갈수록 조명수가 적게 배치된 것은 암순응을 고려한 설계이다.

③ 명순응 (2006년 4회)(2008년 2회)
어두운 곳에서 밝은 곳으로 갑자기 들어갔을 경우 주위가 잘 보이지 않다가 다시 보이게 되는 현상으로 1~2초 정도 걸린다.

4) 연색성(color rendering) (2013년 4회)

광원(빛)의 성질에 따라 물체의 색이 달라 보이는 현상으로 같은 물체의 색이라도 광원에 따라 다르게 보인다.

5) 조건등색(메타머리즘 Metamerism) (2011년 2회)

특정한 조명 아래 다른 색의 물체가 같은 색으로 보이는 현상으로 분광반사율이 다른 두 가지 색이 어떤 광원 아래에서는 같은 색으로 보인다.

6) 항상성(homeostasis) (2004년 5회)(2005년 5회)(2007년 1회)(2014년 2회)(2016년 1회)

빛의 밝기나 광원의 변화에도 색이 변하지 않는 것으로 조명의 강도가 바뀌어도 물체의 색을 동일하게 지각하는 현상을 말한다. 즉 빛 자극의 물리적 특성이 변화해도 물체의 색채가 변하지 않고 그대로 유지되는 색채감각을 말한다.

나. 색의 분류 및 3속성

(1) 색의 분류 (2015년 2회)

색에는 빛의 색(light, 색광)과 물체의 색(color, 색료)이 있다. 물체의 색을 색채라 하는데, 색채에는 무채색과 유채색이 있다.

① 무채색(無彩色) (2004년 5회)(2005년 4회)(2008년 4회)(2010년 5회)(2015년 4회)
'채도가 없다'는 것을 의미한다. 검은색, 흰색, 회색 등의 색만 존재한다.

② 유채색 (2004년 2회)(2007년 1회)(2007년 4회)(2008년 2회)(2013년 1회)
색상, 명도, 채도가 모두 존재하는 색을 말한다.

(2) 색의 3속성 (2007년 4회)(2008년 1회)(2008년 4회)(2009년 5회)(2013년 1회)(2014년 4회)(2015년 1회)(2016년 1회)

색채의 특성을 이해하는 가장 기본이 되는 속성으로 색상, 명도, 채도를 말한다.

① 색상(Hue, 주파장)

광파장의 차이에 따라 변하는 색채의 위치로서 감각으로 구별되는 색의 속성 또는 명칭을 말한다.

② 명도(Value, lightness, 반사율) (2004년 2회)(2004년 4회)(2007년 1회)(2016년 2회)

명도는 밝고 어두운 정도를 말한다. 즉 색의 밝음의 감각을 척도화한 것으로 인간은 약 500단계의 명도를 구분할 수 있다. 인간의 눈이 가장 예민하게 감각한다.

③ 채도(Chroma, Saturation, 순도, 포화도)

(2004년 2회)(2005년 4회)(2007년 2회)(2009년 2회)(2009년 4회)(2012년 1회)(2012년 2회)(2012년 4회)(2012년 5회)(2014년 2회)
(2014년 5회)(2015년 1회)

채도는 순도, 즉 색의 맑거나 흐린 정도를 말한다. 순색으로서 반사율이 높은 색이 채도이기도 하며 인간은 20단계의 채도를 구분할 수 있다. 인간의 색 지각 능력을 고려할 때, 가장 분별하기 어려운 것이 채도의 차이이다.

POINT 채도의 종류 (2006년 4회)
- **순색** : 회색이 섞이지 않은 맑은 색의 동일 색상 중 가장 채도가 높은 색 (2005년 1회)(2005년 4회)
- **명청색** : 순색 중 명도가 높은 색
- **암청색** : 순색 중 명도가 낮은 어두운색
- **탁색** : 회색이 섞인 채도가 낮은 색

---

④ 색조(tone) (2007년 4회)(2013년 5회)(2014년 2회)(2014년 4회)

명도와 채도의 복합기능

POINT 보색 (2005년 1회)(2005년 4회)(2007년 4회)(2010년 1회)(2010년 4회)(2011년 5회)(2014년 4회)(2015년 5회)
- 서로 반대되는 색이다. 색입체상에서 마주보는 색으로 서로 보완해주는 색이라는 뜻을 가진다.
- 보색 + 보색 = 흰색(색광혼합), 보색 + 보색 = 검정(색료혼합)

---

02 | 색의 혼합 및 표시방법

가. 색의 혼합(감산, 가산, 중간혼합 등) (2009년 2회)(2013년 2회)

원색은 어떠한 혼합으로도 만들어낼 수 없는 각기 독립적인 색, 또는 더 이상 분해할 수 없는 원초적인 색을 말한다. 원색에는 빛의 원색인 빨강(Red), 초록(Green), 파랑(Blue)과 물체의 원색(색료)인 사이안(Cyan 청록색), 마젠타(Magenta), 노랑(Yellow)이 있다. (2005년 4회)

(1) 가산혼합(색광혼합, 가법혼합, additive color mixing)

(2011년 2회)(2012년 2회)(2012년 4회)(2013년 5회)(2014년 2회)(2014년 4회)(2015년 2회)(2016년 2회)

R,G,B 3원색 빛의 혼합으로 합치면 합칠수록 밝아지는 생리적(심리적) 혼색으로 여러 종류의 색자극이 각기 눈에 들어와 망막의 동일한 부위에서 중첩되어 혼색된다.

⑩ 원색 인쇄의 색분해, 스포트라이트, 컬러TV, 무대조명 등 (2015년 2회)(2015년 4회)

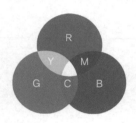

[빛의 3원색의 혼색]
(2004년 1회)(2005년 5회)(2008년 5회)(2009년 4회)(2009년 5회)(2011년 1회)
(2011년 4회)(2011년 5회)

빨강(Red) + 초록(Green) + 파랑(Blue) = 하양(White)
빨강(Red) + 초록(Green) = 노랑(Yellow)
초록(Green) + 파랑(Blue) = 사이안(Cyan)
파랑(Blue) + 빨강(Red) = 마젠타(Magenta)

(2) 감산혼합(색료혼합, 감법혼합, subtractive color mixing)

(2004년 4회)(2004년 5회)(2005년 2회)(2006년 5회)(2007년 1회)(2012년 1회)(2012년 4회)(2012년 5회)(2013년 4회)(2015년 4회)

물체색의 혼합으로 C, M, Y 혼합이다. 합치면 합칠수록 어두워지는 혼합을 말한다.

⑩ 컬러인쇄, 사진, 색필터 겹침, 색유리판 겹침, 안료, 물감에 의한 색재현 등

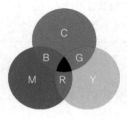

[색료의 3원색의 혼색]
(2007년 1회)(2007년 2회)(2009년 1회)(2009년 2회)(2011년 4회)

사이안(Cyan) + 마젠타(Magenta) + 노랑(Yellow) = 검정(Black)
사이안(Cyan) + 마젠타(Magenta) = 파랑(Blue)
마젠타(Magenta) + 노랑(Yellow) = 빨강(Red)
노랑(Yellow) + 사이안(Cyan) = 초록(Green)

(3) 중간혼합(병치혼합, 회전혼합 등)

1) 중간혼합의 개념 (2005년 1회)(2006년 1회)(2008년 5회)(2010년 2회)(2010년 4회)

가산혼합의 일종으로 색이 실제로 섞이는 것이 아니라 눈의 착시를 일으켜 혼합하는 것처럼 보이는 심리혼색이다. 컬러인쇄와 같은 병치혼합 또는 회전혼합 등을 예로 들 수 있다.

2) 병치혼합 (2004년 4회)(2005년 5회)(2006년 2회)(2007년 4회)(2008년 1회)(2009년 1회)(2009년 2회)(2009년 4회)(2011년 2회)
(2012년 2회)(2015년 4회)

선이나 점이 서로 조밀하게 병치되어 인접색과 혼합된다.

예 점묘법(인상주의), 모자이크, TV모니터, 직물 등 (2013년 5회)(2015년 4회)(2015년 5회)

3) 회전혼합 (2012년 5회)

① 두 가지 색의 색표를 회전원판 위에 적당한 비례의 넓이로 붙여 빠른 속도로 회전시키면 원판 면이 혼색되어 보인다.(맥스웰의 회전판)

② 혼색된 결과는 혼합된 색의 명도와 색상은 혼합하려는 색들의 중간밝기와 색에 있어서 원래 각 색지각의 평균값이 되며 보색 관계의 색상 혼합은 중간 명도의 회색이 된다.

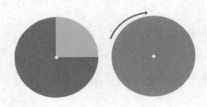

핵심요약정리 및 체크리스트

[꼭 이해하고 넘어가야 할 핵심내용입니다. 아래 내용의 80% 이상을 암기하지 못했다면 다시 공부하세요.]

1. 색을 지각하는 3가지 요소는 (　　　), (　　　), (　　　) 이다.

　　　　　　　　　　　　　　　　　　　　　　　　　　　　광원(빛), 물체, 눈

2. 빛의 성질 중 (　　　)은 한낮에 하늘이 파랗게 보이거나 석양이 붉게 보이는 이유로 노을, 흰구름, 먹구름 등이 있다.

　　　　　　　　　　　　　　　　　　　　　　　　　　　　산란

3. 가시광선의 파장범위는 (　　　 ~ 　　　) 이다.

　　　　　　　　　　　　　　　　　　　　　　　　　　　　380nm, 780nm

4. 빛이 물체를 완전히 반사하면 (　　　)이 되고, 완전히 투과(흡수)하면 (　　　)이 된다.

　　　　　　　　　　　　　　　　　　　　　　　　　　　　흰색, 검은색

5. (　　　)은 투명한 유리 또는 물의 색 등 일정한 부피가 있는 공간에 3차원적인 덩어리가 차 있는 부피감이 보이고 색의 존재감이 느껴지는 용적색으로 유리병 속 액체나 얼음, 수영장의 물색 등이 있다.

　　　　　　　　　　　　　　　　　　　　　　　　　　　　공간색(Volume color)

6. 색채지각설에서 영국의 '영'과 독일의 '헬름홀츠'는 (　　　　)을, 헤링은 (　　　　)을 주장했다.

　　　　　　　　　　　　　　　　　　　　　　　　3원색설, 4원색설(반대색설)

7. 눈의 구조와 카메라의 구조를 연결해서 설명하는데, 홍채는 카메라의 (　　　) 역할을, 수정체는 (　　　)역할을, 망막은 필름역할을 한다.

　　　　　　　　　　　　　　　　　　　　　　　　　　　　조리개, 렌즈

8. 시세포 중 (　　　)는 망막의 주변부에 위치하며, 색의 지각이 아닌 흑색, 회색, 백색의 명암만 인식한다. 1억 2000만 개~1억 3000만 개 정도 존재하며 어두운 데서 잘 보이게 하는 야행성이다. (　　　)는 망막의 중심와에 밀집되어 있으며, 밝은 부분과 색을 인식한다.

　　　　　　　　　　　　　　　　　　　　　　　　　　　　간상체, 추상체

9. (　　　　)는 명소시와 암소시의 중간 정도의 밝기에서 추상체와 간상체가 동시에 작용하여 시야가 흐려지는 현상

　　　　　　　　　　　　　　　　　　　　　　　　　　　　박명시

10. (　　　　)은 명소시에서 암소시로 갑자기 이동할 때 빨간색은 어둡게, 파란색은 밝게 보이는 현상이다.

　　　　　　　　　　　　　　　　　　　　　　　　　　　　푸르킨예 현상

11. (　　　)은 물체에 빛을 비추었을 때 색이 순간적으로 변해 보이나 곧 자신의 색으로 돌아오는 것으로 선글라스를 끼고 있는 동안 선글라스의 색이 느껴지지 않는 것이 좋은 예이다.

　　　　　　　　　　　　　　　　　　　　　　　　　　　　색순응

12. (　　　　)은 특정한 조명 아래 다른 색의 물체가 같은 색으로 보이는 현상으로 분광반사율이 다른 두 가지 색이 어떤 광원 아래에서 같은 색으로 보이는 것이다.

조건등색

13. (　　　　)은 '채도가 없다'는 의미로 검은색, 흰색, 회색 등의 색만 존재한다.

무채색

14. 색의 3속성은 (　　), (　　), (　　)를 말한다.

색상, 명도, 채도

15. 색의 순도를 의미하는 (　　)는 색의 맑거나 흐린 정도를 말한다.

채도

16. (　　)은 회색이 섞이지 않은 맑은 색의 동일 색상 중 가장 채도가 높은 색을 말한다.

순색

17. 명도와 채도의 복합기능을 (　　)라 한다.

색조

18. (　　)은 어떠한 혼합으로도 만들어낼 수 없는 각기 독립적인 색 또는 더 이상 분해할 수 없는 색을 말한다.

원색

19. (　　)은 서로 반대되는 색으로 색입체상에 마주보는 위치에 있고 서로 보완해주는 색의 의미를 가진다.

보색

20. 빛의 혼합 : (　　), 가산혼합, 가법혼합
　　물체색의 혼합 : (　　), 감산혼합, 감법혼합

색광혼합, 색료혼합

21. 빛의 3원색의 혼색
   • 빨강(Red)＋초록(Green)＋파랑(Blue)＝하양(White)
   • 빨강(Red)＋초록(Green)＝(　　　　)
   • 초록(Green)＋파랑(Blue)＝사이안(Cyan)
   • 파랑(Blue)＋빨강(Red)＝마젠타(Magenta)

노랑(Yellow)

22. 색료의 3원색의 혼색
   • 사이안(Cyan)＋마젠타(Magenta)＋노랑(Yellow)＝검정(Black)
   • 사이안(Cyan)＋마젠타(Magenta)＝파랑(Blue)
   • 마젠타(Magenta)＋노랑(Yellow)＝(　　　　)
   • 노랑(Yellow)＋사이안(Cyan)＝초록(Green)

빨강(Red)

23. (　　　　)은 선이나 점이 서로 조밀하게 혼합되며 점묘법(인상주의), 모자이크, TV모니터, 직물 등이 있다.

병치혼합

03 | 색체계, 색명

가. 현색계와 혼색계

(1) 표색계(color system) (2006년 1회)(2014년 2회)

① 색의 표준을 정하는 체계, 즉 색을 정량적으로 표시하는 체계를 말한다.

② 표준광원에서 표준관찰자에 의해 관찰되는 색을 정량화시켜 수치로 만든 것이다.

(2) 혼색계(color mixing system) (2006년 5회)(2014년 4회)(2015년 1회)

① 물체색을 측색기로 측색하고 어느 파장영역의 빛을 반사하는가에 따라서 각색의 특징을 표시하는 체계로 심리적·물리적인 빛의 혼색실험에 기초를 둔다. 환경을 임의로 선정하여 정확하게 측정할 수 있으며, 색표계 간에 정확하게 변환시킬 수 있다.

② 단점으로는 지각적 등보성이 없고, 감각적인 검사에서 반드시 오차가 발생하며 수치로 구성되어 색의 감각적 느낌이 없으므로 데이터화된 수치로만 표기하기 때문에 직관적이지 못하다.

③ 빛의 색을 나타내는 표색계 : CIE 표준표색계, 오스트발트 표색계 (2006년 1회)(2006년 2회)

(3) 현색계(color appearance system) (2007년 2회)(2010년 2회)(2016년 4회)

① 인간의 색 지각을 기초로 심리적 3속성인 색상, 명도, 채도에 의해 물체색을 순차적으로 배열하고 색입체 공간을 체계화시킨 표색계로 측색기가 필요하지 않다.

② 색편의 배열 및 개수를 용도에 맞게 조정할 수 있으며, 색편을 등간격으로 뽑아내어 배열을 통해 쉽게 확인하고 이해할 수 있으며, 축소된 색표집으로 사용할 수 있다.

③ 인간의 시감을 의존하므로 관측하는 사람에 따라 주관적으로 값이 정해져 정밀한 색좌표를 구하기 어렵다. 또한 색편 사이의 간격이 넓어 정밀한 색좌표를 구하기 어렵고, 조건등색 및 광원의 영향을 많이 받고 색편의 변색 및 오염으로 색차가 발생할 수 있다.

④ 색채(물체의 색)를 나타내는 표색계 : 먼셀표색계, NCS, PCCS, DIN 등 (2014년 5회)

나. 먼셀 색체계(Munsell color system)

① 미국의 색채연구가 먼셀에 의해 1905년 창안되었으나 객관성의 결여로 인정받지 못하다가 1931년 CIE의 보완과 1940년 OSA의 검토를 거쳐 1940년 미국광학협회에 의하여 개량 수정되면서 먼셀체계가 완성되었다.

② 먼셀은 모든 색채를 색상, 명도, 채도의 총합이라고 정의하였으며 우리나라 공업규격 (KS A0062)과 교육용(교육부고시 312호)으로 채택되어 사용하고 있다.

(2005년 2회)(2005년 5회)(2013년 2회)(2016년 1회)

(1) 먼셀의 색상환

1) 색상(H, Hue) (2005년 4회)(2006년 1회)(2006년 4회)(2009년 4회)(2009년 5회)(2010년 1회)(2012년 2회)(2014년 5회)(2015년 1회)
(2016년 1회)(2016년 4회)

① 기본색상(H, Hue)을 적(R), 황(Y), 녹(G), 청(B), 자(P)의 5원색을 기준으로 한다.

② 5원색 중간에 주황(YR), 연두(GY), 청록(BG), 남색(PB), 자색(RP)을 넣어 10색으로 나눈다.

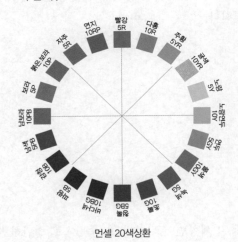

먼셀 20색상환

2) 명도(V, Value) (2007년 5회)(2008년 4회)(2011년 2회)(2012년 5회)(2013년 2회)

① 명도(V, Value)는 0~10단계까지 총 11단계로 나뉜다.

② 명도는 1단위로 구분하였으나 정밀한 비교를 위해 0.5단위로 나눈 것도 있다.

③ 명도(N, Neutral)는 단계에 따라 저명도(N1~N3) / 중명도(N4~N6) / 고명도(N7~N9)로 구분한다.

3) 채도(C, Chroma) (2006년 5회)(2008년 2회)(2015년 5회)

① 채도(C, Chroma)는 14단계로 나누는데 2, 4, 6, 8, 10, 12, 14 등과 같이 2단위로 구분하였으나 저채도 부분에 1, 3을 추가하였다.

② 시각적으로 고른 색채단계를 이루므로 순색을 기준으로 5R, 5Y의 채도는 14단계, 5RP의 채도는 12단계, 5P의 채도는 10단계, 5BG의 채도는 8단계로 되어 있다. (2013년 1회)

(2) 먼셀기호의 표시법
(2004년 2회)(2004년 4회)(2005년 1회)(2005년 2회)(2007년 5회)(2008년 1회)(2008년 4회)(2011년 4회)(2011년 5회)(2012년 5회)(2013년 1회)(2013년 4회)(2014년 1회)(2015년 1회)(2016년 1회)(2016년 2회)

H V/C로 표시하며 색상(H) 명도(V)/채도(C)를 의미한다.

📵 5R 4/14는 색상은 5R, 명도는 4, 채도는 14라는 표시이다.

(3) 먼셀의 색입체(color tree) (2009년 2회)(2010년 5회)(2013년 4회)

① 색입체란 색의 3속성에 기반을 두고 색채를 3차원적인 공간에 질서정연하게 계통적으로 배치한 3차원적 표색 구조물을 말한다. (2004년 2회)(2004년 4회)

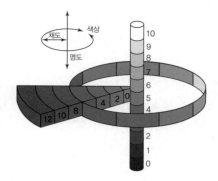

② 먼셀의 색입체를 수직으로 절단하면 동일 색상면이 나타나고, 수평으로 절단하면 동일 명도면이 나타난다. (2004년 1회)(2005년 4회)(2010년 2회)(2011년 1회)

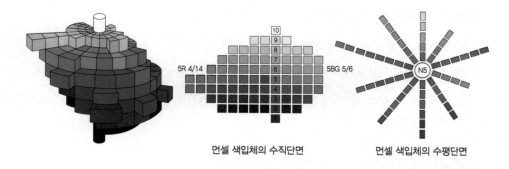

먼셀 색입체의 수직단면　　　　　먼셀 색입체의 수평단면

(4) 먼셀 표색계의 활용과 조화이론

먼셀의 색채조화론은 균형이론으로 균형의 원리를 조화의 기본으로 생각하고, 회전혼색법을 사용하여 두 개 이상의 색을 배색했을 때 명도단계 N5일 경우 색들이 가장 안정된 균형과 조화를 이룬다고 주장했다. 문·스펜서의 조화론에 영향을 주었다. (2010년 4회)

다. 오스트발트 색체계(Ostwald color solid) (2007년 4회)(2015년 4회)

(1) 오스트발트 색체계의 구조와 속성

① 오스트발트 색체계는 노벨화학상을 수상한 독일인 오스트발트에 의해 1916년에 창안되었으며, 검정량(B) + 흰색량(W) + 순색량(C) = 100%로 어떠한 색이라도 혼합량의 합은 항상 일정하다고 주장하였다. (2010년 1회)(2010년 5회)(2011년 5회)

② 헤링의 4원색설을 근거로 노랑(Yellow), 빨강(Red), 파랑(Ultramarine Blue), 초록(Seegreen)을 기본으로 한다. 이 기본색 중간에 주황(Orange), 청(Turquoise), 자주(Purple), 황록(Leaf Green)을 추가하고 총 8색상을 다시 3등분하여 24색상을 만들어 사용한다. 명도는 8단계로 나눈다. (2011년 4회)(2016년 1회)

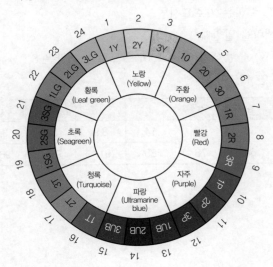

③ 색입체의 모양은 삼각형을 회전시켜 만든 복원추체(마름모형)이다. 색입체를 수평으로 자를 경우 흰색과 검은색의 양이 동일한 등가색환이 된다.

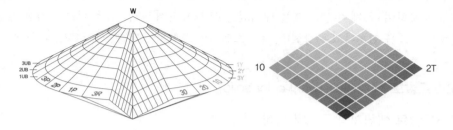

④ 오스트발트 표색계는 표기방법이 실용적이지 못해 활용이 곤란한 단점이 있다. 기호화된 정량적 색표시 방법으로 직관적 예측과 연상이 어렵고 시각적으로 고른 간격이 유지되지 않아 CHM 같은 색표집이 필요하다.

(2) 오스트발트 색체계의 기호표시법

> 20 l c로 표기

① 색각의 생리, 심리원색을 바탕으로 하는 기호표시법
② 20 = 색상, l = 백색량, c = 흑색량을 말한다.
③ 혼합비는 검정량(B) + 흰색량(W) + 순색량(C) = 100%이므로 순색량은 8.9 + 44 = 47.1값을 100에서 뺀 나머지 값인 47.1이 된다.

기호	a	c	e	g	i	l	n	p
백색량	89	56	35	22	14	8.9	5.6	3.5
흑색량	11	44	65	78	86	91.1	94.4	96.5

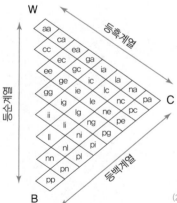

(2004년 5회)(2006년 4회)(2007년 2회)(2008년 5회)(2011년 1회)

라. 색명에 의한 분류

(1) 색명법

1) 기본색명 (2004년 2회)(2004년 5회)(2007년 2회)(2007년 5회)(2008년 2회)(2008년 4회)(2009년 4회)(2010년 1회)(2010년 4회)

① 한국은 KS에 규정한 빨강, 주황, 노랑, 연두, 초록, 청록, 파랑, 남색, 보라, 자주를 기본색명으로 사용하고 있다.

② 2003년 12월 개정된 KS A0011 물체색의 이름 중 기존의 10가지 기본색 이름에서 추가된 유채색은 분홍과 갈색이다. 무채색은 하양, 회색, 검정을 표준으로 사용하고 있다.

2) 일반색명(계통색명)
(2006년 2회)(2008년 1회)(2011년 1회)(2012년 2회)(2013년 1회)(2014년 1회)(2015년 4회)(2016년 2회)(2016년 4회)

① 기본색명에 형용사를 붙여서 사용하는 색명법이다.

② KS의 일반색명은 ISCC-NIST색명법에 근거한다.
   예 vivid Red : 선명한 빨강, light Red : 밝은 빨강

3) 관용색명(고유색명) (2004년 1회)(2009년 5회)(2011년 5회)(2012년 1회)(2012년 4회)(2013년 2회)

① 옛날부터 전해 내려오면서 습관적으로 사용하는 색명으로 색감의 연상이 즉각적이다.

② 광물, 식물, 동물, 지명과 인명 등을 사용한다.
   예 광물 : 금색, 은색, 황금색, 에메랄드 그린, 코발트 블루, 옥색 등
   식물 : 귤색, 호박색, 개나리색, 복숭아색, 라벤더색, 라일락색 등 (2010년 1회)
   동물 : 비둘기색, 따오기색, 세피아, 피콕 그린(공작깃털), 쥐색, 병아리색, 살몬 핑크, 베이지색 등
   지명과 인명 : 프러시안 블루, 반다이크 브라운, 보르도, 하바나 등 (2009년 1회)

(2) ISCC-NIST(National Institute of Standards and Technology) 색명법 (2015년 2회)

① 전미국색채협의회(ISCC)와 전미국국가표준(NIST)에 의해 1939년 제정된 계통색명법이다. 한국산업규격의 색이름도 이를 토대로 하고 있다.

② 감성전달의 정확성이 높고, 의사소통이 간편하도록 색이름을 표준화한 것으로 의사소통이 간편하도록 색이름을 표준화한 것이다.

③ 먼셀의 색입체에 위치하는 색을 267개의 단위로 나누고 5개의 명도 단계와 7개의 색상으로 총 13개를 기준으로 톤의 형용사를 붙여 색을 구분하고 있다.

(3) 오방색(五方色) (2005년 5회)(2009년 5회)(2012년 2회)(2016년 2회)

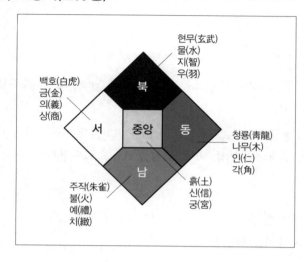

① 청(靑) : 동쪽
② 백(白) : 서쪽
③ 적(赤) : 남쪽
④ 흑(黑) : 북쪽
⑤ 황(黃) : 중앙

04 │ 색의 지각적 · 감정적 효과

가. 색의 대비 (2010년 1회)(2011년 1회)(2011년 5회)(2014년 4회)(2015년 1회)(2015년 2회)

다른 두 색이 서로 영향을 받아 실제와 다르게 보이는 현상으로 잔상의 일종이다.

(1) 동시대비(simultaneous contrast)
(2005년 2회)(2005년 4회)(2007년 2회)(2007년 4회)(2013년 4회)(2014년 1회)(2014년 5회)(2015년 2회)

두 가지 색을 동시에 볼 때 일어나는 현상으로 대비효과가 순간적이며 시점을 한 곳에 집중시키려는 색채 지각과정에서 일어난다.

1) 색상대비(color contrast) (2005년 2회)(2008년 4회)(2008년 5회)(2012년 4회)(2014년 1회)

① 두 색이 서로 대비되어 색상차가 크게 느껴지는 현상

② 다른 두 색을 인접시켜 놓았을 경우 서로의 영향으로 색상차가 크게 나는 현상이다.

2) 명도대비(luminosity contrast) (2006년 1회)(2006년 2회)(2010년 2회)(2010년 5회)(2014년 4회)

① 명도가 다른 색끼리 영향을 주어서 생기는 대비. 명도가 다른 두 색이 있을 때 밝은 색은 더 밝게, 어두운 색은 더욱 어둡게 보이는 현상이다.

② 여러 대비 중 사람이 가장 민감하게 반응하는 대비이다.

3) 채도대비(chromatic contrast) (2006년 4회)(2009년 4회)(2010년 5회)(2016년 1회)

채도가 다른 두 가지 색이 배색되어 있을 때 생기는 대비로 어떤 색이 같은 색상의 선명한 색 위에 위치하면 원래의 색보다 탁한 색으로 보이고, 무채색 위에 위치하면 원래의 색보다 맑은 색으로 보이는 현상이다.

4) 보색대비(complementary contrast)
(2004년 2회)(2006년 5회)(2007년 1회)(2009년 5회)(2010년 1회)(2010년 2회)(2010년 4회)(2012년 2회)(2014년 1회)

① 보색관계에 있는 두 가지 색이 배색되었을 때 생기는 대비, 보색관계인 두 색이 있을 때 서로의 영향으로 색상이 다르게 보이는 현상이다.

② 보색이 되는 두 색이 서로 영향을 받아 본래의 색보다 채도가 높아지거나 선명해진다.

(2) 연변대비(edge contrast) (2006년 2회)(2008년 4회)(2009년 2회)(2013년 5회)

① 경계면, 즉 색과 색이 접한 부분의 대비가 가장 활발하게 일어나는 현상이다.

② 두 색이 서로 인접되는 부분이 경계로부터 멀리 떨어져 있는 부분보다 색의 3속성별 대비 현상이 더욱 강하게 일어난다.

(3) 한난대비 (2013년 2회)

한색(차가운 색)과 난색(따뜻한 색), 즉 색의 차고 따뜻한 느낌의 차이에 의해서 나타나는 대비현상을 말한다.

(4) 면적대비(양적 대비, area contrast)

차지하는 면적에 따라 색이 다르게 보이는 현상이다. 즉, 같은 색이라도 면적이 큰 경우 더욱 밝고 선명하게 보인다.

> **조선생의 TIP**
>
> **매스효과** (2006년 5회)(2009년 5회)(2016년 4회)
> 같은 색상이라도 큰 면적의 색이 작은 면적의 색보다 화려하고 박력이 있어 보이는 효과

(5) 계시대비(계속대비, successive contrast) (2004년 1회)(2004년 5회)

어떤 색을 보다가 다른 색을 보게 되면 먼저 본 색의 영향으로 다음에 보는 색이 실제와 다르게 보이는 대비

예 빨간색을 보다가 노란색을 보면 노란색이 황록색을 띠어 보인다.

나. 동화, 잔상, 명시도, 주목성, 진출과 후퇴, 팽창과 수축 등

(1) 색의 동화(color assimilation)

1) 동화현상(전파효과, 혼색효과, 줄눈효과)

(2004년 4회)(2008년 2회)(2009년 4회)(2012년 1회)(2015년 1회)(2015년 5회)(2016년 2회)

색들끼리 서로 영향을 주어 인접색에 가깝게 느껴지는 현상으로 색의 대비효과와 반대 된다. 복잡하고 섬세한 무늬에서 많이 나타나며, 동화를 일으키기 위해서는 색의 영역이 하나로 종합되는 것이 필요하다.

(2006년 1회)(2006년 4회)(2006년 5회)(2007년 4회)(2009년 4회)(2011년 1회)(2011년 4회)

2) 베졸드 효과(Bezold effect)

색을 직접 혼합하지 않고 색점을 배열함으로써 전체색조를 변화시키는 효과로 문양이나 선의 색이 배경색에 영향을 주어 원래의 색과 다르게 보이는 현상을 말한다.

(2) 색의 잔상 (2004년 1회)(2011년 2회)(2015년 5회)

망막이 강한 자극을 받게 되면 시세포의 흥분이 중추에 전해져서 색감각이 생기는데 자 극으로 색각이 생기면 자극을 제거한 후에도 상이 나타나는 것을 말한다. 잔상은 원래 자극의 세기, 관찰시간, 크기에 비례한다.

① 부의잔상 (2005년 5회)(2006년 4회)(2007년 2회)(2007년 4회)(2008년 2회)(2010년 4회)(2011년 1회)(2011년 5회)(2014년 5회)

원래 감각과 반대되는 밝기나 색상을 띤 잔상으로 일반적으로 느끼는 잔상, 음성잔 상, 소극적 잔상이라 하며 음성잔상은 거의 원래 색상과의 보색 관계로 나타난다. 예 로 수술 도중 청록색이 아른거리는 이유도 여기에 있다.

② 정의잔상 (2004년 4회)(2006년 1회)(2006년 2회)(2009년 2회)(2013년 1회)(2016년 1회)(2016년 2회)

원래 감각과 같은 정도의 밝기나 색상을 띤 잔상을 말 한다. 부의잔상보다 오래 지속되고 양성 잔상, 긍정적 잔상, 적극적 잔상, 등색잔상이라 한다. 예로 TV 또는 어두운 곳에서 빨간 불꽃을 빙빙 돌리면 길고 선명한 빨간 원이 보이는 것이다.

(3) 주목성(유목성)

(2005년 4회)(2009년 1회)(2010년 5회)(2011년 2회)(2011년 4회)(2012년 1회)(2013년 1회)(2013년 2회)(2013년 5회)(2014년 4회)(2016년 2회)

① 색 자체가 명시도처럼 두 가지 색이 배색되지 않고 한 색으로 눈에 띄는 색을 말한다.

② 난색, 고명도, 고채도로 주목성이 높다.

(4) 명시도(시인성)

(2004년 1회)(2004년 2회)(2004년 4회)(2004년 5회)(2006년 4회)(2007년 5회)(2008년 1회)(2010년 1회)(2010년 2회)(2011년 2회)(2012년 5회)(2013년 1회)(2013년 2회)(2014년 2회)(2014년 4회)(2015년 1회)(2015년 4회)(2015년 5회)

① 물체의 색이 얼마나 잘보이는가를 나타내는 정도를 말한다.

② 두 가지 색의 차이로 가시성이 높아지는 현상으로 명시도를 높이기 위해서는 명도 차를 크게 하면 되는데 안전색상에 많이 사용된다.

　　예 황색 바탕에 검정 또는 그 반대의 배색 (2006년 1회)(2007년 5회)

　　　흰 종이 위의 흑색 글씨가 황색 글씨보다 훨씬 잘 보인다.

(5) 진출과 후퇴색

(2004년 2회)(2004년 5회)(2005년 1회)(2005년 2회)(2006년 2회)(2007년 4회)(2008년 5회)(2009년 2회)(2010년 4회)(2010년 5회)(2012년 2회)(2012년 4회)(2016년 1회)

① 진출색 : 난색, 고명도, 고채도, 유채색
② 후퇴색 : 한색, 저명도, 저채도, 무채색

(6) 팽창과 수축색 (2012년 1회)(2014년 2회)(2014년 5회)(2015년 2회)(2015년 4회)(2016년 4회)

① 팽창색 : 난색, 고명도, 고채도, 유채색
② 수축색 : 한색, 저명도, 저채도, 무채색

다. 색의 수반감정(온도감, 중량감, 흥분과 침정, 색의 경연감 등) (2013년 5회)(2014년 1회)

(1) 온도감

(2005년 1회)(2005년 2회)(2008년 1회)(2010년 1회)(2010년 4회)(2010년 5회)(2011년 1회)(2011년 4회)(2011년 5회)(2013년 1회)(2013년 4회)

① 색의 따뜻하고 차가운 느낌으로 온도감은 색상의 영향이 가장 크다.
② 난색 : 따뜻한 느낌의 색 → 저명도(검정), 장파장의 색(빨강, 주황, 노랑 등)
③ 한색 : 차가운 느낌의 색 → 고명도, 단파장의 색(파란색 계열)
④ 중성색 : 중간 느낌의 색 → 연두, 자주, 보라 등

(2005년 5회)(2006년 1회)(2007년 5회)(2009년 4회)(2010년 2회)

(2) 중량감

(2006년 1회)(2006년 2회)(2007년 1회)(2007년 5회)(2009년 2회)(2009년 5회)(2010년 5회)(2011년 4회)(2012년 5회)(2013년 2회)(2016년 2회)(2016년 4회)

① 색의 무겁고 가벼운 느낌으로 중량감은 명도의 영향이 가장 크다.
② 고명도 : 가벼운 느낌
③ 저명도 : 무거운 느낌

(3) 경연감(강약감)

① 강하고 약한 느낌으로 경연감은 채도의 영향이 가장 크다.
② 채도가 높은 색은 강한 느낌을 준다.
③ 고채도, 어두운 색, 차가운 색 등이 강한 느낌을 준다.

(4) 흥분과 침정(진정) (2009년 1회)(2014년 5회)

① 푸른방 : 침정(진정), 차분한 느낌
② 붉은방 : 흥분 (2008년 4회)

(5) 시간의 장단과 속도감 (2005년 5회)(2007년 2회)(2012년 2회)

① 붉은색 계열이 시간이 길게 느껴지고, 파란색 계열은 짧게 느껴진다.
② 붉은색 계열이 빠르게 느껴지고, 파란색 계열이 느리게 느껴진다.

라. 색의 연상과 상징

(1) 색의 연상

① 색의 연상은 색채를 자극함으로써 생기는 감정의 일종으로 경험과 연령에 따라 변한다. '구체적인 연상'과 '추상적인 연상'그리고 '부정적 연상'과 '긍정적 연상'으로 나뉠 수 있다.

> **예** 구체적 연상 : 눈에 보이는 연상 – 빨간색(사과, 딸기, 태양 등)
> 추상적 연상 : 눈에 보이지 않는 연상 – 빨간색(열정, 흥분, 위험 등)

② 색채의 연상은 경험적이기 때문에 기억색과 밀접한 관련이 있으며 생활양식, 문화적 배경, 지역과 풍토, 나이, 성별, 평소의 경험적 감정과 인상의 정도에 따라 개인차가 심하게 나타날 수 있다. 색채는 의식적으로 언어를 대신하여 의미를 함축하여 사용할 수 있다.

③ 동일 문화권일 경우 색채연상이 비슷하여 같은 색에 대한 선호도와 지역적, 인종적 특색을 만들기도 한다. 시대를 초월하고 지역성을 넘어 색채의 선호현상으로 나타날 수 있으며, 언어를 대신하여 의미를 함축함으로써 소통의 수단으로 사용할 수 있다.

(2) 각 색의 연상 내용 (2005년 1회)(2007년 2회)(2007년 5회)(2008년 1회)(2009년 2회)(2009년 5회)(2010년 2회)

① **주황** : 원기, 적극, 희열, 풍부

② **빨강** : 열, 위험, 분노, 열정, 일출, 자극, 능동적, 화려함, 십자가, 혁명, 사랑
(2014년 1회)(2016년 2회)

③ **노랑** : 금발, 경고, 유쾌함, 떠들썩한, 가치 있는, 금, 바나나, 팽창, 희망, 광명

④ **연두** : 잔디, 새싹, 초여름, 어린이, 친애, 젊음, 신선함 (2012년 2회)

⑤ **초록** : 평화, 고요함, 바다, 나뭇잎, 소박함, 안식, 피로회복, 안전, 지성, 평화, 여름, 휴식, 생명 (2014년 2회)

⑥ **파랑** : 차가움, 시원함, 바다, 푸른 옥, 추위, 무서움, 봉사, 냉정, 우울, 명상, 심원, 성실, 영원

⑦ **남색** : 천사, 숭고함, 영원, 신비, 정화, 살균, 출산

⑧ **보라** : 외로움, 고귀함, 슬픔에 잠긴, 그림자, 부드러움, 창조, 예술, 우아, 신비, 신앙, 향수, 겸손, 기억, 인내, 절대적 지배력, 힘, 고귀함, 정령

⑨ **자주** : 애정, 성적, 코스모스, 창조, 복숭아

⑩ **흰색** : 청결, 소박, 순수, 순결, 흰 눈, 공간적 밝음, 솔직함, 유령, 텅 빈, 추운, 영적인

⑪ **회색** : 겸손, 우울, 점잖음, 무기력, 중성색, 고독감, 고상

⑫ **검정** : 밤, 부정, 죄, 흑장미, 허무, 죽음, 장례식, 암흑, 절망

(3) 색의 상징(정서적 반응, 사회적 규범)

① 하나의 색을 보았을 때 특정한 형상 또는 뜻이 상징되어 느껴지는 것을 의미한다. 즉 눈에 보이지 않는 추상적 관념 또는 현상을 형태나 색을 가진 다른 것으로 알기 쉽게 치환하여 나타내는 것이다.

② 신분이나 계급의 구분, 방위의 표시, 지역 구분, 수치의 시각화 기구 또는 건물의 표시, 주의표시, 국가, 단체의 상징 등으로 사용되며 교통표지, 픽토그램, 안전색채 등이 관련이 있다.

③ 색채가 상징하는 의미를 결정하는 요인으로는 종교, 관습, 방위, 지역, 계급 등이 있다.

조선생의
TIP

색채와 공감각(촉각, 미각, 후각, 청각, 시각)

(1) 색의 공감각 (2006년 4회)(2006년 5회)(2015년 4회)

공감각은 다른 감각을 동시에 느끼는 것을 의미한다. 어떤 감각에 자극이 주어졌을 때, 다른 영역의 감각을 불러일으키는 감각 간의 전이현상, 즉 '감각 간의 교류현상'으로 메시지와 의미를 전달하는 특성을 가진 것을 의미한다.

(2) 색채와 공감각

❶ **촉각**

촉각은 피부 및 점막과 물체의 접촉으로 느끼는 감각으로 색상의 농담이나 색조에 의해 색의 촉감을 느낄 수 있다. 색채의 촉각적 특성은 표면색채의 질감, 마감처리에 의해 그 특성이 강조 또는 반감된다.

- **강하고 딱딱한 느낌** : 저명도, 고채도
- **평활, 광택감** : 고명도, 고채도
- **촉촉한 느낌** : 파랑과 청록 등의 한색 계열
- **건조한 느낌** : 주황색
- **거친감** : 어두운 회색
- **유연감** : 난색 계열
- **부드러운 감촉** : 밝은 핑크, 밝은 하늘색

❷ **미각** (2005년 2회)(2008년 1회)(2009년 5회)

짠맛, 단맛, 신맛, 쓴맛의 4가지 맛을 느끼는 감각으로 물질에 혀를 대었을 때 느끼는 감각이다. 주황색, 빨강, 맑은 황색 계통의 색들은 강한 식욕감을 들게 한다. (2013년 5회)

- **짠맛** : 연녹색, 회색, Blue-green, green, Blue-grey, white, 연파랑
- **단맛** : 난색 계열, 빨강 느낌의 주황, 노란색
- **신맛** : 녹색 느낌의 황색(노랑)
- **달콤한 맛** : 핑크색
- **쓴맛** : 한색 계열, 진한 청색, 올리브 그린(Olive Green), 갈색, 마룬(어두운 빨강), 파랑

❸ 후각 (2004년 2회)(2010년 5회)

색상을 통해 냄새를 느끼는 교류현상을 말한다. (프랑스 색채연구가 '모리스 데리베레' 연구의 향과 색채의 공감각에 대한 연구)

- **민트, 박하향** : 그린색 (2012년 4회)
- **머스크(musk)향** : red~brown, gold yellow
- **플로랄(floral)향** : rose (2012년 2회)
- **에테르(공기)향** : white, light blue
- **라일락향** : pale purple
- **커피향** : brown, sepia
- **방출향** : white, light yellow

❹ 청각

소리를 듣는 감각으로 높은음, 낮은음, 표준음, 탁음 등이 있다. 색채와 음악을 일치시키려는 노력들이 있었으나 공통의 이론으로 발전하지는 못했다.

❺ 시각

이텐과 함께 칸딘스키, 베버, 페흐너, 파버 비렌 등이 연구하였으며 색채와 모양에 대한 공감각적 연구를 통해 색채와 모양의 조화로운 관계성을 추구했다.

빨강	정사각형
주황	직사각형
노랑	(역)삼각형
녹색	육각형
파랑	원
보라	타원형
갈색	마름모

05 | 색채조화와 배색

가. 색채조화

(1) 색채조화론의 성립과 발달 (2004년 5회)(2008년 5회)(2009년 1회)(2011년 4회)(2014년 4회)(2014년 5회)(2015년 4회)

① 색채조화란 목적에 적합한 색, 즉 연관된 부분들 사이의 일관성 있는 질서와 균형을 이루기 위해 색을 적절히 사용하여 즐거움을 주는 색채조합을 말한다. 19C 중엽 쉐브럴에 의해 이론이 시작되었다.

② 색채조화는 서로 다른 것들이 대립하면서도 통일된 인상을 주는 미적 원리로 사회적 · 문화적 요소 외에도 수많은 요소에 따라 다르게 표현된다.

③ 색채조화는 주관적 태도의 영역에서 객관적 이론의 영역으로 옮겨져야 한다. 색상, 명도, 채도의 차이가 기초가 되며, 두 색 또는 그 이상의 색채 연관효과에 대한 가치평가를 말한다.

(2) 색채조화론(쉐브럴, 저드, 파버 비렌, 요하네스 이텐 등)

1) 쉐브럴의 색채조화론 (2004년 4회)(2005년 2회)(2008년 5회)(2009년 1회)(2010년 5회)(2013년 2회)

① 근대 색채조화론의 선구자로 평가받는 프랑스 화학자 쉐브럴은 1839년 '색채조화와 대비의 원리'라는 책을 출간해 유사와 대조의 조화를 분류하고 설명했다.

② 본인이 만든 색의 3속성에 근거를 두고 동시대비의 원리, 도미넌트 컬러, 세퍼레이션 컬러, 보색배색 조화 등의 법칙을 정리했고, 독자적 색채체계를 확립했다. 그의 이름은 오늘날 색채 조화론의 기초를 세워 현대 색채조화론의 출발점이 되었다.

동시대비의 원리	명도가 비슷한 인접 색상을 동시에 배색하면 조화된다.
도미넌트 컬러 조화	지배적인 색조의 느낌, 즉 통일감이 있어야 조화된다.
세퍼레이션 컬러 조화	두 색이 부조화일 때 그 사이에 흰색 또는 검은색을 더하면 조화된다.
보색배색의 조화	두 색의 원색에 강한 대비로 성격을 강하게 표현하면 조화된다.

③ 색의 3속성에 근거하여 유사성과 대비성의 관계에서 색채 조화원리를 규명하고, 등간격 3색의 인접색의 조화 , 반대색의 조화, 근접보색의 조화를 설명했다. 계속대비 및 동시대비의 효과에 대한 그의 그림도판은 후에 비구상화가들에게 영향을 끼쳤으며 염색이나 직물연구를 통하여 색의 조화와 대비의 법칙을 발견하였다. 병치혼합에 대한 그의 연구는 인상주의, 신인상주의에 영향을 끼쳤다.

2) 저드(D. B. Judd)의 색채조화 4원칙

(2004년 1회)(2005년 2회)(2006년 4회)(2007년 1회)(2010년 1회)(2011년 2회)(2012년 1회)(2012년 2회)(2012년 5회)(2013년 1회)(2013년 2회)(2014년 5회)(2016년 4회)

① "색채조화는 좋고 싫음의 문제이며, 정서반응은 사람에 따라 다르고, 동일인이라도 주어진 환경에 따라 다를 수 있다."라고 설명했다.

② 색채조화 4원칙으로 질서의 원리, 비모호성의 원리(명료성의 원리), 동류(친근성)의 원리, 유사의 원리로 나눴다.

3) 파버 비렌의 색채조화론 (2005년 5회)(2007년 2회)

① 색채의 지각은 정신적 반응에 지배된다고 전제하고, 색삼각형의 연속된 선상에 위치한 색들은 서로 조화한다고 주장하였다.

② 오스트발트 조화론과 유사하지만, 색삼각형을 색채군으로 묶어 단순하게 표현하였다.

③ 회색조(gray), 밝은색조(Tine), 어두운 색조(shade), 톤(tone)을 기본구성으로 한다.

④ 조화란 질서라 정의하고, 제품, 비즈니스, 환경 색채 등 응용분야에 적합한 이론을 발표하였다.

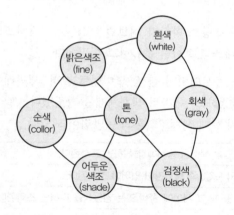

4) 요하네스 이텐의 색채조화론

색채와 모양에 대한 공감각적 연구를 통해 색채와 모양의 조화로운 관계성을 추출했으며 자신의 12색상환을 기본으로 등거리 2색조화(보색관계의 색은 조화로운 화음을 만든다), 3색조화(정삼각형 꼭짓점 안에 3색은 조화롭다), 4색조화(정사각형 꼭짓점 안에 있는 4색은 조화롭다), 5색조화(오각형과 3색조화와 흑과백을 연결하면 조화롭다), 6색조화(육각형과 4색조화와 흑과백을 연결하면 조화롭다)의 이론을 발표했다.

이텐의 12색 조화　　2색 조화　　3색 조화　　4색 조화　　6색 조화

5) 문 · 스펜서의 색채조화론 (2004년 2회)(2014년 4회)

① 메사추세츠공대의 문(P. Moon)교수와 조교수 스펜서(D. E. Spenser)가 함께 먼셀 시스템을 바탕으로 한 색채조화론을 미국광학회(OSA)의 학회지에 발표하였다. 과학적이고 정량적인 색채조화를 추구하였으며 수학적 공식을 사용해 정량적으로 이론화한 색채조화론이다.

② 지각적으로 고른 감도의 오메가 공간을 만들어 먼셀 표색계의 3속성과 같은 개념인 H, V, C 단위로 설명하였다. (2006년 2회)(2008년 2회)(2009년 4회)(2013년 4회)(2014년 2회)

③ 조화를 미적 가치를 가지는 것이라 하였고, 부조화는 미적 가치가 없는 것으로 규정했다. 조화를 이루는 배색은 동일조화, 유사조화, 대비조화의 3가지로 인접한 두 색 사이에 3속성에 의한 차이가 애매하지 않으며 쾌감을 주는 것이라고 하였다. 부조화를 일으키는 배색은 색의 3속성에 의한 차이가 애매하며 불쾌감을 주는 것으로 제1부조화, 제2부조화, 눈부심으로 나누었다.

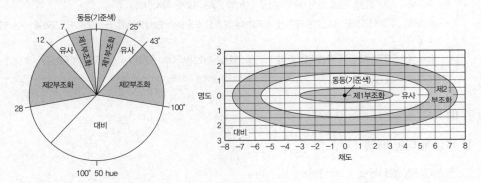

나. 배색

(1) 배색의 정의 (2005년 4회)(2010년 2회)(2010년 4회)(2015년 1회)

① 두 가지 이상의 색을 기능과 목적 또는 효용에 따라 어울리게 하여 배합하는 것을 배색이라 한다. (2005년 1회)(2012년 4회)(2012년 5회)

② 배색 시 주가 되는 색을 주조색이라고 하는데, 색채계획에서 70% 이상을 차지하는 색으로 전체의 느낌을 전달하고 색채효과를 좌우하게 된다.

> **POINT 색채계획 시 배색방법** (2006년 1회)(2012년 5회)(2014년 2회)
> • **주조색** : 전체적인 느낌을 전달하는 색으로 전체의 70% 정도를 차지한다.
> • **보조색** : 주조색 다음으로 넓은 공간을 차지하며 보조요소들을 배합색으로 취급함으로써, 변화를 주는 역할을 한다.
> • **강조색** : 디자인 대상에 악센트를 주어 포인트 역할을 하는 색으로, 전체의 5% 정도를 차지한다.

(2) 배색의 느낌 (2005년 4회)(2007년 4회)(2007년 5회)(2009년 1회)(2010년 5회)(2011년 2회)

1) 색상에 의한 배색 (2012년 5회)

① 동일색상의 배색 (2012년 1회)(2015년 5회)

따뜻함, 차가움, 부드러움, 딱딱함 같은 통일된 감정을 가질 수 있다.

② 유사색상의 배색

(2004년 2회)(2004년 5회)(2009년 4회)(2010년 1회)(2011년 1회)(2013년 5회)(2014년 1회)(2015년 2회)(2016년 4회)

협조적, 온화함, 상냥함의 감정을 가질 수 있다.

③ 반대색상의 배색 (2004년 1회)(2006년 5회)(2010년 5회)(2016년 1회)

화려하고 자극이 강하며 동적이고 생생한 느낌을 준다. 액티브 웨어에 많이 활용된다.

2) 명도에 의한 배색

① 고명도의 배색 : 고명도끼리의 배색은 맑고 명쾌하고 깨끗한 느낌을 준다.

② 명도차가 큰 배색 : 명도차가 크면 뚜렷하고 확실하며 명쾌한 느낌을 준다.

3) 채도에 의한 배색

① 고채도의 배색 : 고채도끼리의 배색은 매우 화려하고 자극적이며 산만한 느낌을 준다.

② 저채도의 배색 : 저채도끼리의 배색은 부드럽고 온화한 느낌을 준다.

③ 채도차가 큰 배색 : 색의 면적을 조절하여 안정된 느낌을 갖도록 한다.

4) 동일한 톤에 의한 배색 (2006년 2회)(2015년 2회)(2015년 5회)

차분하고 정적이며 통일감을 준다.

(3) 색채배색의 분리효과(세퍼레이션 효과)

① 색채 배색 시 색들을 분리시키는 효과이다. 즉 색의 대비가 심하거나 비슷하여 애매한 인상을 줄 때 세퍼레이션(seperation) 컬러를 삽입하면 명쾌한 느낌을 준다.

② 세퍼레이션 컬러는 주로 무채색을 사용한다. 예를 들어 어두운 색 사이에 밝은 회색들을 삽입하면 경쾌한 이미지가 살아난다. 만화 또는 캐릭터, 일러스트레이션, 스테인드 글라스 기법 등에 사용된다.

(4) 연속배색의 효과(그러데이션 배색)

① 색이 연속으로 이어지는 느낌으로 배색하는 것을 말하며 그러데이션(gradation) 배색 효과라고도 한다. 연속효과를 통해 율동감을 주고 색상이나 명도, 채도, 톤 등이 단계적으로 변화되는 배색이다.

② 색채와 색조의 변형으로 색채가 조화되는 시각적 유목감을 주며 색상, 명도, 채도, 톤의 변화를 통한 조화를 기본 기능으로 리듬감이나 운동감을 주는 배색으로 자연의 색상배열 속에서 볼 수 있다.

(5) 기타 배색 효과

1) 톤온톤(Tone on Tone) 배색 (2008년 1회)(2016년 2회)

① 톤온톤, 즉 톤을 겹치게 한다는 의미이며, 동일 색상으로 두 가지 톤의 명도차를 비교적 크게 잡은 배색이다. 세 가지 이상의 여러 색을 사용하는 같은 계열 색상의 농담 배색도 톤온톤에 포함된다.

② 회화기법의 키아로스쿠로(Kiaroscuro)나 그리자일(Grisaill)과 같은 종류의 배색법으로 동일, 인접, 유사색상의 범위에서 명도차를 두어 배색하는 기법이다.

2) 톤인톤(Tone in Tone) 배색

유사색상의 배색처럼 톤과 명도의 느낌은 그대로 유지하면서 색상을 다르게 배색하는 것으로 톤은 같지만 색상이 다른 배색기법이다.

3) 까마이외(Camaieu) 배색

동일한 색상에 톤의 변화가 적은 배색으로 색상과 톤의 차이가 거의 없는 배색기법이다. 톤온톤과 비슷한 배색이지만 톤의 변화폭이 매우 작다.

4) 포 카마이외(Faux Camaieu) 배색

① 까마이외 배색과 거의 동일한 배색기법으로 '가짜, 모조'의 뜻을 가진다. 포 카마이외 배색이 까마이외 배색과 다른 점은 주위의 색상과 유사톤으로 배색하는 데 있다. 까마이외 배색처럼 거의 차이가 나지 않는다.

② 전통적인 패션세계에서는 톤이나 색상의 차가 적어 온화한 느낌의 배색을 총칭하기도 하며 이질적인 소재를 조합함으로써 생기는 미묘한 색의 배색을 가리킨다.

5) 토널(Tonal) 배색

'색조' '음조'의 뜻을 가지며, 배색의 느낌은 톤인톤 배색과 비슷하지만 중명도, 중채도의 색상으로 배색되기 때문에 안정되고 편안한 느낌을 가지며, 다양한 색상을 사용한다는 점에서 톤인톤 배색과 차이가 있다.

6) 비콜로(Bicolore) 배색

국기의 배색에서 나온 기법으로 하나의 면을 2가지 색으로 배색한 것을 말한다. 대부분 white와 vivid tone의 색상을 사용하기 때문에 분명한 대비효과와 단정한 느낌을 준다.

⑩ 파키스탄, 포르투칼, 알제리의 국기 등

7) 트리컬러(Tricolor) 배색

비콜로 배색과 동일하게 국기의 배색에서 나온 기법으로 한 면을 3가지 색으로 배색한 것을 말한다. 비콜로 배색처럼 white와 채도가 높은 두 개의 vivid tone의 색상을 사용하기 때문에 강렬하면서도 대비효과와 안정감이 높은 배색효과를 얻을 수 있다.

⑩ 프랑스, 벨기엘, 이탈리아, 멕시코, 페루, 루마니아, 아프리카 신생국 등의 국기

다. 색채조절

1930년 초 미국의 뒤퐁(Dupont)사에서 처음 사용했으며, 색이 가지고 있는 심리적, 생리적, 물리적 성질을 근거로 과학적으로 색을 선택하는 객관적인 방법으로 색채관리, 색채조화, 심리학, 생리학, 조명학, 미학 등에 모두 사용되며, 색채조절을 통해 능률성, 안정성, 쾌적성을 만족시킬 수 있다.

(1) 색채조절의 목적 (2005년 5회)(2007년 4회)(2011년 2회)(2012년 1회)

① 기분이 좋아진다.
② 눈의 피로가 감소된다.
③ 생활이나 작업에 힘을 북돋워 준다.

④ 판단이 보다 빨라진다.

⑤ 사고나 재해가 감소된다.

⑥ 능률이 향상되어 생산력이 높아진다.

⑦ 정리, 정돈 및 청결이 유지된다.

⑧ 유지, 관리가 경제적이며 쉬워진다.

(2) 안전색채

① **빨강** : 고도의 위험, 금지. 긴급 등의 표시(소방기구, 금지표시, 방화표지, 화약경고표 등에 사용)

② **초록** : 안전표시(구급장비, 상비약, 의약품, 대피소 위치표시, 구호표시, 노동 위생기 등에 사용)

③ **노랑** : 주의, 경고표시(장애물 또는 위험물 대한 경고, 감전 주의표시, 바닥돌출물 주의표시 등에 사용)

④ **보라** : 방사능 표시

⑤ **파랑** : 지시표시(의무적 행위의 지시 등에 사용)

⑥ **백색** : 통로의 표시, 방향지시, 정돈과 청결

핵심요약정리 및 체크리스트

[꼭 이해하고 넘어가야 할 핵심내용입니다. 아래 내용의 80% 이상을 암기하지 못했다면 다시 공부하세요.]

1. 혼색계 : CIE 표준표색계, 오스트발트 표색계
   현색계 : (   ), NCS, PCCS, DIN

   먼셀 표색계

2. 먼셀은 기본색상(H, Hue)을 (   ), 황(Y), 녹(G), (   ), 자(P)의 5원색 기준으로 하고 중간에 주황(YR), 연두(GY), 청록(BG), 남색(PB), 자색(RP)을 넣어 10색으로 나누고 있다.

   적(R), 청(B)

3. 먼셀의 명도(V, Value)는 총 (   ) 단계로 나뉜다.

   11

4. 먼셀의 채도(C, Chroma)는 (   ) 단계로 나뉜다.

   14

5. 먼셀 기호는 H V/C로 표시하며 (   )(H) (   )(V)/채도(C)를 의미한다.

   색상, 명도

6. (   )란 색의 3속성에 기반을 두고 색채를 3차원적인 공간에 질서 정연하게 계통적으로 배치한 3차원적 표색 구조물을 말한다.

   색입체

7. 오스트발트 색체계의 혼합비는 검정량(B) + 흰색량(W) + 순색량(C) = (   )%로 한다.

   100%

8. 색명법에는 기본색명법과 일반적으로 부르는 기본색명에 형용사를 붙여서 사용하는 일반색명법, 그리고 예전부터 전해 내려오면서 습관적으로 사용하는 (   ) 색명법이 있다.

   관용(고유)

9. 오방색(五方色)
   ① 청(靑) : (   )
   ② 백(白) : (   )
   ③ 적(赤) : (   )
   ④ 흑(黑) : 북쪽
   ⑤ 황(黃) : 중앙

   동쪽, 서쪽, 남쪽

10. 두 가지 색을 동시에 볼 때 일어나는 현상으로 시점을 한 곳에 집중시키려는 색채지각 과정에서 순간적으로 일어나는 것을 (   )대비라 한다.

    동시

11. ( )대비는 두 색의 대비로 인해 색상차가 크게 느껴지는 현상이다. 다른 두 색을 인접시켜 놓았을 경우 서로의 영향으로 색상차가 크게 보이는 것이다.

색상

12. ( )대비는 명도가 다른 두 색이 있을 때 밝은 색은 더 밝게, 어두운 색은 더욱 어둡게 보이는 현상을 말한다.

명도

13. ( )대비는 경계면, 즉 색과 색이 접해 있는 부분의 대비가 가장 활발하게 일어나는 현상을 말한다.

연변

14. ( )대비는 어떤 색을 보다가 다른 색을 보면 먼저 본 색의 영향으로 다음에 보는 색이 실제와 다르게 보이는 것을 말한다.

계시

15. 색의 ( )현상은 색들끼리 서로 영향을 주어 인접색에 가깝게 느껴지는 현상으로 색의 대비효과와는 반대되며, 복잡하고 섬세한 무늬에서 많이 나타난다.

동화

16. ( )잔상은 원래 감각과 반대되는 밝기나 색상을 띤 잔상으로 수술 도중 청록색 아른거리는 예에서 볼 수 있다.

부의

17. ( )잔상은 원래 감각과 같은 정도의 밝기나 색상을 띤 잔상을 말한다. 예로 TV 또는 영화 등이 있다.

정의

18. ( )은 색 자체가 명시도처럼 두 가지 색이 배색되지 않고 한 색으로 눈에 띄는 것을 말한다.

주목성

19. ( )은 두 가지 색의 차이로 인해 가시성이 높아지는 현상으로 명시도를 높이기 위해서는 명도 차를 크게 하면 되는데, 안전색상에 많이 사용된다.

명시성(시인성)

20. 진출색 : ( ), 고명도, 고채도, 유채색
후퇴색 : ( ), 저명도, 저채도, 무채색

난색, 한색

21. 색의 온도감은 색의 3속성 중 ( )과(와) 관련이 있다.

색상

22. 색의 중량감은 색의 무겁고 가벼운 느낌을 말하는 것으로 ( )의 영향이 가장 크다.

명도

23. 붉은색 계열은 시간이 ( ) 느껴지고, 파란색 계열은 ( ) 느껴진다. 또한 붉은색 계열이 빠르게 느껴지고, 파란색 계열이 느리게 느껴진다.

길게, 짧게

24. 색의 연상
　① 주황 : 원기, 적극, 희열, 풍부
　② (　　) : 열, 위험, 분노, 열정, 일출, 자극, 능동적, 화려함, 십자가, 혁명, 사랑
　③ (　　) : 금발, 경고, 유쾌함, 떠들썩한, 가치 있는, 금, 바나나, 팽창, 희망, 광명
　④ 연두 : 잔디, 새싹, 초여름, 어린이, 친애, 젊음, 신선함
　⑤ (　　) : 평화, 고요함, 바다, 나뭇잎, 소박함, 안식, 피로회복, 안전, 지성, 평화, 여름, 휴식, 생명
　⑥ 파랑 : 차가움, 시원함, 바다, 푸른 옥, 추위, 무서움, 봉사, 냉정, 우울, 명상, 심원, 성실, 영원
　⑦ 남색 : 천사, 숭고함, 영원, 신비, 정화, 살균, 출산
　⑧ 보라 : 외로움, 고귀함, 슬픔에 잠긴, 그림자, 부드러움, 창조, 예술, 우아, 신비, 신앙, 향수, 겸손, 기억, 인내, 절대적 지배력, 힘, 고귀함, 정령
　⑨ 자주 : 애정, 성적, 코스모스, 창조, 복숭아
　⑩ 흰색 : 청결, 소박, 순수, 순결, 흰 눈, 공간적 밝음, 솔직함, 유령, 텅 빈, 추운, 영적인
　⑪ 회색 : 겸손, 우울, 점잖음, 무기력, 중성색, 고독감, 고상
　⑫ 검정 : 밤, 부정, 죄, 흑장미, 허무, 죽음, 장례식, 암흑, 절망

빨강, 노랑, 초록

25. 색의 (　　)은 동시에 다른 감각을 함께 느끼는 것을 의미한다. 어떤 감각에 자극이 주어졌을 때, 다른 영역의 감각을 불러일으키는 감각 간의 전이현상, 즉 '감각 간의 교류현상'으로 강한 식욕감을 주는 색은 (　　)이다.

공감각, 주황색

26. 근대 색채조화론의 선구자로 평가받는 프랑스 화학자 (　　)은 1839년 '색채조화와 대비의 원리'라는 책에서 유사와 대조의 조화를 분류하여 조화를 설명하면서 동시대비원리, 도미넌트 컬러, 세퍼레이션 컬러, 보색배색 조화 등의 법칙을 정리했다.

쉐브럴

27. 저드의 색채조화 4원칙은 (　　)의 원리, 비모호성의 원리(명료성의 원리), 동류(친근성)의 원리, (　　)의 원리이다.

질서, 유사

28. (　　) 색채조화론은 과학적이고 정량적인 색채조화를 추구하였고 수학적 공식을 사용해 정량적으로 이론화한 색채조화론이다. 지각적으로 고른 감도의 오메가 공간을 만들어 먼셀 표색계의 3속성과 같은 개념인 H, V, C 단위로 설명하였다.

문 · 스펜서

29. 색채계획 시 배색방법

　① 주조색 : 전체적인 느낌을 전달하는 색으로 전체 면적의 (　　)% 정도를 차지한다.

　② 보조색 : 주조색 다음으로 넓은 공간을 차지하며 보조요소들을 배합색으로 취급함으로써, 변화를 주는 역할을 한다. 약 (　　)% 정도의 면적을 차지한다.

　③ 강조색 : 디자인 대상에 악센트를 주어 포인트 역할을 하는 색으로, 전체 면적의 (　　)% 정도를 차지한다.

70, 25, 5

30. (　　) 배색이란 톤을 겹치게 한다는 의미로 동일 색상으로 두 가지 톤의 명도차를 비교적 크게 잡은 배색이다.

톤온톤

제2강 제도

01 | 제도 일반

(1) 제도(drawing)의 정의 (2008년 5회)(2009년 1회)

설계자의 의도를 상대방에게 정확하게 전달할 목적으로 물체의 크기나 모양을 일정한 규칙과 규격에 의해 평면에 작성하는 것을 말한다. 우리나라는 정확한 소통을 위해 한국산업규격(KS)에서 공통되는 기본적인 제도규칙을 규정하고 있다.

(2) 도면의 분류

1) 용도에 의한 분류 (2006년 2회)

① 계획도(scheme drawing) : 설계자의 의도를 명시하는 도면
　　예 도시계획, 지역계획, 매립계획, 토지조성계획 등

② 제작도(working drawing) : 설계자의 뜻을 작업자에게 완전하게 전달할 수 있는 충분한 내용과 제품의 모양, 크기, 구조, 재료, 부품의 조립방법. 가공의 용이성과 제작비 절감이 요구되는 도면 (2006년 1회)(2013년 4회)

③ 주문도(drawing for order) : 주문하는 사람이 주문받는 사람에게 필요한 물품을 지시하는 도면

④ 승인도(approved drawing) : 주문하는 사람에게 승인을 받기 위해 발주자가 승인한 도면

⑤ 시방서(specification) : 설계도로 나타낼 수 없는 재료의 특성, 제품(공사)성능, 제조(시공)방법 등을 문장과 숫자로 표시한 도면으로 공사 따위의 순서를 적은 문서 (2006년 2회)(2010년 5회)

⑥ 설명도(explanation drawing) : 제품의 구조, 기능, 사용법 또는 공사의 개요, 방법 등을 설명하기 위한 도면 (2013년 1회)

⑦ 견적도(drawing for estimate) : 견적을 위한 도면으로 견적서에 첨부하여 조회자에게 주는 도면

2) 내용에 의한 분류 (2015년 5회)

① 조립도(assembly drawing) : 조립을 나타내는 도면

② 부품도(part drawing) : 부품 상세도로 기계를 구성하는 각 부품을 개별적으로 상세하게 나타낸 도면

③ 상세도(detail drawing) : 특정부분을 상세하게 나타낸 도면 (2011년 4회)(2012년 1회)(2016년 4회)

④ 공정도(process drawing) : 전체 공사과정을 한눈에 볼 수 있도록 도식한 도면

⑤ 전개도(development) : 입체도형을 평면으로 펴놓은 도면

⑥ 배치도(block plan) : 공장 내부의 기계 등의 설치위치를 나타내는 도면

3) 작성방법에 의한 분류

① 스케치도(sketch drawing) : 제도 초기에 연필로 자유스럽게 그리는 도면

② 원도(original drawing) : 켄트지 등의 제도 용지에 처음으로 그리는 도면

③ 사도(traced drawing) : 원도 위에 트레이싱 페이퍼를 올려놓고 연필이나 먹물로 그리는 도면

④ 청사진도(blue print) : 사도가 여러 장 필요할 경우 청색의 감광지에 복제하여 사용하는 도면

(3) 도면의 크기 (2004년 5회)(2005년 5회)(2006년 4회)(2007년 1회)(2009년 2회)(2010년 1회)(2012년 1회)(2016년 1회)

도면의 크기는 도형의 크기나 수량 등을 표시하며 기계제도에는 KS A 0005에 따라 A열 사이즈 제도용지를 사용한다. A열 제도용지의 짧은 변과 긴 변의 비는 1 : √2이다.

(단위 : mm)

크기의 호칭	A0	A1	A2	A3	A4	A5
규격	841×1,189	594×841	420×594	297×420	210×297	148×210

제도문자
- 제도문자는 KS A 0107 표시규격을 기준으로 한다.
- 문자의 크기는 문자의 높이를 나타낸다. (2004년 4회)(2009년 4회)(2015년 1회)
- 고딕체는 수직 또는 15° 경사로 입력한다. (2004년 1회)(2006년 4회)(2011년 2회)
- 한글의 선의 굵기는 문자 높이의 1/9이 적당하다. (2006년 2회)
- 도면에서는 그림의 크기나 축척의 정도에 따라 문자의 크기를 달리한다.
- 영자는 주로 로마자의 대문자를 사용하나 필요에 따라 소문자도 사용한다.

(4) 도면양식에 꼭 첨가되어야 할 양식 (2006년 5회)

① 윤곽선(borderline) : 도면의 영역을 지정하기 위한 테두리선

② 표제란(title panel) : 도면의 설명서로 오른쪽 하단에 위치하며 도번, 도명, 날짜, 척도,

투사법, 책임자 성명, 도면에 대한 기타 사항 등을 기록하는 난

③ 중심마크 : 도면의 십자마크 형태의 중심선

(5) 제도의 규격

제정 연도	규격기호	국가명
1966년	KS (Korea Industrial Standards)	한국
1901년	BS (British Standard)	영국
1917년	DIN (Deutsche Industrie Norm)	독일
1918년	ASA (American Standards Association)	미국
1947년	ISO (International Standard Organization)	국제표준
1952년	JIS (Japanese Industrial Standards)	일본

(6) 제도 용구

① 컴퍼스(compass) : 원, 원호를 그릴 때 사용하는 도구

② 디바이더(divider) : 선을 균등하게 분할하거나 일정한 길이를 옮길 때 사용한다.
(2005년 2회)(2005년 5회)(2008년 4회)(2011년 5회)(2012년 2회)(2012년 5회)

③ 운형자(french curve) : 구름 모양의 자유롭게 생긴 자로서 컴퍼스로 그리기 어려운 곡선, 원호를 그릴 때 사용한다. (2014년 1회)

④ 템플릿(template) : 원, 다각형 등의 일정한 형태를 일정한 비율로 변화를 주면서 구멍을 뚫어 놓은 자 (2015년 2회)

⑤ 자유곡선자(adjustable curve ruler) : 컴퍼스나 자를 이용하여 그릴 수 없는 자유로운 곡선을 그릴 때 사용한다.

⑥ 각도기(protractor) : 방향과 각도를 측정하는 장치

⑦ 먹줄펜(ruling pen) : 일명 '오구'라 하며 먹물, 잉크 등을 넣어 사용한다. 선을 긋거나 컴퍼스에 부착하여 원을 그릴 때 사용하나 최근에는 전용 잉크펜이 있어 거의 사용하지 않는다.

⑧ T자(T-square) : 수평선, 수직선을 긋거나 삼각자를 이용해 사선, 수직선을 그릴 때 사용한다. (2009년 5회)(2014년 1회)

⑨ 축척자(스케일자) : 도면의 축척에 따라 길이를 알 수 있는 자 (2016년 1회)

(7) 선의 종류와 용도 (2006년 5회)(2008년 2회)(2010년 2회)(2013년 2회)

굵은 실선	▬▬▬▬▬	물체의 보이는 부분 표시	외형선, 단면선 (2005년 2회)(2014년 2회)(2014년 4회)
가는 실선	————		치수선, 치수보조선, 인출선, 해칭선(도형의 특정부분을 다른 부분과 구분하는 데 사용), 지시선, 파단선(일부를 떼어 내는 경계를 표시), 회전단면선(도형 내의 그 부분의 끊은 곳을 90° 회전하여 표시) (2007년 4회)(2007년 5회)(2010년 4회) (2011년 4회)(2012년 1회)(2014년 4회) (2015년 5회)(2016년 4회)
점선	-------------	물체의 보이지 않는 부분 표시	숨은선(은선, 파선) (2005년 5회)(2007년 5회)(2008년 1회) (2008년 4회)(2010년 5회)(2011년 2회) (2015년 4회)(2016년 4회)
일점쇄선	— - — - —	물체의 중심 표시	중심선, 상상선, 절단선, 기준선, 피치선(나사의 피치를 나타내는 선) (2004년 1회)(2007년 5회)(2011년 5회) (2012년 4회)(2015년 1회)(2015년 2회)
이점쇄선	— - - — - - —	가상되는 부분	가상선, 무게중심선

> **POINT 선을 긋는 순서** (2005년 4회)(2012년 1회)(2012년 2회)(2013년 4회)(2016년 2회)
>
> 외형선 → 숨은선 → 절단선 → 중심선 → 치수보조선

(8) 척도(Scale) (2004년 2회)(2004년 4회)(2004년 5회)(2008년 4회)(2009년 5회)

① 현척(실척, Fill Scale) : 실물 크기로 그린 것 (2010년 5회)

② 축척(Reduction Scale) : 실제 크기보다 축소하여 그린 것 (2006년 1회)(2007년 4회)(2013년 1회)

③ 배척(Enlargement Scale) : 실물보다 확대해서 그린 것
(2008년 1회)(2009년 2회)(2010년 2회)(2012년 2회)(2015년 1회)

④ NS(Not to scale) : 도면의 형태가 치수와 비례하지 않을 때의 도면으로 표제란에 기입한다. (2014년 2회)

종류	척도
실척	1/1
축척	1/2 1/2.5 1/3 1/4 1/5(1/8) 1/10 1/20 (1/25) 1/50 1/100 (1/250) (1/500)
배척	2/1 5/1 10/1 20/1 50/1 100/1

(9) 치수기입법 (2004년 5회)(2007년 2회)(2009년 2회)(2010년 2회)(2011년 5회)(2013년 5회)(2014년 4회)(2015년 4회)(2016년 1회)

① 제도의 기본 치수단위로는 mm를 사용한다.(단, mm 기호는 도면에서 보통 생략한다.)
(2013년 2회)

② 치수 기입에는 치수선, 치수보조선, 인출선을 사용한다.

③ 치수는 치수선에서 1~2mm 정도 띄어서 표시한다. 소수점도 사용할 수 있다. (2008년 4회)

④ 치수는 치수선 중앙의 위쪽에 평행이 되도록 쓴다.

⑤ 치수는 특별히 명시하지 않는 한 가공 완성치수(가공이 쉽고 가공비가 적게 들도록 제품의 제작하는 최종 치수)를 표기한다. (2012년 5회)

⑥ 치수는 될 수 있는 한 정면도에 집중한다.

⑦ 각도의 필요에 따라 분, 초 단위도 함께 사용이 가능하다. 각도의 단위로는 도(°)를 사용한다.

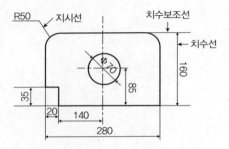

(10) 기호의 종류 (2004년 5회)(2014년 1회)

① **지름** : ∅, 원의 지름을 나타낼 때 (2011년 1회)(2013년 5회)(2015년 1회)

② **반지름** : R, 원의 반지름을 나타날 때 (2015년 2회)

③ **구면기호** : S, 물체가 구면일 때 치수 수치 앞에 표시한다. (2009년 1회)(2011년 2회)

④ **모따기** : C, 물체의 모서리를 각지게 비스듬이 잘라내는 표시
(2005년 1회)(2009년 4회)(2010년 4회)(2016년 2회)

⑤ **원호** : ⌒, 원호의 길이를 나타낼 때 사용

⑥ **두께** : t, 판의 두께를 나타낼 때 사용 (2005년 1회)(2005년 4회)(2007년 1회)(2011년 1회)

⑦ **정사각형** : □ 표시

(11) 제도연필의 종류 (2005년 1회)(2008년 5회)(2013년 2회)(2015년 1회)

① **H** : 딱딱한 정도를 나타난다. 숫자가 클수록 딱딱하다.(H, 2H, 3H, 4H 등)

② **B** : 부드러운 정도를 나타낸다. 숫자가 클수록 부드럽다.(B, 2B, 3B, 4B 등)

③ **HB** : 딱딱하고 부드러운 정도가 중간단계이며 일반 필기용으로 많이 쓴다.

종류	연한 심지		견고한 심지		
구분	6B ~ 2B, B	HB, H	2H ~ 4H	2H ~ 6H	7H ~ 9H
용도	스케치용	숫자, 문자용	제도용	상세도용	트레이싱용

02 | 평면도법

제도의 가장 기본이 되며, 말 그대로 여러 가지 도형을 기하학적으로 작도하는 방법으로 주어진 선분이나 각을 등분하거나 정다각형과 같은 평면도형을 평면상에 정확하게 그려내는 것이다.

① 선분의 2등분 (2012년 2회)

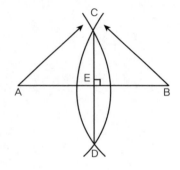

② 직선의 n등분 (2005년 1회)(2006년 5회)(2008년 1회)(2008년 2회)(2012년 1회)(2012년 4회)

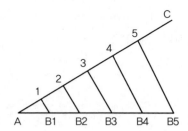

③ 직각의 3등분 _{(2006년 1회)(2011년 2회)(2013년 4회)(2016년 1회)}

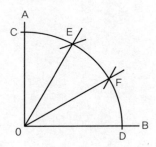

④ 원주에 근사한 직선 그리기 _{(2006년 4회)(2012년 1회)(2016년 2회)}

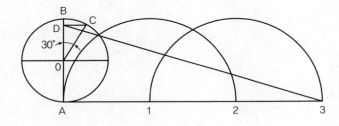

⑤ 주어진 각에 내접하는 원

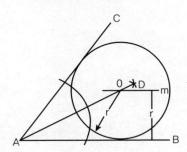

⑥ 원주 밖의 한 점에서 접선 긋기 _{(2006년 4회)(2007년 2회)(2008년 5회)(2009년 1회)(2011년 4회)(2013년 5회)}

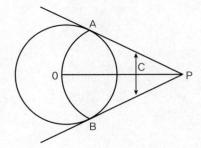

⑦ 정사각형에 내접하는 정팔각형

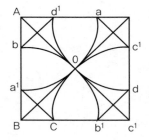

⑧ 원에 내접하는 정오각형

(2004년 1회)(2004년 2회)(2005년 2회)(2007년 1회)(2007년 4회)(2008년 1회)(2010년 5회)(2012년 5회)(2015년 4회)(2016년 4회)

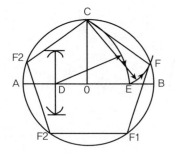

⑨ 정삼각형 안에 동일 크기인 세 개의 원

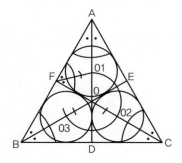

⑩ 두 원의 공동 외접선

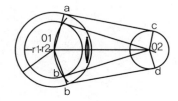

⑪ 두 원을 격리시킨 타원 그리기 (2015년 5회)

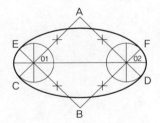

⑫ 아르키메데스 나사선 그리기 (2005년 1회)(2005년 2회)(2011년 1회)(2015년 5회)

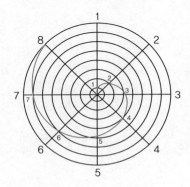

⑬ 두 원을 연접시킨 타원 (2004년 5회)(2007년 5회)(2010년 4회)

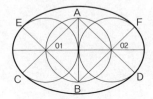

⑭ 각의 2등분 (2004년 4회)(2006년 4회)(2008년 2회)(2009년 4회)(2010년 5회)(2015년 1회)

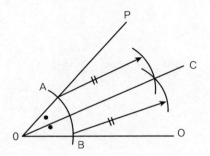

⑮ 원호의 n등분

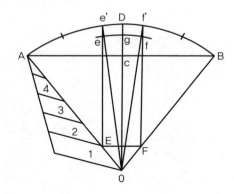

⑯ 원호와 같은 길이의 직선

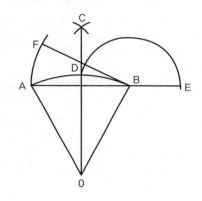

03 | 투상도법 <small>(2004년 2회)(2004년 5회)(2005년 1회)(2006년 1회)(2006년 4회)(2008년 2회)</small>

누구나 쉽게 이해하기 위해서 입체모양의 도형의 위치나 형상을 평면상에 그리는 것을 입체도법이라 한다. 입체도법에는 정투상도, 사투상도, 투시도가 있다. 투상이란 입체물의 정확한 형태 전달과 의도된 입체물을 제작하기 위한 도면 작성의 기초로서 크게 평행투상과 중심투상으로 나뉜다. <small>(2013년 1회)</small>

(1) 정투상도 <small>(2012년 2회)(2012년 4회)(2014년 5회)(2015년 1회)(2016년 2회)</small>

① 물체의 형을 각 방향의 면에 두어 투영된 면을 평면도, 정면도, 측면도와 같이 서로 다른 수직방향에서 보이는 대로 기록하는 투상도법이다.

② 물체의 형상을 쉽고 정확하게 표현할 수 있으며, 물체의 길이, 구조 등을 보기 편하도록 나타낼 수 있다.

③ 정투상법에는 제1각에 물체를 놓고 투상하는 제1각법과 제3각에 물체를 놓고 투상하는 제3각법이 있다.

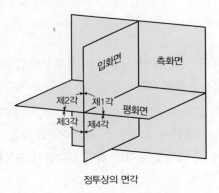

정투상의 면각

POINT 정투상의 원리 <small>(2012년 1회)</small>

• **정면도** : 물체의 형상과 기능이 가장 명료하게 나타나 있는 도면
  <small>(2004년 2회)(2006년 4회)(2009년 4회)(2012년 2회)(2013년 4회)</small>
• **우측면도** : 정면도를 기준으로 우측에서 본 도면 <small>(2006년 4회)(2007년 1회)</small>
• **좌측면도** : 정면도를 기준으로 좌측에서 본 도면
• **평면도** : 정면도를 기준으로 위에서 본 도면
• **저면도** : 정면도를 기준으로 아래에서 본 도면
• **배면도** : 정면도를 기준으로 뒤에서 본 도면

---

1) 제1각법(first angle projection) (2005년 1회)(2005년 4회)(2010년 4회)

① 1각법은 영국에서 발달한 정투상법으로 토목이나 선박제도 등에 많이 쓰인다.

② 화면의 앞쪽에 물체를 놓게 되므로 우측면도는 정면도 왼쪽에, 좌측면도는 정면도 오른쪽에, 정면도는 정면도의 위에, 그리고 평면도는 밑에 그린다. 1각법의 순서는 눈 → 물체 → 투상면이다.

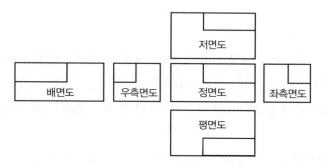

2) 제3각법(third angle projection)

(2004년 4회)(2007년 2회)(2007년 4회)(2008년 2회)(2009년 1회)(2009년 3회)(2009년 5회)(2010년 2회)(2010년 4회)(2011년 1회)(2011년 2회)(2012년 5회)(2013년 4회)(2013년 5회)(2014년 2회)(2015년 5회)

① 미국에서 발달하여 **빠른 속도로** 보급되었으며 가장 많이 사용되는 정투상도법으로 우리나라에서도 KS표준에서 제도 통칙으로 사용하고 있다. 정면도의 표현과 치수기입이 합리적이다. (2006년 1회)(2006년 5회)(2013년 2회)

② 화면의 뒤쪽에 물체를 놓는 것으로 정면도를 기준하여 그 좌, 우, 상, 하의 모양을 본 쪽에서 그리는 것이므로, 투상도의 상호 관계 및 위치를 보기가 쉽다. 3각법의 순서는 눈 → 투상면 → 물체이다. (2004년 2회)(2010년 1회)(2015년 5회)

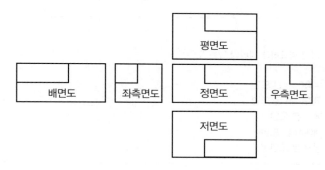

(2) 축측투상도 (2006년 5회)(2014년 5회)(2015년 1회)(2016년 4회)

물체의 모든 면을 투상면에 경사시켜 놓고 수직으로 투상하는 도면으로 입체에서 서로 직각하는 모서리를 세 축으로 하여 입체적으로 그린 투상도로 등각투상도, 이등각투상도, 부등각 투상도가 있다.

1) 등각투상도 (2004년 5회)(2005년 1회)(2005년 2회)(2007년 1회)(2007년 2회)

① 평면, 정면, 측면을 하나의 투상면 위에서 한 번에 볼 수 있도록 표현된 투상도

② 밑면의 모서리 선은 수평선과 좌우 각각 30°씩을 이루며, 물체의 모서리 세 축이 120°의 등각을 이룬다. (2012년 4회)(2015년 4회)(2016년 1회)(2016년 2회)

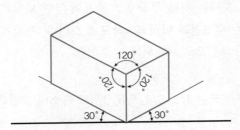

2) 부등각 투상도 (2004년 1회)(2007년 4회)(2016년 1회)

① 세 개의 축에 나란한 모든 모서리 선들이 각기 다른 각도를 만드는 경우로 그릴 때 3개의 축선이 서로 만나서 이루는 세 각들 중 두 각은 같게, 나머지 한 각은 다르게 그리는 투상도이다.

② 작도의 편의상 보통 수평면과 이루는 각도는 삼각자의 30°, 45°, 60°를 이용하는데 부등각 투상도는 30°, 60°를 사용하고, 2개의 경사축선이 이루는 각을 90°가 되도록 하면 윗면과 아랫면의 평면이 같아지므로, 여러 도면을 그리는 데 널리 이용된다.

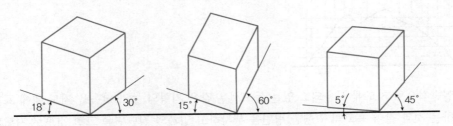

3) 이등각투상도 _{(2012년 2회)(2015년 4회)}

화면의 중심으로 좌우 각이 같고, 상하 각이 좌우 각과 다를 때의 축측 투상법

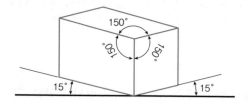

(3) 사투상 _{(2007년 1회)(2007년 5회)(2010년 4회)(2010년 5회)(2011년 1회)}

① 사투상은 투상선이 투상면을 사선으로 지나는 평행 투상으로 물체의 앞면 모서리는 수평선과 평행하게 하고, 옆면 모서리는 수평선과 임의의 α각도로 그린다. 투사선이 투상면에 경사져 물체의 세 면이 실제의 모양으로 표현된다.
_{(2012년 5회)(2013년 5회)(2014년 2회)(2014년 4회)}

② 길이와 높이는 현척으로 그리고 폭은 현척 또는 1/2, 3/4, 5/8, 3/8로 축소해 그린다.
_(2011년 4회)

(4) 표고투상 _{(2004년 1회)(2010년 1회)(2016년 2회)}

① 기준면을 정하여 기준면과 평행한 평면으로 같은 간격이 되도록 잘라 이것을 기준면 위에 투상한 수직투상을 말한다.

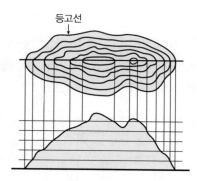

② 일반적으로 지도에 사용되고 있는 등고선은 같은 지형의 높고 낮음을 지도 위에 표시 하는 것과 같이 표고의 평행한 평면을 생각하고 입체의 절단면을 그린 것으로 지도의 산, 계곡의 표현 등에 사용된다.

(5) 단면도

물건의 내부구조를 명료하게 나타내기 위하여 이것을 절단한 것으로 가정한 상태에서 그 단면을 그린 그림으로 가려져 보이지 않는 부분을 알기 쉽게 나타내기 위하여 가상으로 절단하여 뒷부분만 나타낸 투상도이다. 원칙적으로 기본 중심선에서 절단한 면으로 나타나는데, 단면적인 것을 명확히 하려면 대칭을 하고 보다 명백하고 보기 쉽게 그려야 한다. (2008년 1회)(2009년 2회)(2013년 1회)

① 온 단면도(전 단면도) (2007년 4회)(2008년 5회)

물체의 기본적인 모양을 가장 잘 나타낼 수 있도록 물체의 중심에서 반으로 절단하여 도시한 단면도이다. 전개가 복잡한 조립도에서 많이 사용된다.

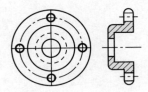

② 반 단면도(한쪽 단면도)

(2008년 1회)(2011년 1회)(2011년 2회)(2012년 2회)(2012년 4회)(2014년 1회)(2014년 5회)(2016년 4회)

대칭형인 물체의 외형과 내부의 구조 및 형태를 동시에 표시하는 단면도로 대칭 중심선의 1/4을 단면으로 표시하고 단면하지 않는 쪽의 숨은선은 생략한다.

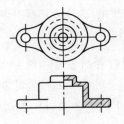

③ 부분 단면도 (2009년 5회)(2012년 2회)

일부분의 단면이 필요할 때 전체를 절단하면 필요한 부분의 외형을 표현할 수 없을 경우 사용되는 단면도로 파단한 곳을 불규칙한 가는실선으로 표시한다.

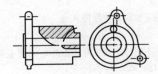

④ 회전 단면도 _{(2008년 5회)(2014년 1회)}

절단면을 90° 회전시켜 사용하며 핸들, 바퀴, 리브, 암 등의 단면을 표시하는 데 사용된다.

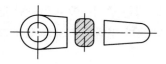

⑤ 계단 단면도 _{(2012년 4회)(2016년 4회)}

2개 이상의 절단면으로 필요한 부분을 선택하여 그린 단면도로 절단방향을 1점쇄선으로 표시한다.

04 | 투시도법

(1) 투시도법의 이해

① 투시도법은 사람의 눈으로 보는 것과 같이 먼 곳에 있는 것은 작게, 가까이 있는 것은 크게 나타내는 도법으로 원근화법이라고도 한다. 투시도법의 기본요소는 시점, 대상물, 거리이다. _{(2005년 1회)(2005년 2회)(2005년 4회)(2006년 2회)(2014년 1회)}

② 14세기 이탈리아 건축가 브루넬레스코와 레오나르도 다 빈치, 그리고 15세기 피렌체의 건축가인 알베르티의 회화론에 의해 원근법이 사용되었다.

③ 대상물과 눈 사이에 위치한 화면에 시점과 대상물을 연결한 투사선에 의해 대상물의 상이 그려지는 것을 투시도라 한다. 원근감, 기하학적 원근화법으로 사람의 눈으로 보는 것과 같이 원근법을 이용하여 물체의 형상을 하나의 화면에 그리는 도법이다. 투시도법의 소실점의 수에 따라 1소점, 2소점, 3소점 투시의 3종류로 분류된다.
_{(2004년 4회)(2007년 1회)(2007년 2회)(2007년 5회)(2009년 2회)(2010년 1회)(2011년 1회)(2013년 1회)(2013년 2회)(2014년 5회) (2016년 1회)(2016년 4회)}

> **POINT 각종 원근법**
> • **직선원근법** : 시점이 중요하며 건축과 같이 정확도를 요구하면서 원근법을 표현할 때 사용
> • **색채원근법** : 색채의 선명도 차이에 의해 표현하는 원근법
> • **대기원근법** : 공기의 작용으로 물체가 멀어짐에 따라 빛깔이 푸름을 더하고 채도가 감소하며, 물체 윤곽이 희미해지는 현상에 바탕을 두고 원근감을 나타내는 회화표현법(공기원근법, 스푸마토)
> • **과장원근법** : 화면에 드라마틱하고 다이내믹한 특성을 주기 위해 사용하는 방법
> • **사선원근법** : 평면인 종이 위에 실제 물체의 부피, 즉 3차원적인 두께를 나타내는 기법

(2) 투시도법의 용어 (2004년 1회)(2004년 4회)(2005년 1회)(2007년 4회)

① EP(Eye Point 시점) : 물체를 보는 사람의 눈 위치 (2010년 2회)

② SP(Standing Point 입점) : 관찰자가 서 있는 위치

③ PP(Picture Plane 화면) : 지표면에서 수직으로 세운 면 (2004년 2회)(2012년 1회)(2013년 4회)

④ GL(Ground Line 기선) : 화면과 지면이 만난 선 (2005년 5회)(2006년 5회)(2014년 5회)(2015년 4회)

⑤ HL(Horizontal Line 지평선) : 눈의 높이와 같은 화면상의 수평선 (2012년 2회)

⑥ VL(Visual Line 시선) : 물체와 시점 간의 연결선 (2014년 4회)

⑦ FL(Foot Line 족선) : 지표면에서 물체와 입점 간의 연결선, 즉 시선의 수평투상

⑧ VP(Vanishing Point 소점) : 투시에 있어서 원근 거리감에 따라 하나의 점에 결집된 곳
(2007년 2회)(2008년 2회)(2010년 4회)(2010년 5회)(2013년 2회)(2013년 5회)

⑨ GP(Ground Plane) : 기준이 되는 지반면 (2008년 4회)(2011년 1회)

⑩ CV(Center of Vision) : 시점의 화면상의 중심을 나타내는 기호 (2009년 5회)

⑪ DVP(diagonal Vanishing Point) : 대각선 방향에 생기는 소점 (2011년 4회)

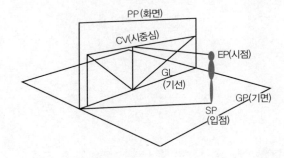

(3) 투시도의 종류 (2011년 4회)

1) 1점 투시도(평행 투시도)

(2004년 2회)(2005년 1회)(2005년 5회)(2006년 1회)(2006년 4회)(2008년 1회)(2008년 4회)(2009년 4회)(2009년 5회)(2010년 4회)(2012년 1회)(2013년 5회)(2014년 1회)(2014년 4회)(2016년 2회)

① 1점 투시도법은 물체에서 나오는 모든 선들이 하나의 소점으로 모여 깊이를 좌우하도록 작도하는 도법으로 물체의 크기와 모양을 간단하고 명확하게 나타낼 수 있어 인테리어 공간이나 건축설계에서 보편적으로 쓰인다.

② 평면도와 입면도에 의하여 투시도를 그리는 형식으로 한쪽 면에 특징이 집중되어 있는 물체를 표현하기에 적합하다.

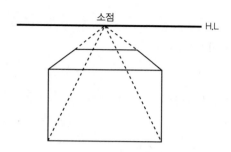

2) 2점 투시도(유각 투시도, 성각 투시도)

(2006년 1회)(2007년 1회)(2007년 5회)(2008년 5회)(2010년 1회)(2010년 2회)(2011년 5회)(2013년 1회)(2015년 2회)

① 소점이 2개인 경우의 투시도로 화면에 대하여 물체의 수직면들이 일정한 각도를 가지고 위 아래 면은 수평을 이룬다. (2004년 5회)(2005년 4회)

② 수직방향의 선은 각기 수직으로 평행하고 수평으로 평행한 선은 모두 좌우 각각의 소점으로 모인다. 일반적으로 건물 투시도에 사용된다. 화면 경사에 따라 45° 투시, 30°~60° 투시, 임의의 경사각 투시가 있다. (2004년 1회)(2005년 5회)(2006년 4회)(2011년 2회)

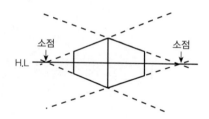

3) 3점 투시(사각 투시도) (2005년 2회)(2013년 4회)(2013년 4회)(2014년 2회)(2015년 2회)(2015년 5회)(2016년 1회)

① 소점이 3개이며 시점의 높이가 대상물의 높이에 비해 상당히 높을 경우에 활용되며 최대의 입체감을 표현할 수 있다. 주로 위에서 내려다보는 조감도의 느낌을 주는 투시도법이다. (2007년 4회)(2008년 5회)(2011년 1회)

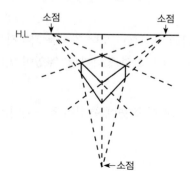

핵심요약정리 및 체크리스트

[꼭 이해하고 넘어가야 할 핵심내용입니다. 아래 내용의 80% 이상을 암기하지 못했다면 다시 공부하세요.]

1. 우리나라는 제도에서 정확한 소통을 위해 한국산업규격(　　)에서 공통되
   는 기본적인 제도규칙을 규정하고 있다.

   KS

2. (　　)는 설계자의 뜻을 작업자에게 완전하게 전달할 수 있는 충분한 내용
   을 담은 것으로 가공의 용이성과 제작비의 절감이 요구되는 도면을 말한다.

   제작도

3. 설계도로 나타낼 수 없는 재료의 특성, 제품(공사)성능, 제조(시공)방법 등
   을 문장, 숫자로 표시한 도면을 (　　)라 한다.

   시방서

4. 제도용지의 규격

크기의 호칭	A0	A1	A2	A3	A4	A5
규격	841×1,189	594×841	420×594	(　　)	210×297	148×210

   297×420

5. (　　　)는 선을 균등하게 분할하거나 일정할 길이를 옮길 때 사용하는
   제도도구이다.

   디바이더(divider)

6. 치수선, 치수보조선, 인출선, 해칭선, 지시선은 (　　)을 사용한다.

   가는실선

7. 물체의 보이지 않는 숨은선, 파선은 (　　)을 사용한다.

   점선

8. 물체의 중심선, 상상선, 절단선은 (　　)을 사용한다.

   일점쇄선

9. 선을 긋는 순서

   외형선 → 숨은선 → 절단선 → (　　) → 치수보조선

   중심선

10. 실물보다 확대해서 그리는 척도를 (　　)이라 한다.

   배척

11. 제도의 기본 치수단위로는 (　　)를 사용하는데 도면에서는 보통 생략한다.

   mm

12. 기호의 종류

   ① (　　) : Φ, 원의 지름을 나타낼 때
   ② 반지름 : R, 원의 반지름을 나타날 때
   ③ 구면기호 : S, 물체가 구면일 때 치수 수치 앞에 표시한다.
   ④ (　　) : C, 물체의 모서리를 각지게 비스듬이 잘라내는 표시

⑤ 원호 : ∏, 원호의 길이를 나타낼 때 사용

⑥ 두께 : t, 판의 두께를 나타낼 때 사용

지름, 모따기

13. 제도 연필의 종류

① (   ) : 딱딱한 정도를 나타난다. 숫자가 클수록 딱딱하다.

② (   ) : 부드러운 정도를 나타낸다. 숫자가 클수록 부드럽다.

H, B

14. (   )도법은 제도의 가장 기본이 되며 말 그대로 여러 가지 도형을 기하학적으로 작도하는 방법으로 주어진 선분이나 각을 등분하거나 정다각형과 같은 평면도형을 평면상에 정확하게 그려내는 방법을 말한다.

평면

15. (   )은 미국에서 발달하여 빠른 속도로 보급되었으며 가장 많이 사용되는 정투상도법으로 우리나라의 경우 KS표준에서 제도 통칙으로 사용하고 있다. 정면도의 표현과 치수기입이 합리적이다.

제3각법

16. 등각투상도는 밑면의 모서리 선은 수평선과 좌우 각각 30°씩을 이루며, 물체의 모서리 세 축이 (   )°의 등각을 이룬다.

120

17. (   )은 투상선이 투상면을 사선으로 지나는 평행 투상으로 물체의 앞면 모서리는 수평선과 평행하게 하고, 옆면 모서리는 수평선과 임의의 α 각도로 그린다. 투사선이 투상면에 경사져 물체의 세 면이 실제의 모양으로 표현된다.

사투상

18. (   )은 일반적으로 지도에 사용되고 있는 등고선은 같은 지형의 높고 낮음을 지도 위에 표시하는 것과 같이 표고의 평행한 평면을 생각하고 입체의 절단면을 그린 것으로 지도에서 산, 계곡의 표현 등에 사용된다.

표고투상

19. (   )는 가려져 보이지 않는 부분을 알기 쉽게 나타내기 위하여 가상으로 절단하여 뒷 부분만 그린 투상도이다.

단면도

20. 투시도법의 기본요소는 시점, 대상물, (   )이다.

거리

21. 투시도법의 용어

① EP(Eye Point 시점) : 물체를 보는 사람의 눈 위치

② SP(Standing Point 입점) : 관찰자가 서 있는 위치

③ PP(Picture Plane 화면) : 지표면에서 수직으로 세운 면

④ (   ) : 화면과 지면이 만난 선

⑤ HL(Horizontal Line 지평선) : 눈의 높이와 같은 화면상의 수평선

⑥ VL(Visual Line 시선) : 물체와 시점 간의 연결선

⑦ FL(Foot Line 족선) : 지표면에서 물체와 입점 간의 연결선, 즉 시선의 수평투상

⑧ (   ) : 투시에 있어서 원근 거리감에 따라 하나의 점에 결집된 곳

⑨ GP(Ground Plane) : 기준이 되는 지반면

⑩ CV(Center of Vision) : 시점의 화면상의 중심을 나타내는 기호

⑪ DVP(diagonal Vanishing Point) : 대각선 방향에 생기는 소점

GL(Ground Line 기선),
VP(Vanishing Point 소점)

22. (   )는 물체에서 나오는 모든 선들이 하나의 소점으로 모여 깊이를 좌우하도록 작도하는 도법으로 물체의 크기와 모양을 간단하고 명확하게 나타낼 수 있어 인테리어 공간이나 건축설계에서 보편적으로 쓰인다.

1점 투시도

23. (   )는 소점이 2개인 경우의 투시도로 화면에 대하여 물체의 수직면들이 일정한 각도를 가지고 위 아래 면은 수평이다. 유각 투시도, 성각 투시도라 한다.

2점 투시도

PART

03

디자인
재료
(8문제)

컴퓨터그래픽스운용기능사 필기 무료 강의는
유튜브 조선생TV에서 시청할 수 있습니다.

디자인 재료의 개요

01 | 디자인 재료의 조건 및 분류방법

(1) 재료의 조건 (2013년 5회)

① 품질이 균일할 것
② 가격이 저렴할 것
③ 가공기술이 완전할 것
④ 공급이 원활하고 구입이 편리할 것
⑤ 재료 사이클인 물질, 에너지, 환경을 생각할 것 (2006년 1회)(2012년 1회)(2015년 1회)

 재료학 (2007년 1회)
재료의 성질과 이용에 관한 성분, 구조, 제조 공정에 관한 지식의 생성과 발전을 도모하는 학문

(2) 재료의 분류방법

① 유기재료(organic material)
(2004년 2회)(2006년 4회)(2008년 1회)(2008년 2회)(2011년 5회)(2012년 2회)(2014년 1회)(2015년 5회)

탄소가 주요소가 되며 탄소와 수소의 결합으로 만들어져 탄화수소라고도 한다. 천연재료(목재, 석탄 등)와 합성재료(플라스틱, 도료, 접착제, 종이, 피혁 등)가 있다.

② 무기재료(inorganic materials) (2005년 5회)(2006년 2회)(2008년 4회)(2012년 2회)(2015년 4회)(2016년 1회)
광물질과 금속재료가 주원료로 금속재료(금, 은, 철, 구리, 아연 등)와 비금속재료(유리, 시멘트, 석재, 점토 등)가 있다.

02 | 디자인 재료의 일반적 성질

(1) 응력

재료 외부의 압력에 대하여 내부에서 저항하는 힘 (2008년 2회)(2009년 4회)

(2) 강도

외부의 힘으로부터 재료가 파괴되기 전까지 견디는 힘 (2012년 4회)

① 인장강도 : 양쪽으로 당겼을 때 재료가 파괴되기 전까지 견디는 힘

(2008년 4회)(2010년 1회)(2011년 4회)

② 전단강도 : 부재와 직각 되는 방향에 대한 힘의 저항력

(2004년 4회)(2005년 4회)(2008년 5회)(2015년 5회)

③ 파열강도 : 눌러서 파괴되는 힘의 정도

④ 휨강도 : 휘어서 파괴되는 힘의 정도

(3) 탄성

외력을 받아 변형된 재료에서 외력을 제거했을 때 원형으로 복귀하려는 성질 (2007년 2회)

제2강 디자인 재료의 분류

01 | 종이재료

가. 종이의 개요 및 제조

(1) 종이

① 종이의 유래

고대 이집트에서는 물풀을 이용한 파피루스를 사용하였고, AD 100년 중국의 '채륜'에 의해 종이가 만들어져 7세기경 우리나라에서 일본으로 전해졌다. 규모가 작은 수초법에 의해 만들어진 종이를 '한지'라 한다. 19세기 후반 펄프의 제조가 공업화되면서 대량생산이 이루어졌다. (2006년 1회)(2009년 1회)

② 종이의 품질

종이의 품질은 어떤 펄프가 얼마나 섞였는지, 화학약품은 어떻게 첨가했는지, 초지의 압착은 어느 정도인지에 따라 좌우되며 건조, 코팅, 표면처리 과정도 영향을 준다.

(2) 종이의 제조 과정 (2006년 2회)(2007년 2회)(2009년 5회)(2010년 2회)(2010년 4회)(2013년 1회)

> 고해 → 사이징 → 충전 → 착색 → 정정 → 초지 → 가공 → 완성

① **고해(Beating)** : 펄프를 물속에 넣고 기계적으로 두들겨서 잘게 부수어 분산시키는 공정 (2004년 1회)(2009년 2회)(2011년 4회)

② **사이징(sizing)** : 종이의 표면을 아교, 송진, 녹말 합성수지, 점토, 백토, 활석, 탄산석회 같은 교질 재료로 피복시키는 종이제조 공정으로 종이에 내수성을 부여하고, 잉크의 번짐을 방지할 수 있다. (2008년 5회)(2011년 1회)(2015년 1회)(2016년 1회)

③ **충전** : 고해기 속에서 종이 재료에 광물성의 가루를 첨가하고 걸러내는 공정으로 충전제를 가하면 종이가 유연해진다. (2004년 4회)(2010년 4회)

④ **착색** : 착색제를 이용하여 종이에 색을 넣는 과정이다.

⑤ **정정** : 종이를 뜨기 전에 원료에 섞인 불순물을 제거하고 얽힌 섬유를 분리하는 작업이다.

⑥ **초지** : 초지기로 종이를 떠서 건조하는 과정으로 탈수, 압착, 건조가 포함된다. 섬유를 얇은 층으로 하여 여과하는 공정이다.

- **도피가공** (2013년 2회)(2013년 4회)(2014년 4회)(2016년 2회)
  백색 또는 유색의 안료와 정착제를 발라서 만드는 방법으로 아트지와 바리타지 등이 있다. 도피가공에 주로
  사용되는 도피재료는 활석이다.
- **흡수가공** (2005년 1회)
  용해시킨 물질을 원지에 흡수시키는 방법으로 내수지, 리트머스 시험지 등이 있다.
- **변성가공** (2005년 5회)(2010년 2회)
  화학적, 기계적 가공에 의하여 종이의 질을 변화시켜 사용목적에 알맞게 가공하는 방법
- **배접가공** (2006년 4회)(2008년 5회)(2015년 5회)(2016년 1회)
  종이에 플라스틱 필름, 금속의 박을 붙이거나 종이를 서로 붙여서 두꺼운 판지 또는 골판지를 만드는 방법

(3) 펄프(pulp)

목재 또는 섬유식물을 통해 기계적 또는 화학적 조성으로 얻어 낸 섬유의 합체(섬유소)

POINT **펄프의 화학적 조성요소** (2012년 5회)(2014년 5회)(2016년 2회)
- **셀룰로오스(cellulose)** : 식물체, 세포벽의 골격을 형성하는 단순 다당류의 일종으로 섬유소라 한다.(목재, 면, 마 등에서 채취)
- **헤미셀룰로오스(hemicellulose)** : 식물세포에서 펙틴질을 제외한 셀룰로오스의 표면에 특징적으로 결합하는 다당류로 크실린, 만난, 갈락탄이 있다.
- **리그닌(lignin)** : 셀룰로오스 및 헤미셀룰로오스와 함께 목재의 실질을 이루고 있는 성분으로 목재, 대나무, 짚에서 채취하는 고분자 화합물

(4) 펄프의 종류

1) 원료에 따른 분류 (2010년 1회)

① 목재펄프 : 침엽수펄프(NP), 활엽수펄프(LP)

② 비목재펄프 : 짚펄프(straw pulp), 버개스(bagasse) 펄프, 갈대펄프, 대나무펄프, 인피 섬유펄프, 넝마펄프, 면펄프 등

2) 제조법에 의한 분류

① 기계펄프 : 쇄목펄프(GP), 케미그라운드펄프(CGP), 열처리기계펄프(TMP)

(2004년 1회)(2005년 4회)(2016년 2회)

② 화학펄프 : 아황산펄프(SP), 크라프트펄프(KP), 소다펄프(soda plup), 리파이너쇄목펄프

(2012년 1회)

③ 기계 + 화학펄프 : 화학쇄목펄프(CGP), 세미케미컬펄프(SCP) (2014년 1회)

나. 종이의 종류 및 특성

(1) 종이의 종류 및 특성 _{(2006년 5회)(2009년 5회)(2011년 1회)(2012년 2회)(2012년 5회)(2013년 4회)(2014년 5회)}

① 종이는 양지와 판지 그리고 기계로 만든 화지 등으로 구분한다.

② 양지에는 신문지, 인쇄용지, 필기용지, 도화지, 포장용지, 잡종지, 박엽지, 콘덴서지, 전기전열지 등이 있다.

③ 판지는 여러 층의 지층으로 구성되어 있으며, 각층마다 다른 재료를 삽입하여 사용목적에 부합되도록 만들어 지질에 강한 종이로 골판지, 백판지, 황판지, 건재원지 등이 있다.

④ 화지에는 창호지, 습자지, 휴지, 종이솜, 선화지, 종이끈, 포장용지(편광지), 박엽지 등이 있다.

1) 신문용지 _(2011년 5회)

① 윤전기에 의해 고속인쇄되며 인장강도와 평활도, 흡유성이 높다.

② 기계펄프가 주원료이며 최근에는 GP → RGP → TMP로 변화되면서 고급화되고 있다.

2) 인쇄용지

거칠지 않고 신축성과 흡유성이 좋아야 한다. 종이의 앞뒷면이 차이가 없어야 하고 표면이 평활하고 보푸라기가 없어야 한다. _{(2006년 2회)(2014년 5회)(2016년 2회)}

① **상질지** : A급으로 일반 인쇄물, 오프셋 인쇄, 상업용 인쇄물에 주로 사용
_(2011년 4회)

② **중질지** : B급으로 화학펄프의 배합량이 70% 이상이며 교과서, 서적, 잡지본문용으로 사용

③ **하급지** : 갱지, C급, D급으로 화학펄프의 배합량이 40% 이상은 상갱지, 이하는 갱지로 구분

④ **아트지(art paper)** _{(2005년 2회)(2006년 1회)(2011년 2회)(2012년 4회)(2015년 2회)(2015년 4회)(2016년 4회)}
상질지나 중질지에 도료를 입혀 광택을 낸 용지로 상업인쇄나 고급인쇄 또는 카탈로그에 주로 사용하는 도포지

⑤ **모조지** : 삼지닥 나무를 원료로 한 것으로 과거에는 '화지'라 하였다. 잡지의 표지, 사무포장용으로 널리 사용되고 있다. _(2006년 4회)

3) 박엽지(평량 30g/m² 이하) (2004년 5회)(2005년 4회)(2010년 4회)

글라싱지, 라이스지, 인디아지, 콘덴서지, 전기절연지, 타자지 등

① 인디아지(india paper) : 불투명도가 높고 지질이 균일하여 성서나 사전 용지로 주로 사용된다. (2004년 2회)(2007년 5회)(2009년 4회)(2016년 4회)

② 글라싱지 : 화학펄프를 점상으로 두드려 분해해서 만든 매끈한 종이로 질기며 기질이 균일하고 강도가 크며 먼지가 적고 파라핀 가공을 한다.
(2004년 2회)(2005년 5회)(2012년 1회)(2014년 4회)

4) 잡종지

가공원지, 황산지, 온상지, 습윤강력지, 박리지(release paper), 감압지, 트레싱지, 판지 등

① 황산지(parchment paper) : 버터, 마가린, 치즈 등의 포장용지로 사용하며 반투명의 바삭바삭한 소리가 난다. (2011년 5회)

② 습윤강력지 : 인장강도 15% 이상으로 수지 또는 멜라민, 요소, 염화비닐 등의 재료로 가공한 것으로 지도용지, 종이타월, 녹차·홍차팩 등의 용도로 사용된다. (2014년 4회)

③ 트레싱지 : 복제할 때 많이 사용되는 반투명 황산지로 파스텔 렌더링할 때 앞뒷면의 명암을 조절할 수 있다. (2004년 1회)(2007년 2회)

5) 판지

① 골판지 : 안쪽과 바깥쪽에 붙어 있는 두 장의 판지 사이에 파형의 심지를 넣고 상품의 보호 및 외부 충격을 완충하는 목적의 포장 재료 (2010년 4회)

② 마닐라보드 : 담배, 식품, 화장품, 약품 등 주로 작은 상자의 제조에 쓰이는 판지
(2005년 1회)

6) 도화지

와트만지(수채화용, 최고급용)와 켄트지(화학원료)가 있다. (2008년 4회)

7) 포장용지 (2006년 1회)(2007년 2회)

크라프트지(kraft paper, 파열강도가 크며 방수성 우수)와 로프지(종이 포장, 봉투용으로 사용)가 있다.

8) 바리타지(baryta paper) (2004년 4회)(2007년 1회)(2008년 1회)(2015년 5회)

화학펄프를 사용한 원지에 황산바륨 안료와 젤라틴을 도포하여 광택 가공한 매끄러운
종이로서 사진용 인화지로 쓴다.

(2) 종이의 물리적 성질

① **평량** : g/m^2 (2010년 2회)

단위 1제곱미터당 무게를 나타내는 강도. 불투명도와 두께에 영향을 미친다.

② **두께** : $\mu m(1\mu m = 1/1,000mm)$

인쇄에 가장 적당한 두께는 100~180g이다.

③ **사이즈도** : 잉크나 물에 대한 종이의 침투 저항성의 정도를 말한다.

(3) 종이의 규격

① **인쇄용지의 종류**

인쇄용지는 매엽지(sheet, 낱장으로 재단되어 포장된 종이 : 오프셋 인쇄용)와 두루마리지
(roll, 두루마리 형식의 종이 : 윤전인쇄기용, 신문용지)가 있다.

② **오프셋 인쇄용지** (2016년 2회)

우리나라에서는 4×6전지(788×1091mm), 국전지(636×939mm) 등의 오프셋 인쇄용
종이규격을 사용한다. 일반적으로 사용되는 인쇄용 전지의 크기 비율은 1 : $\sqrt{2}$ (루트)
이다.

02 | 채색재료(디자인 표현재료)

(1) 채색재료의 종류 및 특성

1) 색료(colorants)

① 색소를 포함하고 색을 나타내는 재료 또는 색을 느낄 수 있게 하는 재료를 '색료'라고
한다.

② 색료는 크게 안료와 염료로 나뉜다.

③ 색료는 가시광선을 흡수하는 성질을 가지고 있는데, 색료와 수지의 굴절률의 차이가
작을수록 색료의 투명도가 높아진다.

2) 염료(dye) (2010년 1회)

염료는 물과 기름에 잘 녹아 단분자로 분산하여 섬유 등의 분자와 잘 결합함으로써 착색되는 색물질로 넓은 뜻에서 섬유 등 착색제의 총칭이라 할 수 있다. 염료는 화학적 반응을 통하여 흡착한다. 물과 기름에 녹지 않고 가루인 채로 물체 표면에 불투명한 유색막을 만드는 안료와 구분된다.

3) 안료(pigment) (2004년 2회)

물이나 기름, 용제 등에 녹지 않는 백색 또는 유색의 무기화합물 또는 유기화합물로 미립자 상태의 분말이며, 안료는 착색하고자 하는 매질에 용해되지 않으며 염료에 비해 은폐력(표면을 덮어 보이지 않게 하는 성질)이 크다. 안료의 입자 크기에 따라 이중착색도, 불투명도, 점도, 굴절률, 빛의 산란과 흡수 등에 영향을 미친다.

(2) 채색재료의 용도 및 활용방법

1) 수채화 물감 (2009년 4회)(2011년 2회)(2012년 5회)(2013년 4회)(2016년 1회)

① 물을 사용하여 명도를 조절하며 맑고 투명한 효과를 얻을 수 있다.
② 렌더링을 할 때 투명성이 좋아 유리, 목재, 금속 재질의 질감을 표현한다.
③ 주로 와트만지를 사용하고 흘리기와 번지기 효과를 낼 수 있다.

2) 포스터 컬러 (2004년 1회)(2005년 1회)

① 색과 색을 혼합하여 여러 가지 색상을 만들 수 있다.
② 변색이 잘 안 되며 겹쳐 칠하기가 가능하다.

3) 아크릴 물감 (2004년 2회)(2007년 1회)(2007년 5회)(2010년 5회)(2011년 1회)(2011년 4회)(2012년 4회)(2015년 5회)(2016년 2회)

① 물을 섞어도 사용이 가능하며, 내수성이 좋고 건조가 빠르다.
② 건조 후 물에 지워지지 않는다.
③ 유화물감과 같은 효과를 낼 수 있다.
④ 불투명하고 은폐력과 접착력이 강하다. (2014년 2회)

4) 파스텔 (2004년 5회)(2005년 4회)(2006년 4회)(2009년 1회)(2011년 5회)(2012년 1회)(2013년 1회)(2013년 2회)(2013년 5회)

① 정확하고 정밀한 부분을 세밀하게 표현하기 어렵다.
② 선의 느낌이 연필과 비슷하며 그림자 부분은 묘사가 쉽다.
③ 다양한 색채로 표현할 수 있어 회화재료로도 쓰인다.
④ 번지기 쉬워 헥사티브와 같은 정착액을 뿌려 보관한다.
⑤ 파스텔을 렌더링용으로 사용할 경우 부드러운 효과를 얻기 위해 파우더를 혼합해 사용한다.

5) 매직마커 (2007년 4회)(2008년 4회)(2010년 1회)(2013년 1회)(2014년 2회)(2014년 4회)

① 건조시간이 빠르다.
② 색상이 다양하고 풍부하다.
③ 색상이 선명하고 아름답다.
④ 번지지 않아서 렌더링 등 디자인 작업에 많이 사용된다.

6) 에어브러시 (2004년 1회)(2004년 4회)(2005년 2회)(2007년 4회)(2013년 4회)(2015년 4회)

① 공기의 압력을 이용해서 잉크나 물감을 내뿜는다.
② 사실적이고 환상적인 일러스트레이션 표현에 알맞은 기법이다.
③ 가장 중요한 것은 컴프레서와 스프레이건의 취급법이다.

7) 콩테(conte) (2010년 4회)

① 색의 수가 많지 않으나 색조가 광택이 있고 부드럽다.
② 농담이 뚜렷하고 차분하며 무게감을 준다.
③ 연필과 목탄의 중간 정도로 색이 잘 칠해진다.

핵심요약정리 및 체크리스트

[꼭 이해하고 넘어가야 할 핵심내용입니다. 아래 내용의 80% 이상을 암기하지 못했다면 다시 공부하세요.]

1. 재료 사이클의 3요소는 물질, (　　), 환경이다.

에너지

2. 재료의 분류방법
　① (　　　　) : 목재, 석탄, 플라스틱, 도료, 접착제, 종이, 피혁 등
　② (　　　　) : 금, 은, 철, 구리, 아연, 유리, 시멘트, 석재, 점토 등

유기재료(organic material),
무기재료(inorganic materials)

3. 재료 외부의 압력에 대하여 내부에서 저항하는 힘을 (　　)이라 한다.

응력

4. 외부의 힘으로부터 재료가 파괴되기 전까지 견디는 힘을 (　　)라 한다.

강도

5. 외력을 받아 변형된 재료에서 외력을 제거했을 때 원형으로 복귀하려는 성
질을 (　　)이라 한다.

탄성

6. 종이의 제조 과정
　고해 → 사이징 → 충전 → 착색 → 정정 → (　　)

초지

7. 펄프를 물속에 넣고 기계적으로 두들겨서 잘게 부수어 분산시키는 공정을
(　　)라 한다.

고해

8. (　　)은 종이의 표면을 아교, 송진, 녹말 합성수지, 점토, 백토, 활석, 탄
산석회 같은 교질 재료로 피복시키는 것으로 종이에 내수성을 부여하고, 잉
크의 번짐을 방지할 수 있다.

사이징

9. 종이의 가공법
　① (　　)가공 : 백색 또는 유색의 안료와 정착제를 발라서 만드는 방법
　　으로 아트지와 바리타지 등이 있다.
　② 흡수가공 : 용해시킨 물질을 원지에 흡수시키는 방법으로 내수지, 리
　　트머스 시험지 등이 있다.
　③ 변성가공 : 화학적, 기계적 가공에 의하여 종이의 질을 변화시켜 사용
　　목적에 알맞게 가공하는 방법이다.
　④ 배접가공 : 종이에 플라스틱 필름, 금속의 박을 붙이거나 종이를 서로
　　붙여서 두꺼운 판지 또는 골판지를 만드는 방법이다.

도피

10. 목재 또는 섬유식물을 통해 기계적 또는 화학적 조성으로 얻어낸 섬유의 집합체를 (　　　)라 하며 셀룰로오스, 헤미셀룰로오스, 리그닌이 주원료이다.

펄프

11. (　　　)는 인쇄용지 A급으로 일반 인쇄물, 오프셋 인쇄, 상업용 인쇄물에 주로 사용하고 인쇄용지 B급은 화학펄프의 배합량이 70% 이상으로 교과서, 서적, 잡지본문용으로 사용된다.

상질지

12. 상질지나 중질지에 도료를 입혀 광택을 낸 용지로 상업인쇄나 고급인쇄 또는 카탈로그에 주로 사용하는 도포지를 (　　　)라 한다.

아트지

13. 글라싱지, 라이스지, 인디아지, 콘덴서지, 전기절연지, 타자지 등을 (　　　)라 한다.

박엽지

14. 불투명도가 높고 지질이 균일하여 성서나 사전 용지로 주로 사용되는 종이는 (　　　)이다.

인디아지

15. (　　　)는 화학펄프를 점상으로 두드려 분해해서 만든 매끈한 종이로 질기며 기질이 균일하고 강도가 크며 먼지가 적고 파라핀 가공을 한다.

글라싱지

16. (　　　)는 안쪽과 바깥쪽에 붙어 있는 두 장의 판지 사이에 파형의 심지를 넣고 상품의 보호 및 외부 충격을 완충하는 포장재료이다.

골판지

17. (　　　)는 화학펄프를 사용한 원지에 황산바륨 안료와 젤라틴을 도포하여 광택 가공한 매끄러운 종이로 사진용 인화지를 말한다.

바리타지

18. (　　　)는 물이나 기름, 용제 등에 녹지 않는 백색 또는 유색의 무기화합물 또는 유기화합물로 미립자 상태의 분말이다.

안료

19. (　　　) 물감
① 물을 섞어도 사용이 가능하며, 내수성이 좋고 건조가 빠르다.
② 건조 후 물에 지워지지 않는다.
③ 유화물감과 같은 효과를 낼 수 있다.
④ 불투명하고 은폐력과 접착력이 강하다.

아크릴

20. (　　　)
① 정확하고 정밀한 부분을 세밀하게 표현하기 어렵다.
② 선의 느낌이 연필과 비슷하며 그림자 부분은 묘사가 쉽다.
③ 다양한 색채로 표현할 수 있어 회화재료로도 쓰인다.

④ 번지기 쉬워 헥사티브와 같은 정착액을 뿌려 보관한다.

⑤ 렌더링용으로 사용할 경우 부드러운 효과를 얻기 위해 파우더를 혼합
   해 사용한다.

파스텔

21. (　　　　)

① 건조시간이 빠르다.

② 색상이 다양하고 풍부하다.

③ 색상이 선명하고 아름답다.

④ 번지지 않아서 렌더링 등 디자인 작업에 많이 사용된다.

매직마커

03 | 사진재료

(1) 필름의 종류 및 특성, 용도

1) 컬러필름의 구조

컬러사진에서 감광재료에 사용되는 커플러(coupler)는 색소를 형성하는 물질로 산화된 현상주약과 결합하여 색소화상을 만든다.

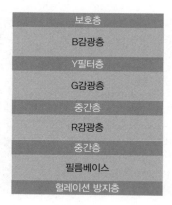

① **청감유제층(B감광층)** (2009년 4회)

청색광만 감광발색 후에는 황색으로 발색한다.

② **황색필터층(Y필터층)**

컬러필름의 노출 시 녹감층과 적감층에 불필요한 청색의 유입을 막아주는 역할을 한다.

③ **녹감유제층(G감광층)** (2011년 5회)

녹색광만 감광발색 후에는 분홍색(마젠타 계열)으로 발색한다.

④ **적감유제층(R감광층)**

적색광만 감광발색 후에는 푸른색(사이안 계열)으로 발색한다.

조선생의 TIP

셔터(shutter)와 조리개(aperture) (2013년 5회)

사진이 너무 밝거나 어둡지 않기 위해서는 필름에 도달하는 빛의 양을 적절히 조절해야 하는데 셔터와 조리개로 광량을 조절할 수 있다.

---

2) 필름의 종류

① 리버설 필름(reversal film)

실제장면과 같은 밝기와 색으로 투명양화를 만든다. 현상 도중 반전처리하여 피사체의 명암과 색상이 똑같이 필름상에 만들어지며 일반적으로 인쇄 원고용으로 사용하거나 필름을 직접 슬라이드로 감상하기 위해 사용된다.

② 인스턴트 필름(instant film) (2007년 4회)

현상을 위한 암실이 필요 없이 필름 자체에 현상액이 포함되어 있어 바로 현상이 가능한 필름을 말한다. 대표적인 것으로 폴라로이드 필름이 있다.

③ 적외선 필름(infrared film) (2009년 1회)(2016년 4회)

사람이 눈으로 볼 수 없는 적외선에 반응하는 필름으로 일반 초점거리보다 약간 앞에 맞춰야 한다.

④ 롤 필름(roll film) (2006년 1회)

휴대가 간편하며 연속 촬영이 가능하다. 촬영 도중 다른 필름으로 바꿔 촬영이 가능하며 한 번에 많은 양을 찍을 수 있다. 35, 120 mm 필름 등이 있다.

⑤ 시트 필름(컷필름)

4×5, 5×7, 8×10, 11×14인치의 필름을 필름홀더에 끼워 사용한다. 한 컷 한 컷 정확하게 촬영할 수 있다. 필름의 해상력이 뛰어나지만 비싸다는 단점이 있다.

⑥ 네거티브 필름(negative film) (2007년 2회)(2012년 5회)

네거티브 필름은 실제와는 반대되는 톤으로 필름의 상을 만든다. 나중에 인화지 위에 프린트가 되면 실제의 피사체와 같은 톤의 포지티브의 이미지로 나온다. 네거티브에서 가장 어두운 부분이 사진에서는 가장 밝은 부분으로 나타난다.

3) 필름 감도(film sensitivity)의 표시법

① 필름 감도는 숫자가 클수록 감광도가 높다. 등급체계는 ISO 50은 저감도, ISO 100은 중감도, ISO 400은 고감도 ISO 1000 이상은 초고감도 필름이다. (2013년 2회)

② ASA(American Standard Association), ISO(International Standard Organization), DIN(Deutche Industrie Normen) 등 3가지로 나눌 수 있는데 실제로는 ISO/DIN 두 가지가 공동으로 사용되고 있다. 예를 들어 100/21, 200/24, 400/27 등으로 나타낸다.
(2006년 2회)(2006년 4회)(2008년 4회)(2009년 2회)(2010년 1회)(2010년 2회)(2011년 1회)(2012년 1회)(2014년 4회)(2015년 1회)(2015년 2회)(2015년 5회)(2016년 2회)

- **저감도** : 할로겐화은의 입자가 매우 작으며(초미립자), 확대율이 좋다. 콘트라스트가 강하며 정교한 디테일을 재현하고자 할 때 사용한다. 감도수치 50 이하의 필름을 말한다. (2007년 5회)(2012년 4회)
- **중감도** : 감도, 입상성, 선예도, 감색성, 노출관용 등을 종합적으로 볼 때 가장 표준적인 필름으로 감도 수치는 100~200 정도이다.
- **고감도** : 야간 또는 실내에서 움직이는 물체를 빠른 속도로 촬영할 수 있다. 빛의 양이 적을 때를 고려해 증감현상액에 감도가 증가할 수 있도록 만들어져 있다. 입자가 거칠고 콘트라스트가 떨어진다. 감도수치 400 이상인 필름을 말한다. (2011년 4회)

(2) 인화 및 현상재료의 종류, 특성, 용도

1) 필름의 현상과정 (2004년 4회)(2006년 5회)(2008년 1회)(2013년 1회)

> **현상 → 정지 → 정착 → 수세 → 건조**

① **현상주약** : 메톨(metol), 하이드로퀴논(hydroquinone), 페니돈(phenidone)
② **중간 정지액** : 빙초산 15 : 물 1000의 비율로 사용
③ **정착액** : 티오황산나트륨(하이포, Hypo)을 사용

2) 확대기의 구조와 종류

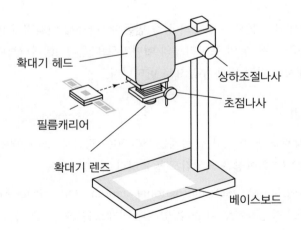

① **산광식 확대기** : 균일하게 분산된 광원이 균일하게 나오기 때문에 콘트라스트가 약하고 인화사진이 부드럽다. 먼지자국, 약한 스크레치가 나타나지 않는다.
　　예 초상사진, 컬러인화, 밀착인화 등에 사용된다. (2005년 1회)

② 집광식 확대기 : 광원렌즈를 통해 광원이 직접 내려오는 확대기로 흑백프린트에 사용하며 먼지자국이 뚜렷하게 남는다. 콘트라스트가 가장 높게 나타난다.

③ 집산광식 확대기 : 집광식과 산광식의 중간형태

④ 반사식 확대기 : 흑백확대기, LPL확대기

조선생의 TIP

콘트라스트(contrast) (2004년 1회)(2014년 5회)

피사체의 밝고 어두움의 차이를 나타내는 데 있어서 어느 정도 검고 흰지, 또는 진하고 연하게 나타내는지 정도의 차를 말한다.

– 연조, 중간조, 경조(중간계조가 생략되고 희고 검은 부분만으로 이루어진 사진을 만든다.)

조선생의 TIP

밀착 인화(contact print) (2005년 4회)(2010년 4회)(2010년 5회)(2012년 2회)

필름 한 롤에 촬영된 모든 이미지들을 인화지에 필름과 같은 크기로 인화하여 무엇을 촬영했는지 한 번에 관찰하기 위한 인화방법

---

04 | 공업재료

(1) 목재

1) 목재의 특징

① 공급이 쉽고, 가격이 저렴하다.
② 가볍고 가공이 쉽다.
③ 비중에 비해 강도가 크다.
④ 열전도율이 낮고 비전도체다.
⑤ 가연성으로 화재에 약하다.
⑥ 내구성이 낮고 수축과 변형, 부식이 쉽다.

2) 목재의 분류

식물학상 분류로 은화식물, 현화식물로 나뉜다. 은화식물은 엽상, 소태, 양치식물로 나뉘고 현화식물은 나자식물(겉씨 식물), 피자식물(속씨 식물)로 나뉜다.

① 침엽수
나자식물에 속하는 연재(Softwood)로 가벼운 편이며 결이 곧고 단조로우며 가공이 쉬워 건축 및 토목재료로 사용된다. 육송, 낙엽송, 전나무, 잣나무, 은행나무, 소나무, 화백 등이 있다.

② 활엽수

피자식물에 속하며 경재(Hardwood)가 많다. 건조가 오래 걸리고 강도가 우수하다. 표면이 아름다워 가구재나 장식재로 쓰인다. 느티나무, 밤나무, 떡갈나무, 오동나무, 단풍나무, 피나무, 가시나무, 북가시나무, 갈참나무, 졸참나무, 느릅나무, 계수나무 등이 있다. (2006년 1회)(2014년 4회)

3) 목재의 조직 및 성질

① 심재 : 무거우며 내구성이 풍부하고 일반적으로 질이 좋다. (2011년 2회)(2014년 2회)

② 변재 : 목재의 바깥 껍질 부분이며 엷은 색의 조직으로 연하며 탄력이 있고 수액이 많다.

③ 나이테 : 춘재와 추재로 구성되어 나무의 결을 결정하는데, 춘재부에서 추재부를 거쳐 다음 춘재부에 이르는 하나의 띠를 말한다. (2004년 4회)(2008년 5회)(2010년 5회)

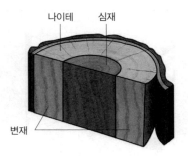

4) 목재의 제품 (2016년 1회)

① 집성 목재 : 10~30mm 정도 목재의 단면을 섬유방향이 평행하도록 겹쳐 접착해 만든다. 길고 단면이 넓은 판재로 강도가 높고 균일한 제품 생산이 가능하다.

② 합판 : 5mm 이하의 단판을 엇갈리게 붙여 제작한다. 재료가 균일하여 가장 많이 사용된다. 제작이 쉽고 갈라짐이 적으며 강도가 높다. (2010년 4회)

③ 파티클 보드 : 남은 목재를 얇고 잘게 조각 내어 접착제를 섞어 성형, 열합한 판상 제품 (2004년 1회)(2007년 5회)

(2) 플라스틱

1) 플라스틱의 특징

(2004년 5회)(2006년 4회)(2007년 1회)(2008년 2회)(2008년 4회)(2009년 5회)(2011년 4회)(2013년 4회)(2014년 2회)

① 가공이 용이하고 다양한 재질감을 낼 수 있다.

② 1930년대 석유화학 발전으로 합성수지가 생산되었는데, 주원료는 석탄과 석유인 유기재료이다.

③ 가볍고 강도가 높다.

④ 전기절연성이 우수하고 열팽창계수(열에 의해 부피가 변하는 것)가 크다.

⑤ 내수성이 좋아 녹이나 부식이 없다.

⑥ 타 재료와의 친화력이 크다.

2) 플라스틱의 분류

열경화성 수지 (2015년 1회)	열가소성 수지
① 성형 시 열을 다시 가하여도 불용의 상태가 되어 연화되지 않기 때문에 재사용이 불가능하다.	① 성형 시 화학적 변화를 일으키지 않기 때문에 재사용이 가능하다. (2005년 2회)
② 열에 안정적이다. (2009년 5회)	② 재료 자체가 기다란 사슬형의 고분자 물질로 되어 있어서 열을 받으면 물리적 변형이 생긴다. (2013년 1회)
③ 열변형 온도가 150° 이상이다.	
④ 대부분 반투명 또는 불투명하다.	③ 열변형 온도가 낮아 150° 전후에서 변형된다.
⑤ 페놀수지, 에폭시수지, 멜라민수지, 요소수지, 폴리우레탄수지 등이 있다.	④ 염화비닐, 폴리에스티렌, 폴리에틸렌, 폴리아미드, 메탈아크릴, 폴리프로필렌 등이 있다.

① 페놀수지(PF) (2004년 4회)(2005년 4회)(2010년 2회)(2015년 4회)

열경화성 수지로 베이클라이트(bakelite)라 하며 절연성이 커서 전기재료로 많이 사용되고 가장 오랜 역사를 가졌다.

② 아크릴수지 (2007년 2회)

열가소성 수지로 투명성이 좋아 '유기유리'라고도 한다.

③ 염화비닐수지(PVC) (2012년 1회)(2016년 4회)

열가소성 수지로 비중 1.4의 비결정성이며 유리질의 폴리머로 투명성이 좋다. 전기절연성과 내후성이 좋다.

④ 폴리스티렌(PS) (2012년 5회)

열가소성 수지로 비중 1.04~1.09의 투명성과 강성이 뛰어나며 경도가 크다. 가볍고 맛과 냄새가 없다. 생활용품, 장난감, 전기절연체, 라디오·TV 케이스, 포장재로 많이 사용된다.

⑤ 폴리에틸렌 테레프탈레이트 (2014년 2회)

흔히 PET라고도 한다. 플라스틱 중 투명성과 내충격성, 광택이 특히 좋아서 화장품이나 생활용품의 용기로 주로 사용된다.

3) 플라스틱 성형법

① **사출가공** : 가열하여 유동상태로 된 플라스틱을 닫힌 상태의 금형에 고압으로 충전하여 이것을 냉각 · 경화시킨 다음 금형을 열어 성형품을 얻는 방법 (2007년 5회)(2016년 2회)

② **압출가공** : 가열된 플라스틱을 회전하는 스크류를 통하여 압출하며 단면이 같은 물품을 생산하는 방식

③ **압축가공** : 가열된 플라스틱을 금형의 틀에 넣은 후 고압으로 충전, 냉각, 경화 단계를 거쳐 생산하는 방식

(3) 금속

1) 금속의 특징 (2007년 4회)(2012년 4회)(2012년 5회)(2014년 5회)

① 열 및 전기의 양도체이다.
② 전성(퍼지는 성질)과 연성(늘어지는 성질)이 좋다. (2004년 5회)
③ 고체상태에서 결정체이다.
④ 비중이 매우 크다. (2008년 1회)
⑤ 외력에 대한 내구력(제품의 수명)이 크다. (2012년 1회)
⑥ 녹슬기 쉽다.

2) 금속의 종류

① 금 (2011년 2회)

화학적으로 모든 금속 중 가장 안정된 금속으로 공기나 물 속에서도 영구히 변하지 않는다.

② 양은 (2006년 2회)(2008년 5회)

일명 놋쇠라 하며 구리와 아연의 합금이다.

③ 백금 (2007년 5회)(2011년 5회)

학명은 '플라티늄'이며, 회백색의 귀금속이다.

④ 은 (2006년 1회)(2007년 1회)

전성과 연성이 금에 이어 크며 열과 전기의 전도성은 금속 중 가장 크다. 물과 대기 중에서는 안정하여 녹이 잘 슬지 않는다. 의료기기, 전기용품, 양식기류 등에 주로 사용된다.

⑤ 형상기억합금(shape memory alloy) (2005년 1회)(2005년 4회)(2007년 1회)(2009년 2회)

일정한 온도가 되면 원래의 형상으로 되돌아가는 금속이다.

⑥ 아모르퍼스합금 (2016년 4회)

용해한 금속을 금랭함으로써 만들어진 금속으로 초강력에 못지 않은 강도를 가지고 있으며 뛰어난 내식성과 내마모성, 자기특성을 가지고 있다.

⑦ 구리 (2014년 4회)

비철금속으로 열전도율이 가장 높은 재료이다.

⑧ 알루미늄 (2004년 1회)(2012년 2회)(2014년 5회)(2015년 5회)

가볍고 표면의 산화피막 때문에 내식성이 좋으며 철강 다음으로 사용량이 많다. 항공기, 자동차 운반기계 등의 차체 중량 감소를 목적으로 사용된다.

3) 금속의 가공법

① 엠보싱가공 (2004년 5회)(2005년 5회)(2010년 5회)(2013년 5회)

얇은 철판에 두께의 변화를 주지 않고 표면과 이면에 오목한 부분과 볼록한 부분이 반복되도록 금형을 사용해 성형하는 기법

② 주조가공

용해된 금속재료를 모래형이나 금형 속에 부어 굳힌 후 제품을 생산하는 방법

③ 단조가공 (2006년 5회)(2011년 1회)

금속을 적당한 온도로 가열하여 주어진 모양과 치수로 가압, 성형하여 제품을 만드는 소성방법

④ 압연가공

고온의 금속재료를 압연기의 롤러 사이로 통과시켜 봉이나 관을 만드는 가공법

4) 금속의 열처리

① 풀림 : 가열에 의하여 금속을 정상적인 성질로 회복시키는 열처리 방법

(2010년 5회)(2011년 2회)

② 담금질 : 금속을 고열로 가열 후 물이나 기름에 넣어 냉각시키는 열처리 방법

③ 뜨임 : 담금질로 성질이 변한 금속을 담금질 이전의 상태로 되돌리는 열처리 방법

④ 불림 : 뜨임과 비슷

5) 금속의 표면처리

① 도금 : 금속 표면에 다른 금속 또는 합금의 얇은 층을 입혀 피막처리하는 방법

(2004년 5회)(2007년 5회)

> **POINT 탄도금** (2006년 4회)(2009년 4회)
>
> 귀금속을 도금할 때 너무 많은 전류가 흘러서 거친 도금이 된 상태로 갈색, 무광택, 백색, 회흑색의 석출물로 나타나는 도금 결함을 말한다.

② 도장 : 금속 표면에 도료를 이용하여 막을 입히는 작업

> **POINT 핫스프레이 도장** (2005년 1회)
>
> 스프레이 도장제품 표면에 색을 입히기 위한 가장 일반적인 도장법으로 건조시간이 길고 광택이 좋다. 흐름, 풀림, 메마름이 적다.

③ 연마 : 금속표면처리의 최종 과정으로 평활을 유지하고 광택을 높이는 작업

> **POINT 샌드블라스트(sendblast)법** (2010년 5회)
>
> 분사연마에서 미세한 규사 알갱이와 같은 연마제를 압축공기와 함께 금속가공물에 분사하여 연마하는 방법

(4) 점토

1) 점토의 특징

① 건조가 되면 강도가 크다.
② 가소성과 성형능력이 좋다.
③ 습기가 있으면 가소성이 좋아진다.

2) 점토의 분류

① 토기 : 다공질로 흡수성이 좋다. 날카로운 금속으로 기면을 긁으면 긁힌다. 대부분 유약을 바르지 않으며 원시대의 기물, 화분, 기와, 토관, 테라코타 등이 있다. (2007년 5회)

② 도기 : 낮은 온도(1,000℃ 이하)에서 소성되고 그릇, 타일 등이 있다.

③ 자기 : 1250~1450°에서 소성한 것으로 투광성이 있고 매우 단단하며 경도 및 강도가 점토 제품 중 가장 크고 손끝으로 두드리면 청음이 난다. (2009년 5회)

> **조선생의 TIP**
> **도자기** (2007년 2회)(2013년 1회)
> 금속과 비금속의 복합체로 결정화된 물질이며 디자인, 전기, 전자 등에 널리 쓰인다.

(5) 석고

1) 석고의 특징

① 응고가 빠르고 점성이 좋다.
② 수축과 균열이 없다.

2) 석고의 분류

① 소석고 : 석고 원석을 190℃ 이내로 가열하여 결정수를 일부 없앤 흰색 가루로서, 경석고에 비해 건조시간이 짧다. 작업 시 물의 중량비는 40~50% 정도이다. 경화촉진제로는 식염, 황산염이 쓰인다. (2009년 1회)

② 경석고 : '무수석고'라고도 부르는 사방정계(斜方晶系)의 광물이다. 굳기는 3~3.5, 비중은 2.9이며 염산에 녹고 물을 흡수하여 석고가 된다. 500~1,300℃에서 소성하며 경화시간이 길다.

(6) 석재

1) 석재의 특징

① 외관이 아름답고 연마 정도에 따라 재질감과 무늬가 좋다.
② 압축강도와 비중이 크고 가공이 어렵다.
③ 강도와 내구력, 불연성이 크다.

2) 석재의 종류

① 수성암 : 퇴적작용으로 생긴 암석으로 점토암, 사암, 응회암, 사암 등이 있다. (2014년 4회)

② 화성암 : 마그마가 응고되어 생긴 암석으로 화강암(압축강도가 가장 크다), 안산암, 감람석, 섬록암, 부석이 있다. (2008년 4회)(2013년 2회)

③ 변성암 : 수성암 또는 화성암이 온도와 압력의 영향에 의해 화학적으로 변한 암석으로 대리석(색채, 무늬가 다양하고 성질이 치밀. 견고하다), 트래버틴 등이 있다. (2005년 4회)

(7) 섬유

1) 섬유의 특징

① 천연섬유와 인조섬유로 나눈다. 천연섬유에는 식물성, 동물성, 광물성 섬유가 있고 인조섬유는 재생, 반합성, 합성, 무기질 섬유로 구분한다.

② 섬유는 실과 직물의 제조원료이며 가늘고 긴 유연성을 가진다.

③ 경사와 위사의 두 실이 교차해서 직물을 만들며 직물의 3원조직은 평직, 능직, 주자직이다. (2011년 1회)

2) 섬유의 종류

① 마 (2008년 2회)(2013년 5회)

찬 느낌을 주고 수분의 흡수와 발산이 빨라서 여름 의복에 적합한 식물성 섬유이다.

② 무명(면화) (2004년 2회)

수직기인 재래식 베틀로 제작된 목화를 이용한 식물성 섬유로, 흡수성이 좋고 비중이 높다.

(8) 유리

1) 유리의 특징

① 창유리는 로마시대에 최초로 개발되었고 성질에 따라 조명유리, 붕산유리, 강화유리로 나뉜다. (2006년 2회)(2013년 4회)

② 규사, 탄산나트륨, 탄산칼슘 등을 고온으로 녹인 후 냉각하면 생기는 투명도 높은 물질이다. (2010년 4회)

③ 보통 유리의 비중은 2.5~2.6 정도이며, 투과율이 높아 채광재료로 사용한다. (2005년 5회)

④ 내구성이 크고 반영구적이지만 충격에 약하고 차음, 단열효과가 없다.

⑤ 전기의 부도체이지만 표면의 습도량이 크면 전기저항력이 약해지며, 용융(액체)상태에서는 전기를 통한다. (2008년 1회)

⑥ 비결성의 탄화수소계 물질로서 그 원소가 비금속인 탄소로 이루어진 재료이다.

(2008년 5회)(2009년 2회)(2011년 4회)

2) 유리의 성형법

① **수취법** : 용해된 유리 소지를 취관 끝에 두고 입으로 불어 늘리는 방법

(2006년 1회)(2008년 2회)(2016년 1회)

② **평판법** : 가마에서 정제된 용용 유리를 판형으로 수직 인상하는 방법

③ **블로우머신법** : 주로 용기 생산에 사용되며 생산효율이 좋고 대량생산이 가능

④ **롤러법** : 일반 유리, 형판유리, 망입유리 등을 제작할 때 사용

(9) 연마, 광택, 접착제

1) 연마

고체의 표면을 다른 고체의 모서리나 표면으로 문질러 평활을 유지하고 광택을 높이는 작업이다.

① **그라인더** : 금속, 귀금속 등에 사용되고 가공의 정밀도가 높아 표면이 매끄럽다.

② **버프(버프 연마)** : 버프의 원주 또는 측면에 연마제를 바르고 금속 표면을 연마하는 작업

③ **전해** : 전기분해를 이용해 표면을 연마하는 방식

④ **약품처리** : 초산에 염화아연이나 염산을 가한 용액에 담근 후 물로 행구어 표면의 광택을 연마하는 작업

2) 광택

① **유약** : 도자기의 표면에 얇게 약을 입히는 것으로 보통 무색 투명하지만, 착색 바탕에 백색 유약을 발라서 순백의 도자기를 제작하기도 한다. 도자기 유약의 3대 요소는 장석, 규석, 석회석이다. (2012년 2회)(2016년 4회)

② **칠보** : 유리질의 산화물을 응용 금속 등의 재료에 녹여 붙이는 과정을 거쳐 아름답고 고급스러운 물건을 만드는 공예 기법으로 부식을 방지하고 강도를 높여준다.

3) 접착제

동물성, 식물성, 합성수지 접착제가 있다.

① **아교** : 짐승의 가죽, 뼈로 만든 동물성 접착제로 엷은 색이며 투명성과 탄성이 크다. 주로 나무나 가구의 맞춤 접착제로 사용된다. (2006년 2회)(2009년 2회)

② **전분** : 감자, 밀, 옥수수, 고구마 등과 같은 글루코스(포도당)로부터 구성되는 다당류로 식물체로 만든 식물성 접착제로 내수성과 부패성이 약하다. 주로 종이류의 접착제로 사용된다. (2010년 1회)

③ 페놀수지 접착제 : 합성수지 접착제로 페놀류와 포름알데히드류를 축합반응시킨 것을 주성분으로 한다. 접착력이 크고, 내수성, 내열성, 내구성이 좋다. (2008년 1회)

④ 멜라민수지 접착제 : 합성수지 접착제로 옥외 등의 내수 합판이나 목제품의 접합에 널리 사용된다. 사용 가능 시간이 길며 고온에서 즉시 접합된다. (2014년 1회)

05 | 도장재료

(1) 도료의 이해

페인트나 에나멜처럼 고체 물질의 표면에 칠하여 고체막을 만들어, 물체의 표면을 보호하고 아름답게 하는 유동성 물질의 총칭을 '도료'라고 한다. 일반적으로 겔(gel) 모양의 유동상태이며, 칠한 후에는 빨리 건조 경화하는 것이 좋다. 도료는 주로 안료로 생산되는데 변색과 퇴색이 없어야 하며 지정된 색상과 광택을 유지해야 한다. (2015년 1회)

(2) 도료의 구성 (2005년 4회)(2015년 4회)

도료는 전색제, 안료, 용제, 건조제, 첨가제로 구성되어 있다.

1) 전색제(vehicle)

고체 성분인 안료나 도료를 도착 면에 밀착시켜 도막(물체의 표면에 칠한 도료의 얇은 층이 건조, 고화, 밀착되면서 연속적 피막이 형성)을 형성하는 액체 성분을 말한다.

① 유성페인트 : 들깨기름, 콩기름, 동유, 어유 등을 사용한다.
② 수성페인트 : 카세인(점착제 수용액)을 사용한다.
③ 에나멜 : 오일니스, 스텐드유를 사용한다.
④ 기타 : 아마인유, 니스, 아라비아고무 등을 사용한다.

2) 안료 (2014년 4회)(2016년 2회)

다양한 색채를 표현하며 전색제와 함께 물체에 착색한다. 무기안료는 은폐력, 내열성, 내광성이 크다. 유기안료는 무기안료에 비해 아름다운 색채를 얻을 수 있다.

(2013년 4회)(2016년 4회)

3) 용제(solvent) (2006년 1회)(2009년 5회)(2010년 4회)

도막의 부성분으로 수지를 용해하여 도막에 평활성을 부여한다. 도료 중 안료를 제외한 액상 성분이다. 묽고 균일한 도장을 가능케 하여 다공성 재료에서는 공극을 채워 단단해지며 내구성 및 불투명성 막을 형성한다. (2012년 2회)(2012년 4회)(2014년 5회)

4) 건조제

빨리 건조하도록 돕는 재료

(3) 도료의 종류

1) 천연수지 도료(natural resin paint)

용제가 적게 들며, 우아하고 깊이 있는 광택성을 가지는 도막을 형성한다.
(2005년 5회)(2008년 4회)(2008년 5회)

① 옻 : 주성분이 우르시올이며 용제가 적게 들고 광택이 우아하며 공예품에 주로 사용
  (2016년 1회)

② 캐슈계 도료 : 캐슈 열매의 추출액

③ 주정도료 : 수지를 알코올에 용해해 니스에 안료를 가하여 착색한 도료 (2013년 5회)

2) 합성수지도료(synthetic resin paint)

도료 중 가장 많이 사용되는 도료로서 일반적으로 내알칼리성으로 콘크리트나 모르타르의 마무리 도료로 쓰인다. 속건성 래커, 요소수지, 알키드 수지 등이 있다.
(2006년 5회)(2007년 4회)

3) 수성도료(water paint)

① 도료를 사용하기 쉽게 해주는 매체로 물을 사용하는 도료이다.

② 내수성과 내구성이 약하며 취급이 간편하다. 발화성이 낮고 경제적이다. (2011년 1회)

4) 형광도료(fluorescent paint) (2009년 1회)

긴 파장이나 자외선 등의 자극을 받으면 자극이 제거된 후에도 일정 시간 빛을 내는 도료이다.

5) 스트리퍼블(strippable) (2007년 2회)(2009년 2회)(2011년 2회)(2014년 1회)

비닐계 수지로 도장재의 더러움 방지를 위해 일시적으로 사용한다. 필요할 때 간단하게 벗겨낼 수 있다.

6) 에나멜 페인트(enamel paint) (2004년 4회)(2012년 5회)

오일니스와 안료가 주성분으로 건축용, 차량, 선박, 기계 등에 널리 사용된다. 도막이 아름답고 내구성과 내후성이 좋고 건조가 빠르다.

POINT 도장방법에 따른 분류

- **스프레이 도장** : 스프레이를 이용하는 방법으로 광택이 좋으며, 공기의 소비량이 적다. 물체와의 거리는 가깝게 조작하고 속도는 느리게 한다. (2006년 2회)(2008년 2회)
- **롤러브러시 도장** : 천장, 벽, 바닥 등 평면이나 면적이 넓은 피도장물에 능률적으로 도장할 수 있다. (2006년 4회)

핵심요약정리 및 체크리스트

[꼭 이해하고 넘어가야 할 핵심내용입니다. 아래 내용의 80% 이상을 암기하지 못했다면 다시 공부하세요.]

1. 필름의 감도는 숫자가 클수록 감광도가 높고, 적정 노출을 얻기 위해서 필요로 하는 광량은 적어진다.
   표시는 ASA, (   ), DIN 등 3가지로 하는데, 실제로는 ISO/DIN 두 가지가 공동으로 사용되고 있다.

ISO

2. 필름의 현상과정 : 현상 → 정지 → (   ) → 수세 → 건조

정착

3. 피사체의 밝고 어두운 차이를 나타내는 데 있어서 어느 정도 검고 흰지, 또는 진하고 연한지의 정도의 차를 (   )라 한다.

콘트라스트

4. 촬영된 모든 이미지들을 인화지에 필름과 같은 크기로 인화하여 무엇을 촬영했는지 한 번에 관찰하는 인화방법을 (   )인화라 한다.

밀착

5. 춘재와 추재로 구성되어 나무의 결을 결정하는데 춘재부에서 추재부를 거쳐 다음 춘재부에 이르는 하나의 띠를 (   )라 한다.

나이테

6. 목재 중 (   )은 5mm 이하의 단판을 엇갈리게 붙여 제작한다. 재료가 균일하여 가장 많이 사용되며, 제작이 쉽고 갈라짐이 적으며 강도가 높다.

합판

7. 목재를 얇고 잘게 조각 내어 결합체를 가하여 성형, 열합한 판상 제품을 (   )보드라 한다.

파티클

8. (   ) 재료는 1930년대 석유화학 발전으로 합성수지가 생산되면서 쓰이게 되었다. 주원료는 석탄과 석유인 유기재료이며 가볍고 강도가 높다. 전기절연성이 우수하고 열팽창계수가 크며 내수성이 좋아 녹이나 부식이 없다.

플라스틱

9. 성형 시 열을 다시 가하여도 불용의 상태가 되어 연화되지 않기 때문에 재사용이 불가능한 플라스틱은 (   ) 수지이다. 성형 시 화학적 변화를 일으키지 않기 때문에 재사용이 가능한 플라스틱은 (   ) 수지이다.

열경화성, 열가소성

10. (   ) 수지는 열경화성 수지로 베이클라이트(bakelite)라 하며 절연성이 커서 전기재료로 많이 사용되고 가장 오랜 역사를 가졌다.

페놀

11. 가열하여 유동상태로 된 플라스틱을 닫힌 상태의 금형에 고압으로 충전하여 이것을 냉각·경화시킨 다음 금형을 열어 성형품을 얻는 가공법을 (   )가공이라 한다.

사출

12. 금속의 특징(O, × 문제)
　① 비중이 작다. (   )
　② 열 및 전기의 양도체이다. (   )
　③ 전성과 연성이 좋다. (   )
　④ 고체상태에서 결정체이다. (   )
　⑤ 비중이 매우 작다. (   )
　⑥ 외력에 대한 내항과 내구력이 크다. (   )
　⑦ 녹슬기 쉽다. (   )

×, O, O, O, ×, O, O

13. 일정한 온도가 되면 원래의 형상으로 되돌아가는 금속을 (   )기억합금이라 한다.

형상

14. (   ) 금속은 가볍고 표면의 산화피막 때문에 내식성이 좋으며 철강 다음으로 사용량이 많다. 항공기, 자동차 운반기계 등의 차체 중량 감소를 목적으로 사용된다.

알루미늄

15. 금속의 가공법 중 얇은 철판에 두께의 변화를 주지 않고 표면과 이면에 오목한 부분과 볼록한 부분이 반복되도록 금형을 사용하여 성형하는 기법을 (   )이라 한다.

엠보싱가공

16. (   )가공은 금속을 적당한 온도로 가열하여 주어진 모양과 치수로 가압, 성형하여 제품을 만드는 소성방법이다.

단조

17. (   )은 가열에 의하여 금속을 정상적인 성질로 회복시키는 열처리방법이다.

풀림

18. 금속 표면에 다른 금속 또는 합금의 얇은 층을 입혀 피막을 처리하는 방법을 도금이라 한다. (   )은 귀금속을 도금할 때 너무 많은 전류가 흘러서 거친 도금이 된 상태로 갈색, 무광택, 백색, 회흑색, 석출물로 나타나는 도금 결함을 말한다.

탄도금

19. (   )는 금속과 비금속의 복합체로 결정화된 물질이며 디자인, 전기, 전자 등에 널리 쓰인다.

도자기

20. 찬 느낌을 주고 수분의 흡수와 발산이 빨라서 여름 의복에 적합한 식물성 섬유를 (   )라 한다.

마

21. (　　)는 전기의 부도체이지만 표면의 습도량이 크면 전기저항력이 약해지며, 비결성의 탄화수소계 물질로서 그 원소가 비금속인 탄소로 이루어진 재료이다.

유리

22. 용해된 유리 소지를 취관 끝에 두고 입으로 불어 늘리는 방법을 (　　)이라 한다.

수취법

23. (　　)는 짐승의 가죽, 뼈로 만든 동물성 접착제로 엷은 색이며 투명성과 탄성이 크다. 주로 나무나 가구의 맞춤 접착제로 사용된다.

아교

24. 도료는 (　　), 안료, 용제, 건조제, 첨가제로 구성되어 있다.

전색제

25. (　　)는 도막의 부성분으로 수지를 용해하여 도막에 평활성을 부여한다. 도료 중 안료를 제외한 액상 성분이다. 묽고 균일한 도장을 가능케 하여 다공성 재료에서는 공극을 채워 단단해지며 내구성 및 불투명성 막을 형성한다.

용제

26. 비닐계 수지로 도장재의 더러움 방지를 위해 일시적으로 사용하며, 필요할 때 간단하게 벗겨낼 수 있는 것은 (　　)이다.

스트리퍼블

PART

04

컴퓨터
그래픽스
(12문제)

컴퓨터그래픽스운용기능사 필기 무료 강의는
유튜브 조선생TV에서 시청할 수 있습니다.

01 | 컴퓨터그래픽스의 이해

(1) 컴퓨터그래픽스의 개념 및 특징

1) 컴퓨터그래픽스의 개념

① 그래픽의 어원은 '쓰다. 그리다'의 의미를 가진 '그라피코스(graphikos)'로 과거에는 모든 디자인 작업이 붓, 연필, 물감, 색연필 등을 이용한 수작업을 통해 표현되었으나 컴퓨터의 개발 및 발전과 함께 디자인을 위한 수단으로 컴퓨터를 이용하게 되었다. (2005년 4회)(2011년 1회)

② 오늘날 컴퓨터 하드웨어(hardware)의 발전과 다양한 소프트웨어(software)의 개발로 보다 효과적이고 능률적으로 디자인을 수행할 수 있게 되었다. (2009년 1회)

2) 컴퓨터그래픽스의 특징
(2005년 1회)(2006년 1회)(2006년 5회)(2007년 2회)(2008년 4회)(2009년 1회)(2010년 1회)(2011년 1회)(2013년 1회)(2015년 2회)(2015년 4회)

① 수작업으로는 불가능한 표현이나 효과가 가능하다.
② 시간과 비용을 줄이고 대량생산이 가능하다.
③ 다양한 색채표현 및 이미지 교체가 용이하다.
④ 이미지의 확대, 축소, 이동, 회전이 용이하다.
⑤ 이미지의 저장, 수정, 재구성이 용이하다.
⑥ 디자인의 도구일 뿐 아이디어를 제공하지는 않는다. (2011년 2회)

(2) 컴퓨터그래픽스의 역사 (2004년 2회)(2006년 5회)(2012년 4회)

① 제1세대(1950년대) : X-Y 플로터(1958년 개발, 종이 위에 설계도면을 그릴 수 있게 됨), 진공관, 에니악(ENIAC, 세계 최초 진공관식 컴퓨터) (2010년 4회)(2016년 2회)(2016년 4회)

② 제2세대(1960년대) : CAD/CAM 시스템, CRT모니터, 트랜지스터
(2005년 5회)(2009년 4회)(2009년 5회)(2012년 1회)(2016년 1회)

③ 제3세대(1970년대) : IC 직접회로, 벡터스캔형 CRT, 3D셰이딩 기법 (2005년 1회)(2008년 5회)

④ 제4세대(1980년대) : LS 고밀도직접회로, 래스터 스캔형 CRT, 매킨토시 발표, 모핑기법 개발

⑤ 제5세대(1990년대) : SVLSI, 바이오소자, 인터넷, 멀티미디어, GUI

컴퓨터그래픽스 시스템 구성 (2013년 2회)(2016년 4회)

01 | 입력장치(input devices)

(1) 입력장치의 종류 및 특징
(2004년 1회)(2004년 5회)(2007년 4회)(2008년 4회)(2009년 1회)(2010년 5회)(2011년 1회)(2012년 1회)(2014년 1회)(2015년 1회)(2015년 5회)

외부의 정보를 컴퓨터 내부로 전달하는 장치

① 스캐너(scanner) : 그림이나 사진 등의 필요한 부분을 컴퓨터가 처리할 수 있는 형태
로 바꾸어 컴퓨터에 입력하는 장치
(2004년 4회)(2004년 5회)(2006년 1회)(2008년 5회)(2010년 2회)(2010년 4회)(2015년 1회)(2015년 5회)

② 모션 캡처(motion capture) : 몸에 센서를 부착하고 그 동작을 데이터화하여 가상 캐릭
터가 같은 동작으로 애니메이션되도록 하는 장치

③ 3D 스캐너(scanner) : 3차원 모델 데이터를 얻기 위한 입력장치로 입체대상물에 비추
어 대상물에 직접 접촉하지 않고도 좌표를 측정할 수 있다. (2007년 2회)(2009년 1회)(2012년 1회)

④ 태블릿(Tablet) : 2차원 그물망으로 된 감지기를 가지고 있어 필압을 감지하여 붓이나
펜촉을 가지고 그린 것처럼 표현하는 장치 (2013년 4회)

⑤ 그 외 키보드, 마우스, 터치스크린, 조이스틱, 디지털카메라 등이 있다. (2006년 2회)

> **POINT** CCD(Charge−Coupled Device) (2014년 1회)
> 전하결합소자라고도 하며 빛을 전하로 변환하는 광학 칩 장비장치이다. 색채영상의 입력에 활용되는 기기들의
> 가장 기본이 되는 요소로 디지털카메라, 비디오카메라, 스캐너 등에 사용된다.

02 | 중앙처리장치

(1) 연산 및 제어장치 (2005년 5회)(2006년 4회)(2007년 2회)(2009년 2회)
① 사용자의 명령대로 실행하여 결과가 나타나도록 계산하고 작업을 수행하는 하드웨어
장치로 CPU(Central Processing Unit)가 대표적이며 수치적인 연산과 명령 해독 및 동
작을 통제, 제어, 관리하는 장치이다.

② CPU는 인간의 뇌에 해당되며 컴퓨터의 속도에 영향을 준다.
(2013년 4회)(2013년 5회)(2014년 5회)(2015년 4회)

(2) 기억장치 (2008년 5회)

① 주기억장치에는 ROM(Road Only Memory)과 RAM(Read Access Memory)이 있다. ROM은 기록된 데이터를 읽기만 하는 휘발성 메모리로 내용을 고칠 수 없고, RAM은 읽기와 쓰기가 모두 가능한 메모리로 전원이 꺼지면 지워진다.

(2004년 1회)(2004년 2회)(2004년 4회)(2005년 2회)(2007년 5회)(2008년 1회)(2011년 2회)(2012년 5회)(2014년 5회)

② 보조기억장치로는 하드디스크와 플로피디스크, CD, DVD, 플래시메모리 등이 있다. 전원이 꺼져도 메모리가 지워지지 않는다. (2010년 5회)(2011년 4회)

③ 가상메모리(Virtual Memory)는 메모리 관리방법의 하나로 실제 RAM이 사용하려는 프로그램의 권장 메모리보다 작을 때 사용한다. 각 프로그램에 실제 메모리 주소가 아닌 가상 메모리 주소를 할당하여 주기억장치보다 큰 메모리 영역을 제공할 수 있다.

(2013년 1회)(2013년 2회)(2015년 4회)

03 | 출력장치

(1) 출력장치의 종류 및 특징 (2005년 2회)(2009년 5회)

컴퓨터에서 처리된 자료나 정보를 문자, 기호 또는 소리로 변환하여 외부로 전달하는 장치로 모니터, 프린터, 플로터, Virtual workbench, Film Recorder 등에 사용된다.

1) LCD 모니터

① 액정 투과도의 변화를 이용해서 각종 장치에서 발생되는 여러 가지 전기적인 정보를 시각정보로 변화시켜 전달하는 전자소자로 손목시계나 컴퓨터 등에 널리 쓰이고 있는 평판 디스플레이이다.

② 에너지 소모율이 작아 휴대용으로 사용 가능하고 자체 발광성이 없어 후광이 필요하며 가법혼색의 원리를 이용한다.

2) CRT 모니터(음극선관)

① 고진공전자관으로서 음극선, 즉 진공 속의 음극에서 방출되는 전자를 이용해서 상을 만들어내는 표시장치, 가법혼색의 원리를 이용한다.

② 그래픽 작업에 적합하고 눈이 쉽게 피로해지는 단점이 있다. 부피가 크고 전력이 많이 소모된다.

3) LED 모니터 <small>(2007년 1회)</small>

반도체의 p-n 접합구조를 이용하여 주입된 전자를 만들어내고 이들을 재결합하여 발광시키는 모니터로 전기발광다이오드(Lighting Emitting Diode)라 하며 전자발광의 원리로 빛을 방출한다.

> **POINT VGA(Video Graphic Adapter)** <small>(2007년 4회)(2010년 1회)</small>
> 비디오카드라고 불리며 컴퓨터 정보를 모니터에 알맞게 디지털 신호로 바꾸어 화면에 나타내는 컬러 수와 해상도를 결정해주는 장치이다. VGA를 대체하는 32비트 컴퓨터용 그래픽카드로 멀티미디어를 고려해 XVGA가 만들어졌다. <small>(2015년 2회)</small>

4) 잉크젯 프린터(inkjet printer) <small>(2004년 1회)(2005년 5회)(2006년4회)(2010년 1회)(2010년 2회)(2016년 1회)</small>

4가지 노즐(C,M,Y,K)을 통해 잉크를 뿌려서 문자나 이미지를 나타내는 방식

5) 플로터(plotter) <small>(2006년 2회)</small>

보통 A0 크기까지의 대형 출력이 가능한 프린터

6) 필름 레코더(film recorder) <small>(2016년 1회)(2016년 4회)</small>

디지털 화상을 아날로그 화상으로 전환 출력할 수 있는 시스템으로 모니터에 나타난 도형이나 그림을 35mm 슬라이드에 저장한다. <small>(2007년 5회)(2011년 2회)</small>

7) 프로젝터(projector) <small>(2014년 4회)</small>

모니터에 보이는 이미지나 영상을 크게 확대하여 보여주는 출력장치

제3강 디자인 작업을 위한 컴퓨터그래픽스

01 | 컴퓨터그래픽스의 원리

(1) 컴퓨터그래픽 좌표계 (2012년 2회)

① 극좌표계(polar coordinates) (2006년 1회)(2013년 1회)

원점으로부터의 거리와 각도를 사용하여 좌표를 나타내는 2차원 좌표계

② 직교좌표계(데카르트 좌표계, 직각좌표계, Cartesian coordinate system)

각축의 교차점을 원점이라 할 때, 원점은 (0,0,0)의 좌푯값을 가진다. 좌표계에서 X축
은 수직을 따라 상하방향이고 Y축은 수평선을 따라 좌우방향이다. 3차원 공간에서 보
통 Z축으로 물체의 깊이 또는 두께를 표현한다. (2005년 2회)(2012년 5회)

(2) 컬러와 컴퓨터그래픽

1) 디지털 색채(digital color)의 이해

① 디지털이란 데이터를 '0과 1'이라는 수치로 처리하거나 숫자로 나타내는 것을 말한
다. 색채 자체를 수치화하여 표현해내는 것으로 컴퓨터 모니터, TV, 프린터, 휴대폰,
PDA, DMB, 모바일 등이 디지털 색채에 포함된다.

> **아날로그(analogue)**
> 미세한 기복을 나타내며 연속으로 변화하는 일련의 사인(sine) 곡선으로 표현되는 전자장비의 처리
> 방식이다. 전압 등과 같이 물리량을 이용하여 어떤 값을 표현하거나 측정한다.

② 디지털 색채에는 R,G,B를 이용해 색채 영상을 디스플레이하는 것과 C, M, Y를 이용
하여 프린트하는 것이 있다.

③ 모든 디지털 또는 비트맵화된 이미지는 해상도(resoluiton), 디멘션(dimension), 비트
깊이(depth), 컬러모델(colormodel)이라는 4개의 기본적 특징을 가진다.

2) 비트와 표현색상 (2009년 5회)

① 1bit = 0 또는 1의 검정이나 흰색

② 4bit = 2에 4승인 16컬러

③ 8bit = 2에 8승인 256컬러(index color) (2010년 4회)(2011년 5회)

④ 16bit = 2에 16승인 6만 5천 컬러(high color)

⑤ 24bit = 2에 24승인 1677만 7천 컬러(true color)

비트(bit)

binary digit의 약칭으로 컴퓨터의 신호를 2진수로 변환해 기억한다. 2진수에서의 숫자 0, 1과 같이 신호를 나타내는 최소의 단위를 비트라 한다. (2009년 4회)

POINT 저장장치의 용량을 나타내는 단위 (2009년 5회)(2013년 2회)

- 1bit(비트) = 이진법의 최소 단위 0 또는 1 (2015년 2회)
- 1Byte(바이트) = 8bit (2004년 1회)(2008년 2회)
- 1KB(킬로바이트) = 1024Byte (2010년 5회)
- 1MB(메가바이트) = 1024KB (2004년 1회)(2004년 5회)(2012년 1회)
- 1GB(기가바이트) = 1024MB (2005년 5회)(2010년 2회)(2014년 4회)
- 1TB(테라바이트) = 1024GB (2006년 5회)
- 1PB(페타바이트) = 1024TB

---

3) 디지털 색채 체계 (2006년 2회)(2006년 4회)(2014년 2회)

① LAB 모드 (2010년 2회)(2011년 1회)(2014년 5회)(2016년 4회)

L＊(명도), a＊(빨강/녹색), b＊(노랑/파랑)으로 다른 환경에서도 최대한 색상을 유지시켜주기 위한 디지털 색채 체계이다. 작업속도가 빠르며 CMYK 모드를 모두 수용할 수 있는 색영역을 가지기 때문에 RGB 모드로의 변환 시에 중간단계로 사용되는 컬러모드이다. (2014년 1회)

② RGB 모드 (2009년 5회)(2010년 5회)(2015년 5회)

색광혼합방식으로 보통 모니터에서 표현된다. RGB 각각 8비트 색채인 경우 0~255까지 256단계를 갖는다. 각각 세 개의 컬러가 별도로 작용하여 색을 표현하는데 디지털 색채 시스템 중 가장 안정적이며 널리 쓰인다.

③ CMYK 모드 (2006년 5회)(2009년 4회)(2014년 5회)(2016년 1회)

색료혼합방식으로 보통 인쇄 또는 출력 시 사용된다.

④ Grayscale 모드

흑백이미지를 표현할 때 사용하며 256단계의 회색 음영으로 표현되며 어느 모드에서든 다른 모드로 변환이 가능하다.

⑤ Index 모드 (2005년 2회)(2006년 4회)(2008년 4회)(2009년 1회)(2010년 4회)(2015년 4회)

24비트 컬러 중에서 정해진 256컬러를 사용하는 컬러 시스템으로 컬러 색감을 유지하면서 이미지의 용량을 줄일 수 있어 웹게임 그래픽용 이미지를 제작하는 데 많이 사용된다.

⑥ HSB 모드 (2008년 4회)(2011년 1회)(2013년 4회)(2014년 4회)

먼셀의 색채 개념인 색상, 명도, 채도를 중심으로 선택하도록 되어있는 모드이다. H
는 0~360°의 각도로 색상을 표현한다. S는 채도로 0%에서 100%으로 되어있고 B는
밝기로 0%에서 100%로 구성되어 있다.

> **POINT 캘리브레이션(Calibration)**
> (2005년 1회)(2007년 4회)(2008년 1회)(2008년 2회)(2008년 5회)(2009년 2회)(2009년 4회)(2010년 1회)(2010년 5회)(2011년 5회)
> (2013년 1회)(2014년 2회)(2015년 1회)
>
> 모니터와 출력 시스템 간의 색상 차이를 보정하기 위한 과정으로 보다 전문적으로는 이미지의 입출력 및 처리
> 과정에서 사용하는 모든 하드웨어장치의 컬러 특성을 일치시키는 것을 말한다.

조선생의
TIP

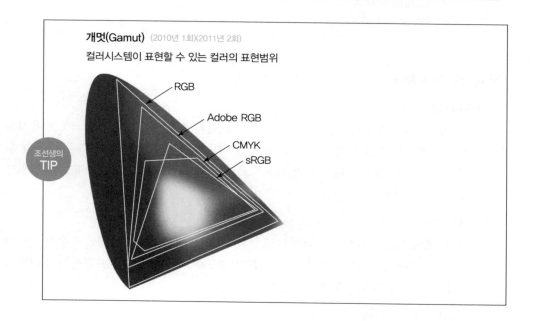

개멋(Gamut) (2010년 1회)(2011년 2회)
컬러시스템이 표현할 수 있는 컬러의 표현범위

RGB
Adobe RGB
CMYK
sRGB

(3) 벡터 및 비트맵 방식 (2012년 5회)

1) 벡터방식(vector)

(2005년 1회)(2005년 4회)(2006년 4회)(2007년 2회)(2007년 4회)(2008년 5회)(2009년 1회)(2009년 2회)(2012년 2회)(2016년 4회)

① 점과 점을 연결하여 선을 만들고 선과 선을 이용하여 표현하는 방식으로 2, 3차원 공
간에 선, 네모, 원 등의 그래픽 형상을 수학적 표현을 통해 나타내는 방식이다.

② 곡선의 모양을 알고리즘으로 표현해 그래픽 구성이 간단하여 사이즈도 상대적으로
적어 3차원 게임이나 애니메이션 등에서 많이 사용된다.

(2012년 5회)(2014년 4회)(2016년 1회)

③ 벡터방식은 베지어 곡선(bezier curve)을 이용하여 표현하며 이미지를 확대하거나 축소해도 이미지 정보가 그대로 보존되고 용량이 적은 이미지 표현방식이다.

④ 벡터방식의 드로잉 프로그램으로는 일러스트레이터, 프리핸드, 코렐드로우, CAD 등이 있다. (2004년 4회)(2005년 1회)(2005년 2회)(2007년 4회)(2009년 2회)(2013년 2회)(2014년 1회)

2) 비트맵방식(Bitmap) (2004년 4회)(2007년 2회)(2008년 2회)(2010년 1회)(2011년 2회)(2011년 5회)(2015년 5회)

① 비트맵이라는 격자상, 즉 점(픽셀)으로 표현되고 이미지 보정을 주로 하는 프로그램 방식으로 픽셀들이 그리드 속으로 찍어지는 디지털화된 이미지, 포토샵, 페인트샵 프로 등이 있으며 픽셀이 모여서 하나의 이미지를 구현하는 래스터 이미지라고도 한다. (2004년 5회)(2005년 4회)(2010년 4회)(2010년 5회)(2012년 1회)

② 축소, 확대, 회전 등으로 인한 이미지 손상이 크며 사진합성이나 특수효과의 표현에 적합하다. 하나의 이미지는 픽셀들의 집합으로 벡터 이미지에 비해 파일 크기가 상대적으로 크다. 반면 깊이 있는 색조와 부드러운 질감을 나타낼 수 있다. (2006년 4회)(2015년 5회)

POINT 앨리어싱(Aliasing)과 안티앨리어싱(Anti-Aliasing)

(2005년 4회)(2005년 5회)(2006년 2회)(2006년 4회)(2007년 1회)(2007년 4회)(2009년 4회)(2010년 2회)(2011년 5회)(2012년 2회)
(2012년 5회)(2013년 2회)(2013년 4회)(2013년 5회)(2015년 4회)

픽셀의 그리드에 단계별 색에 의해 생긴 계단현상을 앨리어싱이라 하고 물체 경계면의 픽셀에 주변 색상과 혼합한 중간색을 넣어 경계선을 부드럽게 처리해주는 방식을 안티앨리어싱이라 한다.

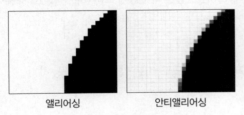

앨리어싱   안티앨리어싱

---

(4) 해상도(Resolution) (2012년 1회)(2012년 4회)(2014년 1회)(2014년 4회)

① 어떤 화상을 얼마나 세밀하게 표시할 수 있는지 그 정밀도를 나타내는 척도로 가로 세로 1인치 안에 몇 개의 픽셀로 이미지를 선명하게 표현할 수 있는가를 의미한다. (2006년 2회)(2015년 5회)(2016년 2회)

② 1인치 × 1인치 안에 들어 있는 픽셀의 수를 해상도라 하며 단위는 ppi(pixel per inch)를 사용한다. 프린터의 해상도로 가장 일반적으로 사용되는 단위는 dpi(dot per inch)이다. (2007년 1회)(2016년 4회)

(5) 그래픽 파일 포맷

1) 비트맵 파일 포맷 (2006년 1회)

① JPG (2004년 4회)(2005년 4회)(2010년 1회)(2012년 4회)(2013년 1회)(2015년 5회)

매킨토시와 윈도 환경에서 광범위하게 사용되며 높은 압축률로 웹용 이미지로 많이 사용되는 그래픽 이미지 압축 포맷이다.

② PSD (2008년 4회)(2010년 1회)(2014년 5회)(2015년 4회)(2016년 1회)

포토샵의 고유 파일 포맷으로 레이어와 알파채널 등을 수정 및 저장할 수 있다.

③ GIF (2005년 1회)(2005년 2회)(2008년 1회)(2008년 2회)(2011년 1회)

압축률은 떨어지지만 전송속도가 빠르고 이미지의 손상이 적으며 간단한 애니메이션 효과를 낼 수 있는 포맷이다. 비손실 압축방식으로 256색상 이하만 나타낼 수 있다.

④ PNG (2014년 2회)(2016년 1회)

JPG와 GIF의 장점만을 가진 포맷으로 투명성과 관련된 알파채널에서 향상된 기능을 제공하며 256컬러 외에 1,600만 컬러 모드로 저장이 가능하고 GIF보다 10~30% 뛰어난 압축률을 가진다.

⑤ TIFF (2005년 5회)(2006년 5회)(2015년 2회)(2015년 4회)

호환성이 뛰어나 매킨토시와 IBM PC에서 함께 사용할 수 있는 최초의 파일 포맷으로 RGB 및 CMYK 이미지를 24비트까지 지원하며 이미지 손상이 없는 LZW(Lempelziv welch, 무손실압축)라는 압축방식을 채택하고 있으며 OS에 의존하지 않고 사용이 가능하다.

⑥ TGA (2014년 2회)

트루비전(truevision)사에서 개발된 그래픽 포맷으로 비손실 압축이 가능하다.

⑦ BMP

MS에서 지원하는 파일포맷으로 압축방법을 사용하지 않는다.

⑧ PICT (2014년 1회)

매킨토시용 표준 그래픽 파일 포맷으로 화면용 파일 포맷이다.

⑨ RAW (2004년 2회)(2013년 4회)

디지털 카메라나 이미지 스케일의 이미지 센서로부터 최소한으로 처리한 데이터를 포함하고 있으며 화소 자체의 정보만 담고 있는 포맷

2) 벡터 파일 포맷 (2008년 4회)

① EPS (2004년 1회)(2006년 1회)(2007년 5회)(2010년 2회)(2010년 4회)(2013년 5회)(2015년 1회)

전자출판의 대표적인 포맷 방식으로 인쇄 시 4도 분판 기능이 있어 주로 고품질 인쇄를 목적으로 사용된다. 비트맵과 벡터 그래픽 파일을 함께 저장할 수 있다.

② AI (2007년 5회)

어도비 일러스트레이터에서 사용되는 전용 파일 포맷 방식

③ PDF (2005년 1회)(2006년 1회)

미국 어도비사가 개발한 문서파일형식으로 매킨토시와 윈도, 유닉스 등 다양한 컴퓨터 시스템 환경에서도 호환이 된다. 포스트스크립트와 유사하고 벡터와 비트맵 그래픽 모두를 표현할 수 있으며 인쇄상태 그대로를 컴퓨터에서 보여주므로 전자책과 디지털 출판에 적합한 파일 포맷방식이다.

조선생의
TIP

기타 포맷 방식

❶ **사운드 파일 포맷** (2007년 1회)(2013년 5회)
- **WAV** : 마이크로소프트와 IBM 오디오 파일 포맷 표준으로 아날로그 형태의 소리를 데이터 손실 없이 그대로 디지털 형태로 만들어 뛰어난 음질을 가진다. (2012년 2회)
- **MP3** : 오디오 데이터를 디지털 방식으로 기록한 파일형식으로 압축기술도 우수하고 음질도 깨끗하다.
- **MID** : MIDI(미디)는 악기 디지털 인터페이스(Musical Instrument Digital Interface)의 약자로 전자 악기끼리 디지털 신호를 주고 받기 위해 만든 언어와 통로의 신호체계표준을 말한다.
- **AU** : 유닉스에서 사용하는 일반적인 포맷 방식
- **AIFF** : 매킨토시 컴퓨터용으로 비압축 무손실 압축 포맷이며 고품질 오디오 CD를 굽는 데 사용된다.

❷ **동영상 파일 포맷** (2008년 1회)(2012년 2회)(2016년 4회)
- **AVI** : Audio Video Interleave의 약자로 소리와 영상이 함께 재생되는 소리, 영상 데이터를 표준 컨테이너 안에 포함할 수 있다. 마이크로소프트에서 개발되었고 비디오 포 윈도 기술의 일부인 멀티미디어 컨테이너 포맷방식이다.
- **MPEG** : Moving Picture Experts Group은 ISO 및 IEC 산하에서 비디오와 오디오 등 멀티미디어의 표준의 개발을 담당하는 동화상전문가그룹을 말한다.
- **SWF** : Adobe 플래시에서 멀티미디어, 벡터 그래픽, 액션스크립트 등을 처리하는 데 사용하는 파일형식이다.

02 | 컴퓨터응용디자인(프로그램의 기본개념)

가. 2차원 컴퓨터그래픽스

(1) 포토샵(Photoshop)의 기능 (2010년 2회)(2013년 1회)(2013년 2회)

Adobe사에서 개발한 전문사진 이미지 편집을 위한 2차원 소프트웨어이다. 사진 등의 이미지를 축소, 확대, 수정, 합성하는 비트맵 방식의 프로그램으로 웹디자인, 영화, 광고, 출판 등의 다양한 분야에 사용되고 있다.

1) 툴박스 기능

① 자동선택 도구(Magic Wand) : 비슷한 계열의 색상 영역을 쉽게 선택하는 도구
(2007년 1회)

② 선명효과 도구(Sharpen Tool) : 이미지를 선명하게 만드는 도구 (2007년 5회)

③ 흐림효과 도구(Blur Tool) : 이미지를 흐리게 만드는 도구 (2009년 5회)(2014년 2회)

④ 그래디언트 도구(Gradient Tool) : 두 가지 이상이 색이 자연스럽게 변해가는 과정을 표현하는 도구 (2004년 1회)(2013년 2회)

⑤ 페인트버킷 도구(Paint Bucket Tool) : 색을 선택영역에 채워주는 도구 (2009년 2회)

2) 메뉴바 기능

파일(F)   편집(E)   이미지(I)   레이어(L)   유형(Y)   선택(S)   필터(T)   3D(D)   보기(V)   창(W)   도움말(H)

① place : 메뉴바 파일에 가져오기 기능으로 일러스트레이터로 작업한 파일을 불러올 때 사용 (2004년 4회)(2008년 5회)(2009년 2회)(2011년 5회)(2013년 4회)

② 레졸루션(resolution) : 파일을 새로 만들 때의 해상도로 인쇄를 목적으로 할 때는 300ppi를 사용한다. (2015년 2회)

③ Undo : 메뉴바 편집의 전 단계 기능으로 작업 도중 명령을 취소할 때 사용 (2005년 4회)(2006년 4회)(2015년 4회)

④ duotone : 메뉴바 이미지 모드에 이중톤 모드(Duotone Mode)를 지원하는 컬러모드 (2005년 4회)(2009년 2회)(2012년 4회)

⑤ RGB 모드 : 메뉴바 이미지 모드에 RGB 모드 (2004년 2회)(2009년 4회)

⑥ Document Setup : 페이지의 크기 및 종이 방향을 설정하는 기능 (2014년 5회)

⑦ 크롭툴 : 이미지에서 원하는 부분만 남기고 나머지 부분을 잘라 없애는 명령 (2015년 2회)

⑧ Flip Horizontal : 왼쪽 이미지를 오른쪽으로 편집하려고 할 때 필요한 명령어 (2010년 4회)(2012년 2회)

⑨ 필터(Filter) : 그래픽 이미지에 특징적인 효과를 적용하여 변경해주는 기능 (2005년 2회)(2009년 2회)(2013년 2회)

⑩ Invert : 이미지의 색상과 색조를 반전시키는 기능 (2004년 2회)(2015년 1회)

⑪ bevel & emboss : 레이어상의 픽셀 테두리 부분에 하이라이트와 그림자를 형성하여 돌출효과를 나타내는 기능 (2006년 2회)(2006년 4회)(2007년 1회)(2007년 2회)(2009년 5회)

⑫ Pixelate : 하프톤의 효과나 모자이크 효과를 얻을 수 있는 필터 기능 (2011년 2회)

3) 윈도우 팔레트 기능

① 레이어(layer) : 이미지의 색상 정보를 관리하는 기능을 갖고 있으며, 선택영역을 저장한 뒤 여러 가지 형태로 변형해 보존하고 알파 값으로 관리하는 기능을 가지고 있다. (2004년 5회)(2009년 5회)(2006년 4회)

② Opacity : 레이어에서 오브젝트의 불투명도를 조절하는 명령 (2006년 1회)(2009년 4회)(2014년 4회)

③ 브랜드 모드 : 레이어에서 자연스러운 합성을 할 때 사용 (2008년 2회)(2011년 1회)

④ 채널 (2006년 5회)(2007년 5회)(2013년 5회)

검은색과 흰색의 이미지로 구성되어 있으며 선택영역을 저장하고 편집하여 보다 지속적인 마스크를 생성할 수 있는 역할을 하는 것

⑤ 패스 : 이미지의 일부분을 정확하게 따내기 위한 도구로 경로를 따라가는 글자 표현도 가능하다. (2012년 2회)(2016년 2회)

⑥ 문자 윈도우 : 글자를 두껍게(bold)하거나 행간을 조절하는 윈도우 (2006년 1회)(2012년 1회)

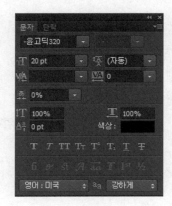

⑦ 블러시 윈도우 : 페인팅에 사용하는 브러시의 크기 및 특성을 조절하는 윈도우 (2014년 2회)

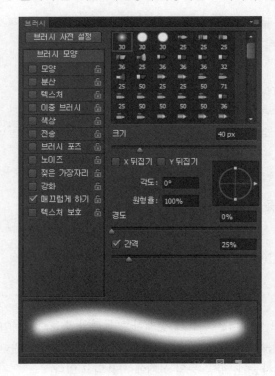

4) 포토샵의 작업속도 향상방법 (2005년 2회)(2005년 5회)(2007년 4회)(2013년 5회)

① 불필요한 프로그램을 동시에 열어놓고 사용하지 않도록 한다.

② 클립보드에 너무 큰 용량의 데이터가 들어있지 않도록 사용 후에는 비워준다.

③ 시스템과 프로그램의 메모리 관리 설정을 적절하게 해준다.

④ 레이어(Layer)와 채널을 가능한 적게 사용하는 방식을 취한다.

⑤ 메뉴 명령 대신 가급적 동등키(단축키)를 사용하여 곧바로 실행될 수 있도록 작업하여 효율을 높인다.

⑥ 최초 작업은 저해상도 파일로 미리 해봄으로써 실제 출력 크기의 이미지 해상도 작업 시 제작상의 착오를 최소화한다.

(2) 일러스트레이터(Illustrator)의 기능

Adobe사에서 개발한 도형, 문자, 글자, 그림 등을 오브젝트를 벡터방식으로 표현하는 소프트웨어이다. 심벌, 로고, 캐릭터 등 디자인 시 가장 많이 사용되고 있다.
(2013년 5회)(2014년 1회)(2014년 2회)

① 크리에이트 아웃라인(Create Outlines) (2008년 5회)(2011년 1회)(2011년 4회)(2012년 5회)(2016년 1회)
사용한 서체가 없는 컴퓨터에서 출력할 때도 서체가 깨지지 않도록 한다. 사용한 글자를 오브젝트로 변환하여 그래픽 효과를 줄 수 있고 문자를 마스크용 오브젝트로 만들 수 있다.

② 패스파인더(Pathfinder) (2004년 1회)(2008년 1회)(2010년 2회)(2014년 2회)(2014년 5회)
도형들의 겹친 부분 결합, 분리 등 여러 형태로 변하게 하는 기능

③ 래스터라이징(Rasterising) (2005년 5회)(2007년 1회)(2010년 4회)
벡터방식의 이미지를 비트맵 방식의 이미지로 전환시키는 기능

(3) 오토캐드(AutoCAD) (2004년 2회)(2006년 5회)(2007년 5회)(2015년 1회)

Computer Aided Design의 약자로 컴퓨터를 이용해 설계하는 목적의 소프트웨어이다. 정밀한 도면 및 데이터 작성이 가능하며 규격화와 데이터 관리가 쉽다. 설계를 위한 입력과 수정이 편리하며 건축, 기계, 자동차, 항공 등의 설계에 사용되고 있다.

① Limits : 도면이 그려지는 영역을 결정하는 명령어 (2007년 5회)

② Mine : 다중선을 그리는 명령어(벽면을 그릴 때 사용) (2007년 2회)

나. 3차원 컴퓨터그래픽스

3차원 그래픽 이미지의 각 점의 위치를 폭(X), 높이(Y), 깊이(Z)의 3축으로 하는 공간 좌표를 이용해 3차원적으로 출력하는 컴퓨터 그래픽으로 3차원 모델링을 가리키기도 한다.
(2009년 2회)(2011년 1회)

(1) 모델링의 종류 및 특징

① 와이어프레임 모델(Wire-frame model)

(2006년 4회)(2007년 2회)(2008년 2회)(2009년 4회)(2011년 1회)(2013년 4회)(2014년 2회)(2016년 2회)

3차원 그래픽에서 시각적으로 꼭짓점들을 연결하는 선으로 물체를 표현하는 방법으로 데이터 구조가 간단하고 처리속도가 빠르다.

② 서페이스 모델(Surface model) (2013년 2회)

3차원 물체의 선뿐만 아니라 표면도 표현이 가능한 모델

③ 솔리드 모델(Solid model) (2004년 2회)(2011년 4회)(2011년 5회)(2015년 1회)

3차원 형상 모델 중 속이 꽉 차 있어 수치 데이터 처리가 정확하여 제품생산을 위한 도면 제작과 연계된 모델로 물체의 표면 및 내부까지 표현이 가능하다. 물체의 다양한 성질을 좀더 정확히 표현할 수 있다.

④ 프랙탈 모델(Practal model) (2005년 4회)(2006년 1회)(2006년 5회)(2008년 5회)(2010년 1회)(2010년 2회)(2014년 5회)

단순한 형태에서 복잡한 형상으로 구축하는 방법으로 해안선, 산맥 등의 자연물 등 복잡하고 불규칙한 모양을 만드는 모델링이다.

(2) 3D 컴퓨터그래픽스 렌더링 (2004년 2회)(2004년 5회)(2007년 2회)(2010년 5회)(2011년 2회)

컴퓨터그래픽스 렌더링은 3차원 오브젝트를 모델링한 후 색상, 음영, 질감을 입혀 좀 더 사실감 있게 표현하는 것을 말한다.

1) 광선추적법(Ray tracing) (2018년 2회)(2008년 4회)(2012년 1회)(2013년 1회)(2014년 4회)

렌더링 시 광원에서 나오는 광선을 추적하여 물체의 빛의 반사율, 굴절률을 계산하는 렌더링 표현방식으로 정밀하고 현실감 나는 렌더링 이미지를 얻을 수 있다.

2) 셰이딩(Shading) (2008년 4회)(2009년 5회)(2010년 4회)(2013년 1회)(2015년 5회)

① 셰이딩은 물체의 입체감을 더하기 위해 빛으로 음영의 밝기를 조절하는 것이다.

② 플랫 셰이딩 : 하나의 폴리곤을 단색으로 처리하는 것으로 표면 재질의 특성을 고려하지 않는다.

③ 그라운드 셰이딩 : 폴리곤의 내부를 정점의 색에 따라서 보간하여 칠하는 방식

④ 퐁 셰이딩 : 그라운드 셰이딩보다 부드럽고 좋은 질의 화상을 얻을 수 있으며 부드러운 곡선 표면의 물체에 적용

3) 매핑(Mapping)

(2004년 1회)(2004년 4회)(2005년 1회)(2006년 5회)(2008년 1회)(2008년 4회)(2009년 2회)(2010년 4회)(2010년 5회)(2013년 4회)(2015년 5회)(2016년 4회)

① 대상물의 표면에 사실감을 더하기 위해 재질감을 표현하는 방법으로 2D 이미지를 3D 오브젝트 표면에 입히는 것을 말한다.

② 요철이 있는 면에 기복이 있는 질감을 나타내는 방식을 범프 매핑(Bump Mapping)이라 한다. (2004년 2회)(2004년 5회)(2006년 2회)(2009년 1회)(2009년 5회)

4) 3D 컴퓨터그래픽스 관련 용어

① 스키닝(Skinning) (2007년 4회)(2015년 1회)

여러 개의 단면 형상을 배치하고 여기에 껍질을 입혀 3차원 입체를 만드는 방법으로 3차원 입체 형상을 애니메이션할 때 뼈대에 외부 형태를 입혀 동작 모델을 형성시키는 기능을 말한다.

② 스위핑(sweeping) (2016년 4회)

3차원 모델링에서 2차원 도형을 어느 직선방향으로 이동시키거나 어느 회전축을 중심으로 회전시켜 입체를 생성하는 기능

③ 폴리곤(polygon) (2016년 2회)(2016년 4회)

3차원 컴퓨터그래픽스의 가장 기본적인 형태 제작기법으로 꼭짓점의 좌푯값을 기본으로 모든 형상의 데이터를 구성해가는 과정

(3) 컴퓨터 애니메이션

1) 애니메이션의 특징 (2009년 1회)

① '생명을 불어넣다'는 뜻의 라틴어 '아니마투스(Animatus)'에서 유래되었고 정적인 물체에 시간의 흐름에 따른 움직임을 부여하여 운동감 있는 장면을 묘사하는 기술이다.

② 애니메이션 제작을 위한 스토리보드는 사람 사이의 의사소통 수단이며 일정한 형식은 없지만 연속되는 장면을 위주로 음악, 음향, 카메라, 물체, 빛 등의 움직임 등 편집 과정을 자세히 적는 것을 말한다. (2004년 2회)(2007년 5회)(2010년 5회)(2011년 5회)(2012년 2회)(2013년 5회)

③ 애니메이션 영상에서 기본이 되는 단위를 프레임(frame)이라 하는데, 보통 1초에 24 프레임을 기본으로 한다. 한국, 미국, 캐나다, 일본은 NTSC 방식의 29.97프레임을 사용한다. (2004년 5회)(2005년 4회)(2007년 1회)(2007년 5회)(2008년 4회)(2012년 4회)(2015년 2회)

2) 애니메이션의 종류

① 컴퓨터 애니메이션(computer animation)
컴퓨터를 이용해 이미지와 움직임을 조작하여 만든 애니메이션

② 셀 애니메이션(cell animation) (2005년 1회)(2006년 1회)(2007년 2회)(2012년 2회)(2013년 5회)(2015년 4회)
투명한 셀로판 위에 그린 여러 장의 그림을 겹쳐서 카메라로 촬영하여 움직임을 만드는 전통적 애니메이션 기법이다.

③ 투광 애니메이션
검은 종이를 디자인한 형태로 오린 후 검은 종이 뒤에 빛을 비추어 전달된 틈으로 새어 나오는 빛을 한 컷씩 촬영하여 만드는 애니메이션

④ 컷 아웃 애니메이션(cut out animation)
어떤 모양이나 그림을 컷으로 오려서 화면에 붙이거나 떼면서 일정한 모양으로 조금씩 움직여 촬영하는 애니메이션

⑤ 클레이 애니메이션(clay animation)
점토를 사용하는 애니메이션

3) 애니메이션 기법 (2009년 1회)(2013년 4회)

① 인비트윈(in-between) : 두 개의 키프레임 이미지 사이의 중간 단계 프레임을 연결하는 과정 (2011년 2회)

② 모핑(morphing) : 이미지의 형태가 다른 이미지의 형태로 점차 변형되는 효과
(2005년 1회)(2005년 5회)

③ 로토스코핑(rotoscoping) : 애니메이션 이미지를 실제 영상과 합성하는 기법
(2009년 2회)(2012년 4회)(2016년 2회)

④ 트위닝 : 셀애니메이션에서 오브젝트 사이에서 변형되는 단계의 중간프레임을 제작하는 보간법 (2004년 2회)(2006년 1회)(2009년 5회)

03 | 컴퓨터에 관한 지식

(1) 가상현실(Virtual Reality)

3차원 공간에서 시각적으로 경험할 수 있는 실제적이거나 또는 상상 속 환경의 모의실험
(2012년 4회)

(2) 버스(Bus)

컴퓨터 내부 연산처리방법에는 보통 8, 16, 32, 64비트가 있다. 이들을 동시에 전송할 수 있는 데이터 크기를 제한하며 신호를 주고받기 위한 역할을 수행하는 전기적 통로
(2009년 4회)(2016년 4회)

(3) 스풀(Spool)

컴퓨터의 처리속도와 주변 입출력 장치의 속도가 차이가 날 때 이를 맞추기 위해 만들어진 것으로 입출력데이터를 고속의 보조기억장치에 일시 저장해 두어 중앙처리장치가 지체 없이 프로그램의 처리를 계속하는 방법이다. (2005년 4회)(2016년 2회)

(4) 바이너리(Binary)

컴퓨터 디지털 신호의 기본적인 0과 1의 전기적 신호체계 (2014년 1회)

(5) 유비쿼터스(Ubiquitous)

'언제 어디서나'라는 의미로 라틴어에서 유래한 것으로 언제 어디서나 편리하게 컴퓨터를 활용할 수 있도록 현실세계와 가상세계를 결합시킨 것을 말한다. RFID, 홈네트워크, 디지털세탁기 등이 있다. (2007년 2회)(2013년 5회)

(6) 다이렉트 X(Direct X)

게임이나 멀티미디어 응용프로그램에서 3D그래픽, 사운드 등의 화려함을 표현하기 위한 기술 (2013년 1회)

(7) 플러그 앤드 플레이(PnP ; Plug and Play)

컴퓨터 시스템에서 하드웨어장치를 별도의 설정 없이 입출력 포트에 꽂기만 하면 바로 사용이 가능한 기능 (2005년 2회)(2011년 5회)

(8) 시뮬레이션(Simulation)

실제 또는 가상의 동적 시스템 모형을 컴퓨터를 사용하여 연구하는 것 (2006년 2회)(2015년 5회)

(9) 디더링(Dithering)

디스플레이되는 이미지의 색공간 차이에서 오는 결점을 보완하는 방법 (2012년 5회)

(10) HTML(Hyper text Markup Language)

웹(Web)에서 사용되는 표준 언어 (2005년 2회)

(11) 광학식 모션캡처 시스템

사람의 몸에 빛 반사성이 좋은 마커를 붙이고 적외선 불빛이 나오는 적외선 카메라로 캡처하는 방식으로 다른 방식에 비해 자유롭게 움직일 수 있으며 빠른 동작도 완벽하게 캡처할 수 있다. (2012년2회)

(12) 레지스터(Register)

마이크로프로세서가 처리하기 위한 자료나 수행될 명령의 주소를 일시적으로 저장하는데 사용되는 고속의 기억회로이다. (2009년 5회)

(13) 아이콘(Icon)

그래픽 사용자 인터페이스를 제공하는 컴퓨터 시스템에서 각각의 프로그램이나 명령들을 작은 그림 형태로 만들어 놓은 것 (2005년 2회)(2011년 2회)

(14) ISDN(integrated services digital network)

디지털 통신망을 이용하여 음성, 문자, 영상 등의 통신을 종합적으로 할 수 있는 통신서
비스 (2010년 1회)

(15) LAN(Local Area Network)

범위가 넓지 않은 일정한 지역 내에서 다수의 컴퓨터나 OA기기 등을 연결시켜 주는 근
거리 통신망 (2005년 1회)(2008년 4회)

(16) 커서(Cursor)

그래픽 표현의 기본요소로서 선택과 명령 수행을 위한 입력장치로 위치를 화면에 화살
표 또는 십자 모양으로 표현한 것 (2006년 1회)(2009년 4회)(2011년 1회)

(17) 버퍼(Buffer)

데이터의 일시적 저장, 다양한 입출력기와 관련 기능 및 자료저장장치의 기능

(18) LPI(Line per Inch)

출력 시 이미지 해상도 (2008년 5회)

(19) 코덱(Codec)

코덱은 디지털 동영상 데이터를 불러들여 읽는 것을 돕는 장치로 압출(compression)과
해제(decompression)의 약자로 코더와 디코더의 기능을 갖는다. (2011년 4회)

(20) 위지윅(WYSIWYG)

'What YOU see! What You Get!"으로 워드 프로세싱이나 전자출판에서 컴퓨터 화면에
나타나는 문자와 그림의 형상이 프린터로 최종 인쇄한 문서의 모양과 똑같다는 의미
(2004년 5회)

(21) 인터레이스(interlace) **방식**

인터넷상에서 처음에는 대략적인 모양만 나타내는 거친 프리뷰를 나타내고 그 다음 단
계적으로 자세하게 나타내는 방식 (2005년 5회)(2010년 4회)(2013년 5회)(2014년 4회)

(22) PAL

Phase Alternating Line은 독일에서 개발된 PAL 방식은 초당 24프레임의 주사율을 갖는 방송방식으로 주로 유럽, 호주, 중국 등에 사용된다. (2014년 4회)

(23) 스넬의 법칙(Snell's law)

매끄러운 평면에 광선이 비치면 일부는 반사하고 일부를 내부를 향하여 나아가며, 내부로 향하는 광선의 방향을 물체의 굴절률에 따라 다른 빛의 반사와 굴절에 관한 법칙
(2014년 4회)

(24) RIP(Raster Image Processing)

이미지 데이터를 출력을 위한 픽셀 정보로 전화하는 래스터 이미지 처리과정 (2008년 4회)

(25) SIGGRAPH(시그라프)

미국에서 설립된 컴퓨터 학술단체인 ACM 산하의 한 분과로 컴퓨터그래픽스와 관련된 대표적인 국제행사기구 (2016년 1회)

(26) 맥킨토시(Macintosh)

그래픽 중심의 사용자 인터페이스(GUI)를 사용한 최초의 퍼스널 컴퓨터 (2008년 4회)

(27) 래피드 프로토타이핑(rapid prototyping)

짧은 시간 내에 디자인의 실제 모델을 다양하게 만드는 방법 (2015년 5회)

(28) 소셜 네트워크(Social Network)

웹상에서 개인이나 집단이 하나의 노드(node, IP를 갖고 있는 모든 단말기)가 되어 각 노드 간의 상호 의존적인 관계에 의해 만들어지는 사회적 관계 구조를 지칭하는 개념 (2012년 1회)

(29) 스트리밍(streaming)

인터넷에서 비디오 또는 오디오를 실시간으로 재생하는 기법 (2012년 2회)

(30) 이미지 프로세싱(image processing)

컴퓨터를 이용한 영상정보의 처리기법으로 기존 이미지를 새로운 이미지로 수정하는 일반 과정 (2014년 2회)(2016년 4회)

(31) WAN(Wide Area Network)

지방과 지방, 국가와 국가, 전 세계에 걸쳐 형성되는 통신망으로 지리적으로 멀리 떨어져 있는 넓은 지역을 연결하는 통신망을 의미하는 약어 (2014년 5회)

(32) 파워포인트(PowerPoint)

도표와 차트를 작성하고 문서편집, 그래픽 삽입 기능 등을 수행하여 한정된 시간에 효과적으로 정보를 전달하는 데 가장 적절하게 활용되는 소프트웨어 (2014년 4회)

(33) 모듈러디자인

반복적인 유닛으로 구성되어 함께 조립하거나 서로 교체할 수 있는 디자인

(2009년 2회)(2014년 5회)

핵심요약정리 및 체크리스트

[꼭 이해하고 넘어가야 할 핵심내용입니다. 아래 내용의 80% 이상을 암기하지 못했다면 다시 공부하세요.]

1. 컴퓨터그래픽스의 특징(O, ×)
   ① 수작업으로는 불가능한 표현이나 효과가 가능하다. ( )
   ② 시간과 비용을 줄이고 대량생산이 불가능하다. ( )
   ③ 다양한 색채표현 및 이미지 교체가 용이하다. ( )
   ④ 이미지의 확대, 축소, 이동, 회전이 어렵다. ( )
   ⑤ 이미지의 저장, 수정, 재구성이 용이하다. ( )
   ⑥ 디자인의 도구일 뿐 아이디어를 제공한다. ( )

   O, ×, O, ×, O, ×

2. (   )는 그림이나 사진 등의 필요한 부분을 컴퓨터가 처리할 수 있는 형태로 바꾸어 컴퓨터에 입력하는 장치이다.

   스캐너

3. (   )는 연산과 명령 해독 및 동작을 통제 제어, 관리하는 장치이며 인간의 뇌에 해당되며 컴퓨터의 속도에 영향을 준다.

   CPU

4. 주기억장치인 (   )은 기록된 데이터를 읽기만 하는 휘발성 메모리로 내용을 고칠 수 없고, (   )은 읽기와 쓰기가 모두 가능한 메모리로 전원이 꺼지면 지워진다.

   ROM, RAM

5. 출력장치인 (   )는 4가지 노즐(C, M, Y, K)을 통해 잉크를 뿌려서 문자나 어떤 이미지를 나타내는 방식을 말한다.

   잉크젯 프린터

6. 비트와 표현색상
   ① 1bit = 0 또는 1의 검정이나 흰색
   ② 4bit = 2에 4승인 16컬러
   ③ 8bit = 2에 8승인 (   )
   ④ 16bit =2에 16승인 6만5천 컬러
   ⑤ 24bit =2에 24승인 1677만 7천 컬러

   256컬러

7. binary digit의 약칭으로 컴퓨터의 신호를 2진수로 고쳐서 기억한다. 2진수에서의 숫자 0, 1과 같이 신호를 나타내는 최소의 단위를 (   )라 한다.

   비트(bit)

8. LAB 모드는 L * (명도), a * (   ), b * (노랑/파랑)으로 다른 환경에서도 최대한 색상을 유지시켜 주기 위한 디지털 색채체계이다.

   빨강/녹색

9. (   )는 24비트 컬러 중에서 정해진 256컬러를 사용하는 컬러 시스템으로 컬러 색감을 유지하면서 이미지의 용량을 줄일 수 있어 웹게임 그래픽용 이미지를 제작하는 데 많이 사용된다.

Index 모드

10. (   )은 모니터와 출력 시스템 간의 색상 차이를 보정하기 위한 과정으로 보다 전문적으로는 이미지의 입출력 및 처리과정에서 사용하는 모든 하드웨어장치의 컬러 특성을 일치시키는 것을 말한다.

캘리브레이션

11. (   )은 점과 점을 연결한 베지어 곡선(bezier curve)을 이용하여 선을 만들고 선과 선을 이용하여 표현하는 방식으로 2, 3차원 공간에 선, 네모, 원 등의 그래픽 형상을 수학적 표현을 통해 나타내는 방식이다.

벡터방식

12. (   )은 점(픽셀)으로 표현되고 이미지 보정을 주로 하는 프로그램방식으로 포토샵, 페인트샵 프로 등이 있으며 픽셀이 모여서 하나의 이미지를 구현하는 래스터 이미지라고도 한다.

비트맵방식

13. 픽셀의 그리드에 단계별 색에 의해 생긴 계단현상을 (   )이라 하고 물체 경계면의 픽셀에 주변 색상과 혼합한 중간색을 넣어 경계선을 부드럽게 처리해주는 방식을 (   )이라 말한다.

앨리어싱, 안티앨리어싱

14. 1인치×1인치 안에 들어있는 픽셀의 수를 해상도라 하며 단위는 (   )를 사용한다. 프린터의 해상도로 가장 일반적으로 사용되는 단위는 dpi(dot per inch)이다.

ppi(pixel per inch)

15. 매킨토시와 윈도우 환경에서 광범위하게 사용되며 높은 압축률로 웹용 이미지로 많이 사용되는 그래픽 이미지 압축 포맷은 (   )이다.

JPG

16. 압축률은 떨어지지만 전송속도가 빠르고 이미지 손상이 적으며 간단한 애니메이션 효과를 낼 수 있는 포맷은 (   )이다.

GIF

17. (   )은 호환성이 뛰어나 매킨토시와 IBM PC에서 함께 사용할 수 있는 최초의 파일 포맷으로 RGB 및 CMYK 이미지를 24비트까지 지원하며 이미지 손상이 없는 LZW(Lempelziv welch, 무손실압축)라는 압축방식을 채택하고 있으며 OS에 의존하지 않고 사용이 가능하다.

TIFF(tagged image file format)

18. 전자출판의 대표적 포맷 방식으로 인쇄 시 4도 분판 기능이 있어 주로 고품질 인쇄를 목적으로 사용되고 비트맵과 벡터 그래픽 파일을 함께 저장할 수 있는 포맷은 (   )이다.

EPS

19. (   )은 3차원 그래픽에서 시각적으로 꼭짓점들을 연결하는 선으로 물체를 표현하는 방법으로 데이터 구조가 간단하고 처리속도가 빠르다.

와이어프레임 모델
(Wire-frame model)

20. (   )은 단순한 형태에서 복잡한 형상으로 구축하는 방법으로 해안선, 산맥 등의 자연물 등 복잡하고 불규칙한 모양을 만드는 모델링이다.

프랙탈 모델(Practal model)

21. (   )은 렌더링 시 광원에서 나오는 광선을 추적하여 물체의 빛의 반사율, 굴절률을 계산하는 렌더링 표현방식으로 정밀하고 현실감 나는 렌더링 이미지를 얻을 수 있다.

광선추적법(Ray tracing)

22. (   )이란 대상물의 표면에 사실감을 더하기 위해 재질감을 표현하는 방법으로 2D 이미지를 3D 오브젝트 표면에 입히는 것을 말한다.

매핑(Mapping)

23. 애니메이션 영상에서 기본이 되는 단위를 (   )이라 하는데 보통 1초에 24프레임을 기본으로 한다. 한국, 미국, 캐나다, 일본은 NTSC 방식의 29.97프레임을 사용한다.

프레임(frame)

24. (   )은 투명한 셀로판 위에 그린 여러 장의 그림을 겹쳐서 카메라로 촬영하여 움직임을 만드는 전통적 애니메이션 기법이다.

셀 애니메이션

25. 인터넷상에서 처음에는 대략적인 모양만 나타내는 거친 프리뷰를 나타내고 그 다음 단계적으로 자세하게 나타내는 방식을 (   )이라 한다.

인터레이스 방식

기출문제

※ 과목별 점수를 적어 보세요.

1회 컴퓨터그래픽스운용기능사 필기 기출문제

①②☑ 해당 문제를 한 번 풀 때 ①에 체크하고 두 번 풀 때 ②에 체크합니다. 마지막으로 ☑는 아는 문제일 경우 체크하고
활용법 ☑ 체크가 되지 않는 문제들은 여러 번 복습하세요.

제1과목 : 산업디자인 일반 [20문제]

①②☑
01 다음 중 제품을 디자인할 때 가장 고려해야 할 것은?

① 보기 좋게 디자인하여 판매한다.
② 기능과 미적인 요소가 조화롭게 한다.
③ 유행을 고려하여 강한 인상을 준다.
④ 아름다운 색상을 최상으로 한다.

①②☑
02 실내디자인 요소 중 실내 분위기에 가장 큰 영향을 미치는 것은?

① 형태   ② 색채
③ 질감   ④ 선

①②☑
03 다음 중 디자인 행위의 예로 가장 적합한 것은?

① 벌집 패턴의 벽지
② 풍화작용으로 다듬어진 작은 돌
③ 고래의 우아한 유선형 몸짓
④ 여우의 아름다운 꼬리

①②☑
04 포장디자인의 조건과 거리가 가장 먼 것은?

① 제품의 성격을 충분히 고려한다.
② 제품의 형태, 크기에 대한 배려가 있어야 한다.
③ 유통 시 취급 및 보관의 특성을 고려한다.
④ 시장경기의 흐름을 충분히 고려한다.

①②☑
05 다음 중 건물의 내부를 편리하고 쾌적하게 사용할 수 있도록 디자인하는 분야는?

① 실내디자인
② 산업디자인
③ 제품디자인
④ 가구디자인

①②☑
06 다음 중 포스트모더니즘의 특징과 관련이 없는 것은?

① 1970년대 서유럽으로부터 일어나기 시작하여 디자인의 표현영역을 확장시킴
② 개인적 감정과 표현을 극도로 억제하여 디자인에서 미감을 최소화함
③ 역사와 전통의 중요성을 재인식하고 적극 도입하여 디자인에서 의미를 추구함
④ 디자인뿐만 아니라 미술, 문학, 음악, 연극 분야에서도 공통적으로 나타남

①②☑
07 디자인의 조형요소가 아닌 것은?

① 형   ② 색
③ 균형   ④ 질감

①②☑
08 주위를 환기시키고 단조로움을 덜거나 규칙성을 깨뜨릴 때, 그리고 관심의 초점을 만들거나 움직이는 효과와 흥분을 만들 때 사용되는 디자인 원리는?

① 조화   ② 강조
③ 리듬   ④ 대칭

09 수작업에 의한 생산에서 대량생산의 원형 제작이라는 모던디자인의 기초가 된 제2기 바우하우스는?

① 바이마르 바우하우스
② 데사우 바우하우스
③ 베를린 바우하우스
④ 뉴 바우하우스

10 다음 중 아이디어를 발전시키기 위해 포착된 이미지를 비교·검토하기 위한 스케치의 종류는?

① 스타일 스케치
② 러프 스케치
③ 스크래치 스케치
④ 섬네일 스케치

11 POP 광고에 대한 설명 중 틀린 것은?

① 구매자가 구입하는 실제 장소에서 이루어지는 광고를 의미한다.
② 소매점 광고로서 매장에서의 소비자 행동 양식에 초점을 맞춘 것이다.
③ POP 광고는 1930년대 미국에서 시작되었다.
④ 실제 구매행동을 유발시키기보다는 이미지 정보를 전달하는 역할을 수행한다.

12 다음 중 마케팅 조사의 필요성과 거리가 먼 것은?

① 생산성을 높이기 위해
② 제품에 대한 소비자 욕구의 다양화와 개성화
③ 시장특성의 평가와 측정
④ 마케팅이 기업과 환경 사이의 중요한 접촉점이 되므로

13 다음 중 면에 대한 설명으로 틀린 것은?

① 일반적으로 평면은 두 개의 수평선과 두 개의 수직선이 이루는 사각형을 의미한다.
② 입체물을 단순화하는 방법은 평면화하는 것이다.
③ 모든 면 중에서 가장 단순한 면은 곡면이다.
④ 곡면은 단곡면(單曲面)과 복곡면(複曲面)으로 구별된다.

14 형태가 복잡하여 한 눈에 전체를 파악한다는 것이 어려워 규모가 큰 전시공간에는 부적당하고, 전체적인 조망이 가능한 한정된 공간에 적합한 전시공간의 평면 형태는?

① 부채꼴형
② 직사각형
③ 자유형
④ 작은 실의 조합형

15 다음 그림에서 공통으로 적용된 디자인 원리는?

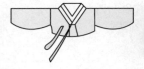

① 대칭
② 대비
③ 리듬
④ 점증

16 다음 중 "아비뇽의 처녀들"을 그린 입체파 화가는?

① 브라크
② 피카소
③ 세잔
④ 칸딘스키

17 시각디자인과 같은 의미로 사용할 수 있는 명칭은?

① 그래픽디자인
② 비주얼 커뮤니케이션 디자인
③ 아이덴티티 디자인
④ 편집디자인

18 다음 중 균형에 관한 설명 중 틀린 것은?

① 균형은 안정감을 창조하는 질(Quality)로서 정의된다.
② 의도적으로 불균형을 구성할 때도 있다.
③ 좌우의 무게는 시각적 무게로 균형을 맞춰야 한다.
④ 전체적인 조화를 위해서 불균형이 강조되어야 한다.

19 소비자 생활유형(Consumer life style)을 결정짓는 요인이 아닌 것은?

① 과거학습과 전통
② 사회계층과 소득
③ 인구통계변수와 나이
④ 특성이론과 재료

20 제품디자인 프로세스에서 목표의 명료화 목적을 가장 잘 설명한 것은?

① 필요한 기능과 새로운 디자인의 시스템 영역을 설정한다.
② 디자인 해결안에 필요한 성능의 정확한 명세서를 작성한다.
③ 문제가 존재한다는 최초의 깨달음 또는 인지이다.
④ 중심 목표와 부수적 목표 사이의 관계를 명료하게 한다.

제2과목 : 색채 및 도법 [20문제]

21 다음 중 유채색에 관한 설명으로 옳은 것은?

① 색상만 가지고 있다.
② 채도와 명도만 가지고 있다.
③ 채도와 투명도만 가지고 있다.
④ 색상, 명도, 채도를 가지고 있다.

22 다음 중 투상에 대한 설명으로 틀린 것은?

① 입체물의 정확한 형태 전달을 위해 작성한다.
② 평면을 정확하게 표현하고 전달하기 위함이다.
③ 의도한 입체물을 제작하기 위한 도면작성의 기초지식이다.
④ 투상은 크게 평행투상과 중심투상으로 나눈다.

23 다음 중 색에 관한 설명으로 옳은 것은?

① 빨강 계통은 난색이고 진출색, 팽창색이다.
② 파랑 계통은 한색이고 진출색, 팽창색이다.
③ 빨강 계통은 한색이고 후퇴색, 팽창색이다.
④ 파랑 계통은 난색이고 후퇴색, 팽창색이다.

24 먼셀 색체계의 색표기 H V/C에서 C는 무엇의 약자인가?

① Color
② Chroma
③ Coordination
④ Communication

25 색의 감정에 대한 설명 중 틀린 것은?

① 중량감 : 고명도일수록 가볍게 느껴지고, 저명도일수록 무겁게 느껴진다.

② 경연감 : 시각적 경험 등에 의하여 색채가 부드럽게 또는 딱딱하게 느껴지는 것을 말한다.

③ 주목성 : 시선을 끄는 성질이 우수한 색채는 판독성이나 시인도가 떨어지는 것이 특징이다.

④ 명시도 : 색의 명시도는 시인도라고도 하며 색상, 명도, 채도의 차이에서도 일어난다.

26 "M=O/C"는 미도를 나타내는 공식이다. M은 미도, C는 복잡성의 요소일 때 O는 무엇인가?

① 구성의 요소　　② 환경의 요소

③ 질서성의 요소　④ 배색의 요소

27 다음 중 먼셀 색입체에 관한 설명으로 옳은 것은?

① 무채색 축의 단계는 뉴트럴(neutral)의 머리글자를 취하여 N1 ~ N12로 정하였다.

② 채도를 구분하는 단계는 무채색을 0으로 하고 14까지의 수치를 표시하였다.

③ 색상환 상에서 보색관계에 놓이는 색의 채도 합이 14가 되도록 하였다.

④ 국제조명협회(C.I.E)의 색표와 연관이 적어 조명색채에 적용하기가 어렵다.

28 다음 중 원래의 자극과 색의 밝기가 같은 잔상은?

① 음성 잔상

② 부의 잔상

③ 정의 잔상

④ 보색 잔상

29 다음 중 명시도가 가장 높은 배색은?

① 검정 – 노랑

② 검정 – 주황

③ 빨강 – 흰색

④ 노랑 – 파랑

30 다음 중 색의 3속성에 따라 분류해 표현하는 색명법은?

① 관용색명　　　② 고유색명

③ 순수색명　　　④ 계통색명

31 다음 중 유채색만으로 짝지어진 것은?

① Red, Blue, Green

② Red, Gray, Blue

③ Green, Blue, White

④ Gray, White, Black

32 "자연경관처럼 잘 알려지고 친숙한 색은 조화롭다." 와 연관된 저드의 색채조화론 원리는?

① 명료성의 원리

② 유사성의 원리

③ 질서의 원리

④ 동류의 원리

33 다음 중 색의 3속성에 대한 설명으로 옳은 것은?

① 두 색 중에서 빛의 반사율이 높은 쪽이 밝은 색이다.

② 색의 강약, 즉 포화도를 명도라고 한다.

③ 감각에 따라 식별되는 색의 종류를 채도라한다.

④ 그레이 스케일(Gray scale)은 채도의 기준 척도로 사용한다.

1 2 OK

34 주로 건축물을 설계할 때 사용해야 하는 제도의 척도는?

① 실척   ② 축척

③ 배척   ④ 현척

1 2 OK

35 다음 중 단면도의 설명으로 틀린 것은?

① 가려져서 보이지 않는 부분을 알기 쉽게 나타내기 위하여 단면도로 표현한다.

② 비대칭인 물체의 내부를 상세하게 표시할 필요가 있을 때 전단면도로 나타낸다.

③ 한쪽 단면도는 외형도의 절반과 온단면도의 전부를 조합하여 표시한다.

④ 외형도에서 필요로 하는 일부분만을 부분단면도로 표현한다.

1 2 OK

36 실제 사람이 눈으로 물체를 보는 것과 같이 원근법을 이용하여 물체의 형상을 하나의 화면에 그리는 도법은?

① 정투상법   ② 사투상법

③ 투시도법   ④ 등각 투상법

1 2 OK

37 그림에서 작도된 곡선의 이름은?

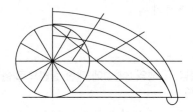

① 사이클로이드

② 인벌류트 곡선

③ 아스테로이드

④ 에볼류트 곡선

1 2 OK

38 다음 중 내용에 따라 분류한 도면에 포함되지 않는 것은?

① 상세도   ② 설명도

③ 배치도   ④ 외형도

1 2 OK

39 다음 중 한 변에 주어진 정오각형을 그린 평면도법은?

① 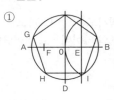   ②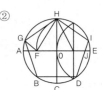

③ 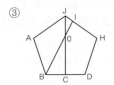   ④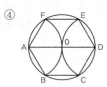

1 2 OK

40 아래의 그림과 같은 투시도는?

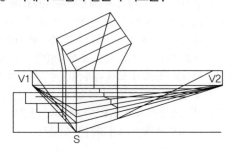

① 평행 투시도

② 유각 투시도

③ 등축 투시도

④ 경사 투시도

제3과목 : 디자인 재료 [8문제]

41 다음 중 필름의 현상 순서를 옳게 나열한 것은?

① 현상 → 정착 → 중간정지 → 세척 → 건조
② 현상 → 중간정지 → 세척 → 정착 → 건조
③ 현상 → 중간정지 → 정착 → 세척 → 건조
④ 정착 → 현상 → 중간정지 → 세척 → 건조

42 다음 중 렌더링에 사용되는 마커의 특성은?

① 주로 붓칠을 한다.
② 얼룩이 전혀 가지 않는다.
③ 건조가 빠르다.
④ 분말을 녹여 사용한다.

43 폴리에스테르 수지 도료의 특징으로 틀린 것은?

① 용제를 사용하지 않는 도료이다.
② 경도가 높고 표면이 매끈하다.
③ 1회 도장으로 두꺼운 도막을 얻을 수 있다.
④ 내습성, 내약품성, 내마모성 등이 약하다.

44 열가소성 플라스틱에 관한 설명 중 틀린 것은?

① 재료 자체가 기다란 사슬형의 고분자 물질로 되어 있다.
② 가열하면 아무런 화학적 반응도 일어나지 않는다.
③ 열을 받으면 물리적 변형이 생긴다.
④ 냉각하였다가 가열하면 원래의 상태로 되돌아갈 수 없다.

45 다음 중 갱지의 설명으로 옳은 것은?

① 최상급 인쇄용지이다.
② 화학펄프만으로 만들어진다.
③ 백색도가 높다.
④ 잉크의 건조가 빠르다.

46 종이의 제조공정에 관한 설명 중 틀린 것은?

① 사이징 : 아교를 칠한다.
② 충전 : 광물질을 첨가한다.
③ 착색 : 염료, 안료를 사용한다.
④ 정정 : 섬유를 절단한다.

47 물에 거른 탈산석회에 여러 가지 안료를 넣고, 아라비아고무 용액으로 반죽하여 막대형으로 만들어 놓은 디자인 표현재료로, 잘 묻어나고 번지기 쉽기 때문에 정착액을 뿌려 색상을 고정시켜 주어야 하는 재료는?

① 연필
② 파스텔
③ 색연필
④ 마커

48 금속과 비금속의 복합체로 결정화된 물질이며 디자인, 전기, 전자 등에 널리 쓰이는 재료는?

① 유리 재료
② 플라스틱 재료
③ 금속 재료
④ 도자기 재료

제4과목 : 컴퓨터그래픽스 [12문제]

1 2 OK

49 웹 사이트 제작을 위한 프로세스 중 가장 먼저 해야 할 일은?

① 사이트 홍보　　② 비즈니스모델 개발
③ 시장조사　　　④ 디자인 콘셉트 설정

1 2 OK

50 일러스트레이터 프로그램의 도큐먼트 셋업 (Document Setup) 대화상자에서 'Orientation' 이란?

① 출력 용지의 방향 설정
② 출력기 Format 기능
③ Document의 크기 설정
④ Document의 크기와 출력 매수 설정

1 2 OK

51 컴퓨터그래픽스의 도입 효과에 대한 설명으로 틀린 것은?

① 다양한 대안의 제시가 비교적 쉽다.
② 여러 가지 수정이 용이하며 변형이 자유롭다.
③ 컴퓨터그래픽 기기를 쉽게 익힐 수 있다.
④ 정보들의 축적으로 나중에 다시 이용할 수 있다.

1 2 OK

52 3차원 컴퓨터 그래픽스의 셰이딩(Shading) 기능에 대한 설명으로 틀린 것은?

① 퐁 셰이딩은 플라스틱 질감을 표현하기에 적합하다.
② 고라우드 셰이딩 Smooth Shading 방식의 일종이다.
③ 플랫 셰이딩은 표면재질의 특성은 고려하지 않는 셰이딩 기법이다.
④ 플랫 셰이딩은 고라우드 셰이딩에 비해 한결 부드럽게 표현된다.

1 2 OK

53 다음 중 원점으로부터의 거리와 각도를 사용하여 좌표를 표시하는 좌표계는?

① 원통 좌표계(Cylindrical Coordinate System)
② 모델 좌표계(Model Coordinate System)
③ 극좌표계(Polar Coordinate System)
④ 직교 좌표계(Cartesian Coordinate System)

1 2 OK

54 컴퓨터그래픽스의 파일 포맷에 대한 설명으로 틀린 것은?

① BMP : 마이크로소프트사에서 지원하는 파일 포맷으로 압축방법을 사용하지 않는다.
② EPS : 포스트스크립트 형태의 파일 형식으로 비트맵 이미지와 벡터 그래픽 파일을 함께 저장할 수 있다.
③ GIF : 사진이미지 압축에 가장 유리한 포맷으로 정밀한 이미지 저장에 적합한 파일이다.
④ PNG : JPG와 GIF의 장점만을 가진 포맷으로 투명성과 관련된 알파채널에서 향상된 기능을 제공한다.

1 2 OK

55 컴퓨터그래픽스에서 컬러가 일정한 표준으로 나타나도록 장치의 컬러 상태를 조정하는 과정으로 보다 전문적으로 이미지의 입출력 및 처리과정에서 사용하는 모든 하드웨어 장치의 컬러 특성을 일치시키는 것은?

① 컬러 싱크(Color Sync)
② 개멋(Gamut)
③ 캘리브레이션(Calibration)
④ 팬톤(Pantone) 컬러

56 다음 중 게임이나 멀티미디어 응용프로그램에서 3D그래픽 또는 사운드 등의 화려함을 표현하기 위한 기술은?

① Direct X
② Rendering
③ Projection
④ Active X

57 다음 중 렌더링 시 사용되는 'Ray Tracing'의 특징이 아닌 것은?

① 정밀하고 현실감 나는 렌더링 이미지를 얻을 수 있다.
② Ray Casting에 비해 렌더링 시간이 오래 걸린다.
③ 반사와 굴절이 모델링하는 데 유용하게 쓰인다.
④ 텍스처 매핑과 결합하여 사용하여야 한다.

58 가상 메모리(Virtual Memory)에 대한 설명 중 가장 거리가 먼 것은?

① 중앙처리장치와 주기억장치 사이의 속도차이를 극복하기 위한 메모리이다.
② 주기억장치보다 큰 메모리영역을 제공할 수 있다.
③ 각 프로그램에 실제 메모리 주소가 아닌 가상 메모리 주소를 할당한다.
④ 메모리 관리방법의 하나로 운영체제에서 주로 사용된다.

59 일러스트레이터 프로그램에서 기준점과 기준점 사이를 연결하는 선의 명칭은?

① 핸들(Direction Point)
② 세그먼트(Segment)
③ 패스(Path)
④ 오브젝트(Object)

60 다음 중 페인팅 소프트웨어(Painting Software)의 기능으로 틀린 것은?

① 이미지의 축소, 확대, 반복, 이동의 기능
② 에어브러시 기법에 의한 그러데이션 기능
③ 광선추적기법을 통한 사실적 물체 표현
④ 필터를 사용한 다양한 이미지 처리

2회 컴퓨터그래픽스운용기능사 필기 기출문제

1 2 OK 해당 문제를 한 번 풀 때 1에 체크하고 두 번 풀 때 2에 체크합니다. 마지막으로 OK는 아는 문제일 경우 체크하고
활용법 OK 체크가 되지 않는 문제들은 여러 번 복습하세요.

제1과목 : 산업디자인 일반 [20문제]

1 2 OK
01 다음 중 실용성 또는 기능성과 관련 있는 디자인의 조건은?

① 독창성　　　② 합목적성
③ 심미성　　　④ 경제성

1 2 OK
02 예술, 공업, 수공의 협력에 의한 제품품질 향상을 목적으로 결성된 독일공작연맹의 창시자는?

① 존 러스킨
② 헨리 반 데 벨데
③ 헤르만 무테지우스
④ 칸딘스키

1 2 OK
03 디자인의 과정 중 스케치의 역할이 아닌 것은?

① 기존의 형태를 모방한다.
② 아이디어를 빠르게 표현한다.
③ 의도된 형태를 발전, 전개시킨다.
④ 프레젠테이션을 통해 최종 디자인을 결정할 때 쓰인다.

1 2 OK
04 다음 중 아이디어 발상법인 브레인스토밍에 관한 설명으로 틀린 것은?

① 집단회의에서 참가자의 연쇄반응에 의한 발상기법이다.
② 전형적인 자유 연상법이다.

③ 하나의 새로운 아이디어를 구하는 데 목적이 있다.
④ 일단 제출된 아이디어는 비판하지 않는다.

1 2 OK
05 다음 중 곡선에서 느껴지는 감정은?

① 우아, 매력, 불명료, 유연, 여성성
② 고결, 희망, 상승감, 긴장감, 숭고함
③ 경직, 명료, 확실, 단순, 남성적, 정적
④ 동적, 불안, 강함

1 2 OK
06 다음 중 제품수명주기의 순서가 바르게 나열된 것은?

① 도입기 → 성장기 → 성숙기 → 쇠퇴기
② 성장기 → 성숙기 → 쇠퇴기 → 도입기
③ 성장기 → 도입기 → 성숙기 → 쇠퇴기
④ 도입기 → 성숙기 → 성장기 → 쇠퇴기

1 2 OK
07 디자인 초기 개념화 단계에서 디자인의 이미지를 확인하고 형태감과 균형 파악을 위해 제작하는 모형(모델)은?

① 제시 모델　　　② 연구 모델
③ 실험 모델　　　④ 제작 모델

1 2 OK
08 포장디자인의 굿디자인 조건과 거리가 먼 것은?

① 제품의 내부 구조에 충실해야 한다.
② 전달에 충실해야 한다.
③ 잠재 고객의 주의를 끌어야 한다.
④ 다른 회사와 차별성을 가져야 한다.

□ 1 2 ☑

09 다음 중 색 지각의 3요소에 해당되지 않는 것은?

① 질감   ② 눈
③ 물체   ④ 빛

□ 1 2 ☑

10 바우하우스(Bauhaus)의 설명으로 틀린 것은?

① 독일에 설립된 최초의 조형학교이다.
② 예술적 창작과 공학적 기술의 통합목표이다.
③ 월터 그로피우스(Walter Gropius)가 창시자이다.
④ 초기의 예비 조형교육은 오토 와그너가 담당하였다.

□ 1 2 ☑

11 착시에 대한 설명으로 틀린 것은?

① 지각의 항상성과 반대되는 현상으로 원격자극을 왜곡해서 지각하는 것을 말한다.
② 흔히 말하는 착시란 기하학적 착시를 뜻한다.
③ 객관적인 상태로 놓여 있는 어떤 기하학적 도형이 실측한 객관적인 크기나 형과는 다르게 지각되는 현상이다.
④ 사물을 지각하는 데 있어 과거의 경험, 연상, 욕구, 상상 등이 착시를 만드는 것과는 무관하다.

□ 1 2 ☑

12 다음 중 구매시점 광고를 의미하는 용어는?

① P.O.P   ② Package
③ DM   ④ PR

□ 1 2 ☑

13 실내디자인의 기본 요소 중 인간의 접촉 빈도가 가장 높은 것은?

① 벽   ② 바닥
③ 천장   ④ 기둥

□ 1 2 ☑

14 다음 중 실내디자인의 대상 공간이 아닌 것은?

① 도서관   ② 사무실
③ 도시조경   ④ 상점

□ 1 2 ☑

15 다음 중 기하학적 추상 일러스트레이션의 설명으로 옳은 것은?

① 대상을 질서에 의하여 사실적으로 표현하는 것이다.
② 직선, 삼각형, 사각형, 원 등의 형태를 이용하는 것이다.
③ 비구상적, 부정형적인 것을 말한다.
④ 자연계에서 찾아볼 수 있는 형태를 이용한 것이다.

□ 1 2 ☑

16 잡지광고의 종류와 거리가 먼 것은?

① 기사 중 광고
② 스팟(spot) 광고
③ 표지 1면 광고
④ 목차면 광고

□ 1 2 ☑

17 실내디자인에서 주거공간을 계획할 때 고려할 사항으로 거리가 먼 것은?

① 취미, 가족형태, 연령의 변화를 예상하여 계획한다.
② 사용자의 동선을 고려한다.
③ 가구를 효율적으로 배치할 수 있도록 한다.
④ 전통성을 먼저 재현한다.

□ 1 2 ☑

18 다음 중 개인적, 암시적 운전자에게 호소하는 특징이 있는 광고는?

① 텔레비전 광고   ② 신문 광고
③ 라디오 광고   ④ DM 광고

1 2 OK

19 다음 중 형태의 기본요소에 대한 설명으로 옳은 것은?

① 면 : 물체가 점유하는 공간
② 선 : 면의 한계 또는 교차
③ 점 : 입체의 한계 또는 교차
④ 입체 : 선의 한계 또는 교차

1 2 OK

20 박물관, 대형마트, 뷔페식 식당 등의 실내디자인 계획 시 공통적으로 고려해야 할 사항 중 가장 중요한 것은?

① 난간 및 계단은 설치하지 않는다.
② 동선의 역순과 교차를 고려한다.
③ 사용자를 고려하여 간접조명을 설치한다.
④ 외부 빛의 유입 방안을 모색하여야 한다.

제2과목 : 색채 및 도법 [20문제]

1 2 OK

21 다음 중 색의 주목성에 대한 설명으로 틀린 것은?

① 고명도, 고채도의 색은 주목성이 높다.
② 일반적으로 명시도가 높으면 주목성도 높다.
③ 녹색은 빨강보다 주목성이 높다.
④ 포스터, 광고 등에는 주목성이 높은 배색을 한다.

1 2 OK

22 먼셀표색계에서 명도의 단계는?

① 5단계
② 7단계
③ 11단계
④ 14단계

1 2 OK

23 다음 중 색의 파장이 긴 것부터 짧은 순서대로 바르게 나열한 것은?

① 보라 → 남색 → 파랑 → 녹색 → 노랑 → 주황 → 빨강
② 노랑 → 주황 → 빨강 → 보라 → 녹색 → 파랑 → 남색
③ 빨강 → 주황 → 노랑 → 녹색 → 파랑 → 남색 → 보라
④ 녹색 → 파랑 → 남색 → 보라 → 빨강 → 주황 → 노랑

1 2 OK

24 다음 중 추상체가 활동하여 물체의 형태, 색채를 분명히 감지할 수 있는 상태는?

① 암소시
② 박명시
③ 시감도
④ 명소시

1 2 OK

25 먼셀 색체계의 설명 중 틀린 것은?

① 모든 색상명을 소문자로 표기한다.
② 색표기는 색상, 명도, 채도의 순으로 한다.
③ 숫자가 커질수록 명도가 높다.
④ 숫자가 커질수록 채도가 높다.

1 2 OK

26 다음 중 저드의 색채조화 원리와 관련이 없는 것은?

① 유사성의 원리
② 친근성의 원리
③ 비질서의 원리
④ 비모호성의 원리

1 2 OK

27 다음 중 차갑고 따뜻한 색을 같이 배치할 때 나타나는 대비현상은?

① 보색대비
② 한난대비
③ 명도대비
④ 채도대비

28 똑같은 무게의 상품을 넣은 검은색과 연두색의 상자 중 운반 작업자가 연두색의 상자를 운반했을 때 피로도가 경감했다고 한다. 이것은 색채 감정 효과 중 무엇과 관련이 있는가?

① 온도감
② 중량감
③ 경연감
④ 강약감

29 색의 3속성 개념을 도입한 색상환에 의해서 색의 조화를 유사조화와 대비조화로 나누고 정량적 색채조화론을 제시한 사람은?

① 오스트발트(ostwald)
② 쉐브럴(Chevreul)
③ 먼셀(Munsell)
④ 저드(Judd)

30 다음 중 관용색명의 종류가 다른 것은?

① 프러시안 블루
② 베이지색
③ 피콕 그린
④ 살몬 핑크

31 다음은 색에 대한 설명이다. ( )에 들어갈 내용이 순서대로 바르게 나열된 것은?

> 더 이상 분해할 수 없는 색을 ( )이라 한다.
> 색광의 기본색은 ( ), ( ), ( )이고, 색료의 기본색은 ( ), ( ), ( )이다.

① 원색, Red, Green, Blue, Magenta, Yellow, Cyan
② 기본색, Red, Green, Blue, Magenta, Yellow, Cyan
③ 원색, Magenta, Yellow, Cyan, Red, Green, Blue
④ 기본색, Magenta, Yellow, Cyan, Red, Green, Blue

32 교통표지판 등에서 중시해야 하는 색채의 감각은?

① 명시도와 주목성
② 항상성
③ 색의 진출과 팽창
④ 잔상

33 도면에서 치수의 단위에 대한 설명으로 틀린 것은?

① 길이의 단위는 cm를 사용한다.
② 길이의 단위는 mm를 사용하나 단위 mm는 기입하지 않는다.
③ 각도는 필요에 따라 분, 초의 단위도 함께 사용할 수 있다.
④ 각도의 단위는 도(°)를 사용한다.

34 한국산업표준에서 기계제도 분야의 정투상도법은 어느 것을 사용함을 원칙으로 하는가?

① 제1각법
② 제2각법
③ 제3각법
④ 제4각법

35 정사각형에 내접하는 가장 큰 접속 반원 그리기에서 작도 내용 중 틀린 것은?

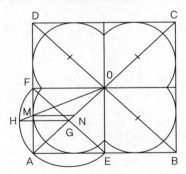

① 선분 FO와 선분 HG는 평행이다.
② 선분 HG와 선분 MN은 길이가 같다.
③ 점 H와 점 O를 연결하여 교점 M을 얻는다.
④ 선분 MN을 반지름으로 하는 반원을 그린다.

1 2 OK

36 다음 중 투시도법에 대한 설명으로 틀린 것은?

① 시점과 물체를 연결한 투사선을 이용하여 물체의 상을 화면에 그리는 도법이다.
② 긴 복도, 곧게 뻗은 철길, 가로수 등이 평행 투시의 예이다.
③ 유각투시는 지면과 투상면에 대해 육면체의 각 면이 각기 임의의 경사를 가진다.
④ 3개의 소점에 의한 투시도를 3점 투시 또는 조감도법이라 한다.

1 2 OK

37 선(線)에 대한 설명 중 틀린 것은?

① 치수선, 치수보조선 등은 가는 실선을 사용한다.
② 파선은 물품의 일부를 떼어낸 것을 표시하는 선에 사용한다.
③ 쇄선은 중심선, 상상선 등에 사용된다.
④ 가는 실선으로 해칭을 표현한다.

1 2 OK

38 다음 중 다면체가 아닌 회전체는?

①

②

③

④

1 2 OK

39 도면을 접는 방법에 대한 설명이 틀린 것은?

① 도면의 표제란은 모든 접는 방법에 대해서 제일 앞쪽의 오른쪽 아래에 위치하도록 한다.
② A0~A3 크기의 복사한 도면은 일반적으로 A4 크기로 접는다.
③ 도면은 반드시 A4 크기로 접어 깨끗하게 보관하는 것이 원칙이다.
④ 원도를 말아서 보관할 경우에는 그 안지름은 40mm로 한다.

1 2 OK

40 투시도법의 용어 중 물체의 각 점이 수평선상에 모이는 점은?

① 입점(SP)   ② 시점(EP)
③ 소점(VP)   ④ 측점(MP)

제3과목 : 디자인 재료 [8문제]

1 2 OK

41 파스텔 재료에 대한 설명이 틀린 것은?

① 선의 느낌은 연필과 비슷하나 그림자 부분을 묘사하기가 쉽다.
② 정착액이 필요하다.
③ 다양한 색채를 만들 수 있어서 회화의 재료로도 쓰인다.
④ 매우 정확하고 정밀한 부분을 세밀하게 표현할 수 있다는 장점이 있다.

1 2 OK

42 다음 중 조명이 어두운 상태에서 어떤 동작을 촬영하고자 할 경우에 적합한 필름은?

① ISO 125
② ISO 200
③ ISO 400
④ ISO 1000

43 다음 중 화성암의 종류에 속하는 것은?

① 응회암   ② 섬록암
③ 사암   ④ 석회암

44 다음 중 가장 무른 연필심의 종류는?

① 4B   ② B
③ H   ④ 2H

45 〈보기〉에서 설명하는 재료는?

〈보기〉
- 이집트의 파피루스가 있었다.
- 제조기술은 A.D 100년에 중국의 채륜이 개량 확립하였다.
- 19세기 후반 펄프 제조가 공업화되어 대량 생산되었다.

① 개량 목재   ② 유약
③ 종이   ④ 피혁

46 가공지의 제조방법 중 도피가공을 한 종이는?

① 아트지
② 유산지
③ 리트머스 시험지
④ 크레이프지

47 목재도장재료 중 수성 착색제에 관한 설명으로 틀린 것은?

① 상벌 칠 도료에 녹지 않는다.
② 2중 염료 혼합이 잘된다.
③ 건조가 빠르다.
④ 사용방법이 간편하다.

48 다음 중 양지에 속하는 것은?

① 도화지   ② 창호지
③ 골판지   ④ 휴지

제4과목 : 컴퓨터그래픽스 [12문제]

49 다음 중 그래픽 용어의 설명으로 틀린 것은?

① 앨리어싱 : 픽셀의 그리드에 단계별 회색을 넣어 계단 현상을 없애 주는 것
② 렌더링 : 모델링된 작업에 실제감을 부여하여 이미지를 창조하는 과정
③ 래스터 이미지 : 비트맵 방식으로 이루어진 이미지
④ 프랙탈 : 해안선, 산맥 등의 자연물 모양을 표현하는 방법

50 3D 모델링에서 합집합, 차집합, 교집합의 3가지 집합 개념을 도형에 적용하여 복잡한 기하학적 도형을 쉽게 형성할 수 있는 방법은?

① 은면 소거 방법
② 스캔 라인(Scan line) 방법
③ Z-버퍼 방법
④ 불린(Boolean) 연산 방법

51 다음 중 벡터(Vector)에 대한 설명으로 옳은 것은?

① 캔버스에 작업하듯이 이미지를 페인팅하는 방식이다.
② 이미지 질의 손상 없이 크기를 변경할 수 있다.
③ Painter, Photoshop 등이 대표적인 벡터 방식 프로그램이다.
④ 자연스러운 색상이나 명암단계를 표현하기에 좋다.

1 2 OK

52 포토샵 프로그램에 대한 설명이 틀린 것은?

① 사진 이미지 수정 및 변환이 자유롭다.
② 대표적인 2D 이미지 편집 프로그램이다.
③ 벡터 방식의 도형 생성 및 편집에 주로 사용된다.
④ 사진의 색상, 명암, 채도 등을 수정할 수 있다.

1 2 OK

53 가상 메모리(Virtual Memory)의 기능을 가장 잘 설명한 것은?

① 사용자가 보조기억장치에 해당하는 용량을 주기억장치처럼 사용하도록 구현된 메모리
② 중앙처리장치와 주기억장치 사이의 속도차이를 극복하기 위한 메모리
③ 필요시 주기억장치로 옮겨 사용할 수 있는 자료를 기억하는 장치
④ 프로그램이 실행될 때 보조기억장치로 자료를 이동시켜 실행시킬 수 있는 기억장치

1 2 OK

54 3차원 컴퓨터 그래픽스에서 서페이스(Surface) 모델에 대한 설명으로 옳은 것은?

① 3차원 물체의 선뿐만 아니라 표면도 표현할 수 있다.
② 와이어프레임 모델보다 데이터양이 적다.
③ 단면도의 작성이나 숨은선의 제거는 불가하다.
④ 오브젝트의 색상이나 질감은 표현할 수 없다.

1 2 OK

55 3차원 디지털 애니메이션에 대한 설명 중 틀린 것은?

① 물체의 움직임을 포인트가 되는 키 프레임(Key frame)을 만들어 제어한다.
② 하나의 물체에서 다른 물체로 빠른 변화를 표현하기 위해 몰핑(Morphing) 기법을 사용한다.
③ 셀(Cell)을 사용하여 배경과 움직이는 화상을 따로 그려 채색한다.
④ 사람이나 동물의 움직이는 동작을 데이터로 이용하기 위해 모션캡처(Motion capture) 기법을 사용한다.

1 2 OK

56 다음 중 컴퓨터 시스템의 기본 구성장치가 아닌 것은?

① 입력장치
② 출력장치
③ 중앙처리장치
④ 스피커장치

1 2 OK

57 비트에 따른 사용 가능한 컬러 수에 대한 설명으로 틀린 것은?

① 1bit는 2색으로 흑백 이미지를 표현할 때 사용된다.
② 4bit는 4색으로 이미지 표현을 할 수 있다.
③ 8bit는 총 256단계의 컬러 표현이 가능하다.
④ 24bit는 16,777,216색으로 트루컬러라고 부른다.

1 2 OK

58 다음 중 모아레(Moire) 현상에 관한 설명으로 틀린 것은?

① TV에서 가는 줄무늬 의상을 촬영할 때 모아레 현상이 생긴다.
② 하프톤 스크린이 잘못 설정되었을 때 나타난다.
③ 인쇄물 이미지를 스캔받을 경우에는 필터를 이용하여 모아레 현상을 막을 수 있다.
④ 하프톤 도트 모아레 패턴은 모니터 상에서 교정이 가능하다.

1 2 OK

59 2차원 컴퓨터 그래픽스에서 2가지 이상의 색상을 자연스럽게 변화시켜 가며, 특정 구역 안에 색을 칠해주는 기법은?

① 그러데이션(Gradation)
② 블러(Blur)
③ 클리핑(Clipping)
④ 모자이크(Mosaic)

1 2 OK

60 사진촬영 시 카메라 렌즈에 끼워 사물을 독특하게 보이게 하는 것과 같이 그래픽 이미지에 특징적인 효과를 적용하여 변경해주는 기능은?

① Filter   ② Feather
③ Fade   ④ Facet

3회 컴퓨터그래픽스운용기능사 필기 기출문제

1 2 OK | 해당 문제를 한 번 풀 때 1에 체크하고 두 번 풀 때 2에 체크합니다. 마지막으로 OK는 아는 문제일 경우 체크하고
활용법 | OK 체크가 되지 않는 문제들은 여러 번 복습하세요.

제1과목 : 산업디자인 일반 [20문제]

1 2 OK
01 다음 중 비영리 광고가 아닌 것은?

① 공공광고   ② 정치광고

③ 기업광고   ④ 이념광고

1 2 OK
02 자본주의와 과시적 소비가 지나치게 밀착되는
현상에 대한 저항으로, 좀 더 환경적이고 인간
적인 디자인 철학을 제시한 조형운동은?

① 미술공예운동

② 독일공작연맹

③ 반디자인 운동

④ 아르누보

1 2 OK
03 다음 중 시장세분화의 주요변수가 아닌 것은?

① 지리적 변수

② 인구통계적 변수

③ 미래적 변수

④ 사회심리적 변수

1 2 OK
04 기업의 디자인 전략 중 CI의 의미는?

① 상품의 개발전략

② 회사의 경영방침

③ 기업의 전략적 이미지 통합

④ 제품디자인 개발정책

1 2 OK
05 사람과 사람 간에 시그널, 사인, 심벌이라는 기
호에 의해서 의미를 전달하는 디자인 분야는?

① 환경디자인

② 제품디자인

③ 시각디자인

④ 공예디자인

1 2 OK
06 고대국가 건축양식의 특징이 아닌 것은?

① 아치와 돔 양식을 주로 도입하였다.

② 기하학적 비례의 원리를 적용시켰다.

③ 거대함에서 비롯되는 기념비적 특성이 있다.

④ 강력한 통치 국가임을 과시하는 건축물이다.

1 2 OK
07 다음 중 형태학자들이 연구한 형태에 관한 시
각의 기본법칙에 대한 설명으로 틀린 것은?

① 유사성 – 비슷한 모양의 형이나 그룹을 다
함께 하나의 부류로 보는 경향

② 연속성 – 형이나 형의 그룹이 방향성을 지
니고 연속되어 보이는 것

③ 폐쇄성 – 형태에 대한 지속적이고 고정적
인 인식을 하는 시지각의 항상성을 의미하
는 것

④ 근접성 – 보다 가까이 있는 두 개 또는 그
이상의 시각요소들은 패턴이나 그룹으로
보이는 것

08 신문광고의 장점이 아닌 것은?

① 배포지역이 명확해서 지역별 광고에 편리하다.
② 시기의 선택이 자유롭다.
③ 다양한 독자층과 광역의 보급성으로 전국적인 광고에 적합하다.
④ 인쇄나 컬러의 품질이 좋다.

09 다음 중 옵 아트(Op art)에 관한 설명으로 틀린 것은?

① 생리적 착각의 회화이며 망막의 예술이다.
② 최소한의 조형수단으로 제작한 회화나 조각을 가리킨다.
③ 흑과 백을 사용한 형태 중심의 작품들이 중심을 이루었다.
④ 색채 원근감을 도입하여 시각적 일루전(illusion)을 얻었다.

10 제품디자인의 영역에 속하는 것은?

① 포장디자인　　　② 전시디자인
③ 용기디자인　　　④ 광고디자인

11 다음 모형의 종류 중 시제품 생산용으로 최초의 원형 모형이 되는 것은?

① 스킴 모델(Skim Model)
② 연구 모델(Study Model)
③ 프로토타입 모델(Prototype Model)
④ 스케치 모델(Sketch Model)

12 다음 중 마케팅 활동의 주요 요소와 거리가 먼 것은?

① 제품 생산 계획　　② 시장조사
③ 광고 및 판매 촉진　④ 디자인연구소 설립

13 다음 중 렌더링에 관한 설명이 틀린 것은?

① 실물이 가진 형태, 색채, 재질감을 충실히 표현한다.
② 제시용 렌더링이란 부품의 구조와 기능을 설명할 목적으로 쓰인다.
③ 최종 디자인을 결정하려는 표현 전달의 단계이다.
④ 완성될 제품에 대한 예상도이다.

14 편집디자인의 분류기준과 내용이 잘못 연결된 것은?

① 지질에 따른 분류 : 한지 양지, 판지 등
② 형태별 분류 : 단행본, 잡지, 전문서적 등
③ 표현양식별 분류 : 내용, 목적에 따른 표현 등
④ 간행주기에 따른 분류 : 일간, 주간, 계간 등

15 이상적 모더니즘을 탈피하여 1930년대 미국에서 소비자와 비즈니스를 위한 상업적 모던 디자인이 추구했던 형태의 특징은?

① 기하학적형　　　② 순수형
③ 표준형　　　　　④ 유선형

16 편집디자인에서 원고의 내용과 중요도에 따라 각각 분할하여 배열하는 것은?

① 포맷　　　　　② 라인 업
③ 타이포그래피　④ 마진

17 실내디자인에 사용되는 재료들의 장점이 아닌 것은?

① 목재 : 흡음성과 절연성이 있다.
② 종이 : 거친 시공을 가릴 수 있다.
③ 직물 : 보온성이 높고 방음성이 있다.
④ 자연석 : 보온성과 흡음성이 좋다.

1 2 OK

18 실내디자인의 기본요소의 설명으로 틀린 것은?

① 벽 – 내부와 외부의 공간을 구획한다.
② 바닥 – 물체의 중량이나 움직임을 지탱해준다.
③ 천장 – 빛, 음, 습기 등 환경의 중요한 조절 매체이다.
④ 창문 – 가구배치를 위한 배경이 된다.

1 2 OK

19 다음 중 선에 관한 설명이 틀린 것은?

① 프리핸드 선은 딱딱한 직선의 느낌을 수반한다.
② 사선은 움직임이 강하게 느껴진다.
③ 점이 이동하면서 그 자취가 선을 이루게 된다.
④ 기하학적인 선은 완벽하고 단정한 느낌을 준다.

1 2 OK

20 디자인의 조형요소와 거리가 먼 것은?

① 형태　　　　② 색채
③ 유행　　　　④ 재질감

제2과목 : 색채 및 도법 [20문제]

---

1 2 OK

21 우리나라가 채택하여 사용하고 있는 색채 시스템은?

① 문 · 스펜서
② 먼셀
③ 오스트발트
④ ISCC−NIST

1 2 OK

22 독일의 심리학자 카츠(D. Katz)가 현상학적 관찰에 의해 분류한 지각적인 색 중 분류기준이 나머지와 다른 것은?

① 노란 장미
② 붉은 벽돌
③ 빨간 사과
④ 파란 하늘

1 2 OK

23 먼셀의 색채기호 표시법으로 옳은 것은?

① H V/C
② VH/C
③ H/VC
④ CH/V

1 2 OK

24 강한 고채도의 색은 주목성이 높아 다른 색과 반발하기 쉽다. 어떤 색과 배색하여야 가장 효과적인가?

① 반대색
② 난색계
③ 중성색
④ 한색계

1 2 OK

25 먼셀의 색입체 수직단면도에서 명도와 채도가 가장 높은 색은?

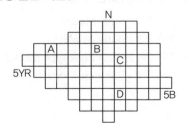

① A　　　　② B
③ C　　　　④ D

1 2 OK

26 색채조화론에 대한 설명이 옳게 연결된 것은?

① 쉐브럴 – 질서의 원리, 친근성의 원리, 유사성의 원리, 명료성의 원리로 유형화하였다.

② 문·스펜서 – 색의 3속성에 따라 오메가 공간이라는 색입체를 만들고, 색채조화의 정도를 정량적으로 설명하였다.

③ 오스트발트 – 색삼각형의 개념도에서 톤, 흰색, 검정, 회색, 순색, 틴트, 셰이드의 7개 개념을 제시하였다.

④ 비렌 – 자연의 관찰을 통해 색상의 자연스러운 질서를 제시하였다.

1 2 OK

27 다음 중 중성색에 속하는 것은?

① 청록   ② 주황
③ 녹색   ④ 파랑

1 2 OK

28 다음 중 시원하고 서늘한 느낌을 주는 여름철 실내 색채로 가장 효과적인 색은?

① 보라, 노랑
② 자주, 연두
③ 파랑, 청록
④ 자주, 남색

1 2 OK

29 무대디자인과 상품 진열 등에서 조명색을 결정하는 광원의 성질은?

① 연색성   ② 연속성
③ 흡수성   ④ 투과성

1 2 OK

30 시점이 한 곳에 집중되어 순간적으로 일어나는 현상은?

① 동시대비   ② 계시대비
③ 색채동화   ④ 면적효과

1 2 OK

31 다음 중 색료의 3원색이 아닌 것은?

① Green   ② Cyan
③ Yellow   ④ Magenta

1 2 OK

32 다음 배경색 중 노란색 글씨의 명시도를 가장 높게 보이게 하는 것은?

① 파랑   ② 초록
③ 빨강   ④ 주황

1 2 OK

33 설계자의 뜻을 작업자에게 완전하게 전달할 수 있는 충분한 내용과 가공의 용이성, 제작비의 절감이 요구되는 도면은?

① 계획도   ② 제작도
③ 주문도   ④ 승인도

1 2 OK

34 입체의 정투상도로 옳은 것은?

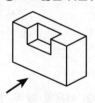

① ② ③ ④

1 2 OK

35 투시도에서 화면을 나타내는 기호는?

① HL   ② GL
③ CV   ④ PP

36 제1각법과 제3각법의 투상도 배치에서 동일한 위치에 놓여지는 투상면은?

① 정면도 ② 좌측면도
③ 저면도 ④ 평면도

37 그림에 해당하는 작도법은?

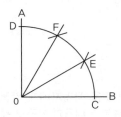

① 직선의 n등분 ② 각의 n등분
③ 수직선 긋기 ④ 직각의 3등분

38 정원 뿔을 여러 가지 다른 각의 평면으로 자를 때 생기는 곡선은?

① 나사곡선 ② 특수곡선
③ 원추곡선 ④ 자유곡선

39 다음 중 선을 사용할 때 우선순위로 옳은 것은?

① 중심선 → 외형선 → 숨은선
② 외형선 → 중심선 → 숨은선
③ 외형선 → 숨은선 → 중심선
④ 숨은선 → 중심선 → 외형선

40 지면과 투상면에 대해 육면체의 각 면이 각기 임의의 경사를 가지도록 놓인 경우는?

① 사각 투시도법
② 유각 투시도법
③ 성각 투시도법
④ 평행 투시도법

제3과목 : 디자인 재료 [8문제]

41 필름의 보관과 취급 방법이 틀린 것은?

① 일단 노출된 필름은 강한 빛이 닿아도 된다.
② 광선과 강한 열에 노출되지 않게 한다.
③ 필름 구입 시에는 반드시 유효기간을 점검해야 한다.
④ 수분 방지용 포장이 되어 있으면 냉장고나 냉동실에 보관하는 것도 좋다.

42 종이의 분류 중 양지로만 구성된 것은?

① 도화지, 색판지
② 창호지, 습자지
③ 신문지, 인쇄 종이
④ 필기 용지, 종이솜

43 에어브러시(Air brush)에 관한 설명 중 틀린 것은?

① 공기의 압력을 이용해서 잉크나 물감을 내뿜어 그려진다.
② 가장 중요한 것은 컴프레서와 스프레이건의 취급법이다.
③ 거칠고 대담한 표현이 가장 적합하다.
④ 사실적이고 환상적인 일러스트레이션 표현에 알맞은 기법이다.

44 다음 중 석유화학산업의 발달로 나타난 재료는?

① 유리 ② 도자기
③ 알루미늄 ④ 플라스틱

45 투명 수채화 물감에 대한 설명이 옳은 것은?

① 덧칠하거나 긁어낼 수 있다.
② 흘리기와 번지기 효과를 낼 수 있다.
③ 중후한 느낌의 표현에 적합하다.
④ 명도는 주로 흰색으로 조절한다.

46 유기안료에 대한 설명 중 옳은 것은?

① 은폐력이 높다.
② 무기안료에 비해 아름다운 색채를 얻을 수 있다.
③ 체질안료로 유기안료의 일종이다.
④ 용제에는 녹지 않는다.

47 유리를 분류할 때 성질에 따른 분류에 속하는 것은?

① 경질 유리　　　② 조명 유리
③ 붕산 유리　　　④ 강화 유리

48 다음 중 도피가공(塗被加工)에 주로 쓰이는 도피 재료는?

① 망간　　　　　② 활석
③ 안티몬　　　　④ 밀납

제4과목 : 컴퓨터그래픽스 [12문제]

49 중앙처리장치(CPU)의 기능이 아닌 것은?

① 명령 해독 및 동작 지시
② 프로그램 데이터의 출력
③ 수치적 연산기능 수행
④ 명령어에 사용된 정보 기억

50 3차원 컴퓨터그래픽스의 조명(Light)에 대한 설명으로 틀린 것은?

① 집중조명광(Spot light)은 방향성을 지니고 사실적인 그림자를 만들 수 있다.
② 조명은 비치는 위치에 따라 간접조명 및 직접조명으로 분류한다.
③ 무한 광(Omni light)은 전체 분위기를 조성하는 조명이다.
④ 확산 광(Ambient light)은 방향성이 없고 그림자를 만들지 않는다.

51 인간의 색을 인지하는 방식을 기초로 한 모델로, 색상은 360°단계, 채도와 명도는 0~100%로 표현하는 방식은?

① CIE 모델　　　② CMYK모델
③ HSB 모델　　　④ YUV 모델

52 포토샵에서 작업 중 일러스트레이터로 작업한 EPS 파일을 불러오려고 한다. 다음 중 어떤 명령을 수행해야 하는가?

① Save　　　　　② Place
③ New　　　　　④ Copy

53 2D 컴퓨터 애니메이션 제작에서 사용되는 개념이 아닌 것은?

① 트위닝(tweening)
② 트레이싱 라인(tracing line)
③ 인비트윈(in-between)
④ 로토스코핑(rotoscoping)

54 필압을 감지하여 붓이나 펜촉을 가지고 그린 것처럼 표현해 주는 입력장치는?

① 키보드　　　　② 마우스
③ 태블릿　　　　④ 트랙볼

1 2 OK

55 안티 앨리어싱의 기능을 가장 잘 설명한 것은?

① 이미지 픽셀들의 크기를 증가시킴
② 이미지의 경계부위를 뚜렷하게 함
③ 이미지 경계부위의 컬러와 계조를 유연하게 함
④ 이미지의 픽셀이 갖고 있는 명도대비를 증가시킴

1 2 OK

56 디지털 카메라나 이미지 스캐너의 이미지 센서로부터 최소한으로 처리한 데이터를 포함하고 있으며, 화소 자체의 정보만을 담고 있는 파일 포맷 방식은?

① TGA   ② BMP
③ RAW   ④ EPS

1 2 OK

57 포토샵 프로그램에서 이미지의 명암 및 색상 등의 보정과 거리가 먼 메뉴는?

① 핀치(Pinch)
② 색상/채도(Hue/Saturation)
③ 레벨(Levels)
④ 명도/대비(Brightness/Contrast)

1 2 OK

58 그래픽 프로그램 사용 시 컴퓨터 작업 속도를 보다 향상시키기 위한 방법으로 틀린 것은?

① 클립보드에 너무 큰 용량의 데이터가 들어 있지 않도록 사용 후에는 비워준다.
② 불필요한 프로그램을 동시에 열어놓고 사용하지 않도록 한다.
③ 작업계획단계에 고해상도로 작업하여 최종 결과물 표현에 대한 시간을 단축한다.
④ 시스템과 프로그램의 메모리 관리 설정을 적절하게 해준다.

1 2 OK

59 다음 중 3차원 프로그램에서 대상물의 표면에 사실감을 더하기 위해 재질감을 표현하는 방법은?

① Modeling
② Mapping
③ Lighting
④ Morphing

1 2 OK

60 3차원 물체를 표현하는 가장 간단한 방법으로, 정보처리에는 제한적이나 모델링 시간이 빠르고 물체의 앞면뿐만 아니라 뒷면의 선들도 관찰되는 특징을 갖는 모델링 방식은?

① 솔리드 모델링
② 와이어 프레임 모델링
③ 서페이스 모델링
④ 폴리곤 모델링

4회 컴퓨터그래픽스운용기능사 필기 기출문제

1 2 OK 해당 문제를 한 번 풀 때 1에 체크하고 두 번 풀 때 2에 체크합니다. 마지막으로 OK는 아는 문제일 경우 체크하고
활용법 OK 체크가 되지 않는 문제들은 여러 번 복습하세요.

제1과목 : 산업디자인 일반 [20문제]

1 2 OK
01 오스본(Alex F. Osborn)에 의해 창안된 회의 방식으로 디자인에서 널리 사용되고 있으며, 10명 이내의 멤버가 자유로운 발언을 통해 새로운 아이디어를 얻는 방식은?

① 상관분석법
② 시스템분석법
③ 브레인스토밍법
④ 체크리스트법

1 2 OK
02 기초디자인 조형능력을 기르기 위해 대상을 관찰하여 묘사할 때 중점을 두어야 할 사항으로 바르지 못한 것은?

① 관찰을 위한 수단으로서 미적 요소를 배운다는 자세로 임한다.
② 능숙한 기술력과 함께 기본적 감각을 익히는 데 역점을 둔다.
③ 사진의 기계적 획일성을 강조한 세밀한 묘사에 중점을 둔다.
④ 자연성, 정밀성, 명료성 등으로 재창조해야 한다.

1 2 OK
03 디자인의 원리 중 대상의 부분과 부분, 부분과 전체 사이에 질서를 주는 것은?

① 통일   ② 대칭
③ 리듬   ④ 비례

1 2 OK
04 제품을 디자인하는 과정에서 제품의 완성 예상도로 실물처럼 표현하는 것은?

① 렌더링
② 아이소메트릭투영법
③ 모델링
④ 조감 투시도법

1 2 OK
05 다음 중 AIDMA 법칙의 구성요소가 아닌 것은?

① 주의   ② 흥미
③ 욕구   ④ 가격

1 2 OK
06 스케치의 종류 중에서 '갈겨쓴다'의 의미로 아이디어 발상과정의 초기단계에서 사용하며, 입체적인 표현은 생략하고 간략하게 표현하는 스케치는?

① 러프 스케치
② 스타일 스케치
③ 퍼스펙티브 스케치
④ 스크래치 스케치

1 2 OK
07 다음 중 편집디자인 분야에 속하지 않는 것은?

① 신문디자인
② 북디자인
③ 브로슈어디자인
④ 영상디자인

1 2 OK

08 마케팅 믹스(marketing mix)의 구성요소가 아닌 것은?

① 제품　　　　② 영업
③ 유통구조　　④ 판매촉진

1 2 OK

09 다음 중 게슈탈트의 시지각 원리가 아닌 것은?

① 유사성　　　② 근접성
③ 개폐성　　　④ 연속성

1 2 OK

10 디자인의 궁극적 목적으로 가장 적합한 것은?

① 미의 창조를 통한 미적 욕구 충족
② 인간생활의 물질적 풍요를 충족시키는 목적
③ 하나의 그림, 모형 등을 전개시키는 계획 및 설계
④ 창의적 발상을 통한 아이디어 전개

1 2 OK

11 신제품 개발과정 중 제품개발에 대한 설명으로 옳은 것은?

① 완전한 제품원형을 만드는 데는 오랜 기간이 소요되지 않는다.
② 원형품의 개발 및 시험, 유표화(Branding), 패키징 등의 세 단계를 거친다.
③ 원형품을 설계할 때는 물리적 특성에 대한 소비자들의 반응을 후자에 놓고 추진한다.
④ 완성된 제품은 기능 테스트와 소비자 테스트를 생략한다.

1 2 OK

12 실내공간계획에서의 동선에 관한 설명으로 잘못된 것은?

① 동선은 거리가 되도록 짧게 한다.
② 동선은 단순 명쾌하게 한다.
③ 서로 다른 동선은 교차시킨다.
④ 빈도가 높은 동선은 짧게 한다.

1 2 OK

13 다음 중 근대 디자인사에서 기계 사용을 반대한 운동은?

① 미래파
② 독일공작연맹
③ 바우하우스
④ 미술공예운동

1 2 OK

14 광고제작물의 구성요소 중에서 독자들에게 주의를 환기시키고 본문으로 유도하기 위한 호소력이 담긴 간결하고 함축미가 있는 말은?

① 캡션
② 일러스트레이션
③ 카피
④ 헤드라인

1 2 OK

15 1960년대 중반에 이탈리아에서 시작되었으며 알키미아 스튜디오와 함께 팝아트적인 요소들을 다양한 양식들과 혼용하여 복합적인 형태를 추구한 디자인 그룹은?

① 미니멀리즘　　② 멤피스
③ 아르누보　　　④ 미래파

1 2 OK

16 다음 중 변화가 큰 대칭으로, 착시효과를 내는 데 가장 효과적인 방법은?

① 좌우대칭　　　② 방사대칭
③ 비대칭　　　　④ 역대칭

1 2 OK

17 디자인에서 갖춰야 할 조건 중 가장 중요한 것은?

① 실용성과 아름다움
② 실용성과 상징성
③ 순수성과 아름다움
④ 개성과 상징성

18 선에 대한 설명 중 틀린 것은?

① 선은 하나의 점이 이동하면서 이루는 자취이다.
② 선의 동적 특성에 영향을 끼치는 것은 점의 속도, 강약, 방향 등이다.
③ 점이 일정한 방향으로 진행할 때 직선이 생긴다.
④ 수직선은 평화, 정지를 나타낸다.

19 다음 중 점, 선, 면 등의 이념적 형태는?

① 순수형태
② 사실형태
③ 자연형태
④ 인공형태

20 조형의 대상으로서 빛에 대한 설명으로 틀린 것은?

① 반짝이는 빛은 역동적인 에너지가 느껴진다.
② 빛을 받는 표면과 그림자로 형태를 구별할 수 있다.
③ 물질에 따라 빛의 굴절이 다름으로 해서 질감을 느낄 수 있다.
④ 부드러운 빛은 긴장감과 우울함이 느껴진다.

제2과목 : 색채 및 도법 [20문제]

21 비렌(Faber Birren)의 색채 공감각에서 식당 내부의 가구 등에 식욕이 왕성하도록 유도하기 위한 가장 좋은 색채는?

① 보라　　　　　② 주황
③ 초록　　　　　④ 파랑

22 색의 주목성에 대한 설명이 틀린 것은?

① 자극성이 강해 눈에 잘 띄는 색이다.
② 주의를 기울이지 않더라도 사람의 시선을 끄는 색이다.
③ 인간의 심리작용에 의해서도 좌우된다.
④ 한색계열의 저채도 색은 주목성이 높다.

23 신인상파 화가의 점묘화는 무슨 혼합인가?

① 회전혼합　　　② 병치혼합
③ 가산혼합　　　④ 감산혼합

24 나란히 배치된 색의 경계부분에 일어나는 대비효과를 약화시키기 위해 무채색의 테두리를 두르는 것과 관련이 있는 대비현상은?

① 계시대비　　　② 면적대비
③ 연변대비　　　④ 명도대비

25 색광혼합에 관한 설명 중 틀린 것은?

① 적(Red), 녹(Green), 청(Blue)이 3원색이다.
② 3원색을 모두 혼합하면 백색광이 된다.
③ 색광혼합의 중간색이 색료혼합의 3원색이다.
④ 혼합결과 명도가 낮아져 감법혼색이라고도 한다.

26 다음 중 색채조화에 관한 연구와 관련이 없는 사람은?

① 그로피우스
② 스펜서
③ 오스트발트
④ 비렌

27 색조(Tone)에 관한 설명으로 옳은 것은?

① 색상, 명도, 채도를 동시에 나타낸다.
② 색상, 명도를 동시에 나타낸다.
③ 색상, 채도를 동시에 나타낸다.
④ 명도, 채도를 동시에 나타낸다.

28 다음 중 인접색의 조화에 해당하는 것은?

① 빨강–녹색–주황
② 굴색–주황–남색
③ 연두–녹색–다홍
④ 빨강–자주–보라

29 프리즘에 의한 스펙트럼의 발견은 빛의 어떤 성질을 이용한 것인가?

① 굴절현상
② 회절현상
③ 간섭현상
④ 파동현상

30 어두운 곳에서 밝은 곳으로 갑자기 나오면 처음에는 눈이 부시지만 점차 주위의 밝기에 적응하게 되는 현상은?

① 간상순응
② 명순응
③ 암순응
④ 색순응

31 색채의 심리적 현상과 거리가 먼 것은?

① 온도
② 무게
③ 감정
④ 식별

32 비눗방울 표면에서 무지개색이 보이는 것은 빛의 어떤 성질과 관련이 있는가?

① 간섭
② 흡수
③ 투과
④ 굴절

33 다음 중 물체의 앞면 모서리는 수평선과 평행하게 하고, 옆면 모서리는 수평선과 임의의 각도 α로 하여 그린 투상도는?

① 등각투상도
② 부등각투상도
③ 사투상도
④ 축측투상도

34 그림의 도형에서 구하고자 하는 것은?

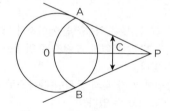

① 수직선을 2등분하기
② 주어진 반지름의 원 그리기
③ 원의 둘레 구하기
④ 원주 밖의 1점에서 원에 접선 긋기

35 투시도를 작도할 때 소점을 나타내는 기호는?

① SP
② PP
③ VP
④ HL

36 그림과 같은 타원 그리기 방법은?

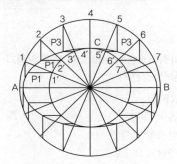

① 두 원을 연결시킨 타원
② 두 원을 격리시킨 타원
③ 4중심법에 의한 타원
④ 장축과 단축이 주어진 타원

37 제도에서 Φ40의 설명으로 옳은 것은?

① 지름이 40mm이다.
② 반지름이 40mm이다.
③ 길이가 40mm이다.
④ 두께가 40mm이다.

38 정투상도법에서 제3각법을 기준으로 정면도, 평면도, 우측면도를 그릴 때의 설명이 틀린 것은?

① 각 도면의 위치는 측면도를 기준으로 한다.
② 우측면도는 정면도를 기준으로 우측에 있다.
③ 정면도와 평면도는 가로의 크기가 동일하다.
④ 정면도와 우측면도는 세로의 크기가 동일하다.

39 평면도와 입면도에 의하여 투시도를 그리는 형식으로, 하나의 소점이 깊이를 좌우하도록 작도하는 도법은?

① 평행 투시도법   ② 유각 투시도법
③ 조감 투시도법   ④ 사각 투시도법

40 치수기입에 대한 설명이 틀린 것은?

① 치수는 실형이 나타나 있는 곳에 실제 길이를 기입한다.
② 치수는 원칙적으로 치수보조선을 그어서 그림 밖에 기입한다.
③ 치수는 정면도보다는 측면도에 집중하여 기입한다.
④ 치수는 외형선에 기입하고 은선에 기입하는 것은 피한다.

제3과목 : 디자인 재료 [8문제]

41 얇은 철판에 두께의 변화를 주지 않고 표면과 이면에 오목한 부분과 볼록한 부분이 반복되도록 금형을 사용하여 성형하는 기법은?

① 압인가공
② 소성가공
③ 엠보싱가공
④ 압출가공

42 디자인 재료의 구비조건과 거리가 먼 것은?

① 품질이 균일한 것
② 염가로 구입할 수 있는 것
③ 외관이 미려한 것
④ 가공기술이 완전한 것

43 빛의 양을 열려 있는 시간의 길이로 조절하는 장치는?

① 필름   ② 셔터
③ 렌즈   ④ 초점 조절장치

44 다음 중 종이의 특성이 틀린 것은?

① 가로방향은 강하고, 세로방향은 약하다.
② 함수율은 적은 때에는 6%, 많은 때에는 10% 정도이다.
③ 가볍고 얇으며, 여러 가지 방법으로 가공할 수 있다.
④ 침엽수 펄프는 섬유가 길고 좁으며, 활엽수 펄프는 짧고 약하다.

45 수지를 알코올류에 융해시켜 만든 도료는?

① 주정도료
② 래커
③ 에나멜
④ 유성도료

46 찬 느낌을 주고 수분의 흡수와 발산이 빨라서 여름의복에 적합한 식물성 섬유는?

① 황마
② 견
③ 아마
④ 케이폭

47 다음 중 용해 펄프의 용도에 해당되지 않는 것은?

① 인조견사
② 스테이플 파이버(staple fiber)
③ 종이
④ 필름

48 다음 중 번지기 쉽기 때문에 정착액을 뿌려 색상을 고정시켜야 하는 채색 재료는?

① 마커
② 파스텔
③ 수채물감
④ 색연필

제4과목 : 컴퓨터그래픽스 [12문제]

49 유비쿼터스(Ubiquitous) 네트워킹과 관련이 가장 먼 것은?

① RFID
② 홈 네트워크
③ 디지털 세탁기
④ 아날로그 TV

50 다음 중 앨리어스(alias)와 안티앨리어스(anti-alias)에 관한 설명으로 틀린 것은?

① 12point 이하의 문자는 안티앨리어스시키면 문자 이미지가 더 선명하게 보인다.
② 페인트 툴로 그린 선은 안티앨리어스된 선이다.
③ 안티앨리어스 처리 시 이미지의 크기는 변하지 않으면서 부드러운 이미지를 얻을 수 있다.
④ 안티앨리어스는 물체 경계면의 픽셀을 주변 색상과 혼합한 중간 색상을 넣어 표현한다.

51 영상을 제작하기 전에 내용을 쉽게 이해할 수 있도록 주요 장면을 그림으로 정리한 계획표는?

① 도큐먼트(document)
② 스토리보드(story board)
③ 트랜지션(transition)
④ 프레젠테이션(presentation)

52 컴퓨터 내에서는 산술논리장치와 제어장치로 구성되어 정보를 실행하는 것은?

① CPU
② Clock
③ Memory
④ BUS

53 컴퓨터에서 신문광고용 그래픽 작업을 하여, 이를 인쇄용 4원색 분해 원고출력을 하고자 할 경우 가장 적절한 선수(line per inch)는?

① 40 ~ 60선
② 80 ~ 133선
③ 180 ~ 200선
④ 200 ~ 300선

54 포토샵 프로그램의 효율적 작업을 위한 작업 속도 향상방법 중 틀린 것은?

① 메뉴 명령 대신 가급적 동등키(단축키)를 사용하여 곧바로 실행될 수 있도록 작업하여 효율을 높인다.
② 내장 디스크 대신 외장 메모리에 프로그램을 넣어 처리 속도를 향상시킨다.
③ 레이어(Layer)와 채널을 가능한 적게 사용하는 방식을 취한다.
④ 최초 작업은 저해상도 파일로 미리 해봄으로써 실제 출력 크기의 이미지 해상도 작업 시 제작상의 착오를 최소화한다.

55 투명한 셀로판 위에 그려진 그림을 겹쳐서 움직이는 전통적 애니메이션 기법은?

① 셀(Cell) 애니메이션
② 클레이 애니메이션
③ 디지털 애니메이션
④ 투광 애니메이션

56 컴퓨터의 저장 포맷 중 분판출력을 목적으로 하며, 전자출판의 가장 대표적 파일 포맷은?

① JPEG
② EPS
③ WMF
④ PSD

57 인터넷상에서 이미지가 처음에는 대략적인 모양만을 나타내는 거친 프리뷰를 나타내고, 그 다음에 단계적으로 자세하게 나타나도록 하기 위해 이미지를 저장할 때, 선택하는 옵션은?

① 인터레이스 방식
② 안티앨리어싱 방식
③ 블러 방식
④ 다운샘플링 방식

58 사운드 전용 포맷에 대한 설명 중 틀린 것은?

① AIFF : 오디오 교환파일 포맷
② WAV : 윈도우의 표준 사운드 파일
③ AU : DOS 소프트웨어용의 일반적 포맷
④ MID : 표준형식의 미디파일

59 오브젝트를 벡터 방식으로 표현하는 그래픽 소프트웨어는?

① 일러스트레이터
② 포토샵
③ 페인터
④ 페인트샵프로

60 검은색과 흰색의 이미지로 구성되어 있으며 선택된 영역이 합성되지 않도록 막아주는 마스크 역할을 하는 것은?

① 레이어(Layer)
② 알파 채널(Alpha Channel)
③ Z버퍼(Z-buffer)
④ 히스토그램(Histogram)

5회 컴퓨터그래픽스운용기능사 필기 기출문제

제1과목 : 산업디자인 일반 [20문제]

1 2 OK

01 기계제품의 질을 향상시키기 위해 독일공작연맹을 결성한 중심인물은?

① 윌리엄 모리스(W. Morris)
② 무테지우스(H. Muthesius)
③ 이텐(J. Itten)
④ 몬드리안(P. Mondrian,)

1 2 OK

02 패키지의 기능 및 역할 중 '개폐의 용이, 쉬운 조작, 적절한 무게, 누구나 사용' 등과 관련한 것은?

① 편의성   ② 보호성
③ 명시성   ④ 안전성

1 2 OK

03 잡지광고의 종류 중 뒷표지에 실리는 광고는?

① 표지 1면 광고   ② 표지 2면 광고
③ 표지 3면 광고   ④ 표지 4면 광고

1 2 OK

04 P.O.P 광고의 기능에 관한 설명이 틀린 것은?

① 판매점에 온 소비자에게 브랜드나 브랜드 네임을 알릴 수 있다.
② 신제품을 알리는 데 좋으며 신제품의 기능, 가격을 강조한다.
③ 상품에 대한 자세한 설명은 충동구매를 방지한다.
④ 점원의 설명보다 우수한 대변인이 될 수 있다.

1 2 OK

05 그림에 해당되는 착시는?

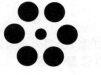

① 길이의 착시   ② 크기의 착시
③ 방향의 착시   ④ 명도의 착시

1 2 OK

06 디자인 조건과 특성이 옳게 나열된 것은?

① 합목적성, 심미성 : 지적 활동, 합리적 요소 형성
② 경제성, 독창성 : 지적 활동, 합리적 요소 형성
③ 심미성, 독창성 : 감성적 활동, 비합리적 요소 형성
④ 합목적성, 경제성 : 감성적 활동, 비합리적 요소 형성

1 2 OK

07 유사한 배열이 방향성을 지니고 하나의 묶음처럼 지각되어 공동운명의 법칙이라고도 부르는 게슈탈트 원리는?

① 근접성의 원리   ② 친숙성의 원리
③ 폐쇄성의 원리   ④ 연속성의 원리

1 2 OK

08 다음 중 실내디자인의 대상 공간이 아닌 것은?

① 도서관   ② 사무실
③ 도시조경   ④ 상점

09 흑백의 강렬한 조화와 이국적 양식, 쾌락적, 생체적, 여성적, 유기적 곡선, 비대칭 구성이 특징이며 윌리엄 브래들리, 오브리 비어즐리, 가우디 등이 대표작가인 디자인 사조는?

① 옵아트
② 구성주의
③ 아르누보
④ 아르데코

10 선의 조형효과에 대한 설명 중 틀린 것은?

① 선의 조밀한 변화로 깊이를 느낀다.
② 많은 선의 연속된 근접으로 면을 느낀다.
③ 선을 끊음으로써 입체를 느낀다.
④ 선을 일정하게 반복하면 패턴을 얻을 수 있다.

11 디자인에서 이미지를 전달하기 위한 표현기법의 첫 단계는?

① 모델링(Modeling)
② 포토 리터칭(Photo Retouching)
③ 렌더링(Rendering)
④ 아이디어 스케치(Idea Sketch)

12 다음 중 시장의 확보 및 확대를 위한 전략과 관련이 없는 것은?

① 시장의 세분화
② 제품의 차별화
③ 제품의 다양화
④ 제품의 단순화

13 잘 그려진 포스터인데도 불구하고 보기 어렵고 내용 전달이 모호하다면 그 포스터는 무엇이 문제인가?

① 경제성
② 기능성
③ 독창성
④ 심미성

14 실내디자인을 구성하는 실내의 기본 요소로만 연결된 것은?

① 가구, 조명, 문
② 바닥, 벽, 천장
③ 바닥, 벽, 차양
④ 가구, 바닥, 창

15 바코드(Bar Code)는 각 포장 표면에 굵기가 다른 수직선과 그 밑에 숫자로 인쇄된 기호이다. 바코드에 대한 설명이 틀린 것은?

① 계산서의 보관이 용이하다.
② 상품의 가격을 수동으로 찍는 방법보다 정확하다.
③ 상점 경영에 합리성이 있다.
④ 계산하는 번거로움이 있어 시간이 늦다.

16 다음 중 스케치의 역할이 아닌 것은?

① 아이디어를 구상에 따라 다양하게 표현한다.
② 형태나 색채, 재질감을 실물과 같이 충실하게 표현한다.
③ 이미지(Image)를 구체적으로 표현하는 작업이다.
④ 의도된 형태를 발전, 전개시킨다.

17 선의 조형적 표현 방법 중 단조로움을 없애주고 흥미를 유발시켜 활동적인 분위기를 조성하지만 지나치게 많이 사용하면 불안정한 느낌을 주는 것은?

① 수직선
② 수평선
③ 사선
④ 포물선

18 다음 중 유사, 대비, 균일, 강약 등이 포함되어 나타내는 디자인의 원리는?

① 통일
② 조화
③ 균형
④ 리듬

19 제품디자인에 대한 설명 중 틀린 것은?

① 과학, 기술, 인간, 환경 등이 공존하는 분야
이다.
② 생산 가능한 형태, 구조, 재료 등을 고려하
여 설계해야 한다.
③ 인간과 자연의 매개역할로서의 도구이다.
④ 인간의 감성에 맞춘 순수예술이어야 한다.

20 일정한 모듈(module)을 이용하여 만든 가구
로, 소비자의 취향에 따라 다양한 형태와 크기
의 가구를 만들 수 있어 주거 이동이 잦은 현
대인의 생활에 적합한 구조별 가구의 종류는?

① 이동식 가구　　② 붙박이식 가구
③ 조립식 가구　　④ 고정식 가구

제2과목 : 색채 및 도법 [20문제]

21 색의 감정에 대한 설명이 옳은 것은?

① 채도가 높은 색은 탁하고 우울하다.
② 채도가 낮을수록 화려하다.
③ 명도가 낮은 배색은 어두우나 활기가 있다.
④ 명도가 높은 색은 주로 밝고 경쾌하다.

22 푸르킨예 현상의 설명과 거리가 먼 것은?

① 새벽녘의 물체들이 푸르스름하게 보인다.
② 조명이 어두워지면 적색보다 청색이 먼저
사라진다.
③ 푸르킨예 현상을 이용해 비상구 표시를 초
록으로 한다.
④ 낮에는 파란 공이 밤이 되면 밝은 회색으로
보인다.

23 동시대비에 대한 설명 중 틀린 것은?

① 두 색 이상을 동시에 볼 때 생기는 대비이다.
② 색의 3속성 차이에 의해서 나타나는 대비
현상이다.
③ 동일한 공간영역에서 먼저 본 색의 영향으
로 생기는 대비이다.
④ 자극과 자극 사이의 거리가 멀어질수록 대
비 현상은 약해진다.

24 동일한 주황색이라도 빨간색 배경 위의 주황
색은 노란색 기미를, 노란색 배경 위의 주황색
은 붉은 색 기미를 많이 보이는 것과 관련한
대비현상은?

① 보색대비　　② 색상대비
③ 채도대비　　④ 명도대비

25 가시광선 중 파장범위가 가장 긴 색은?

① 빨강　　② 노랑
③ 파랑　　④ 보라

26 대칭형인 물체의 외형과 내부의 구조 및 형태
를 동시에 표시하는 단면도는?

① 반 단면도　　② 계단 단면도
③ 온 단면도　　④ 부분 단면도

27 두 색이 서로의 영향으로 본래의 색보다 채도
가 높아지고 선명해지며, 서로 상대방의 색을
강하게 드러내 보이게 되는 대비는?

① 동시대비　　② 계시대비
③ 연변대비　　④ 보색대비

28 치수기입 시 치수 숫자와 기호의 표현이 잘못된 것은?

① 354.62　　② 3t
③ 185°　　④ □10

29 T자와 삼각자를 이용하는 방법으로 틀린 것은?

① T자는 왼손으로 머리 부분을 잡고 제도판에 대어 이동한다.
② 기준을 잡은 T자 위쪽으로 삼각자를 놓고 사용한다.
③ 수직선은 T자 위에 삼각자를 놓고 위에서 아래로 긋는다.
④ 빗금을 그을 때는 T자와 2개의 삼각자를 이용하여 사선방향으로 긋는다.

30 빛을 감지하는 감광 세포인 간상체가 지각할 수 있는 색은?

① 빨강　　② 노랑
③ 보라　　④ 회색

31 다음 중 생동감, 열정, 활력으로 정열적인 이미지의 배색은?

① 검정, 회색
② 녹색, 파랑
③ 빨강, 주황
④ 노랑, 하양

32 다음 중 일반색명은?

① 베이지
② 복숭아색
③ 어두운 회색
④ 밤색

33 명도와 채도가 유사한 동일 색상 배색에서 나타나는 이미지는?

① 동적인 이미지　　② 화려한 이미지
③ 정적인 이미지　　④ 명쾌한 이미지

34 빨강의 색상 기호를 먼셀 색체계에서 "5R 4/14"라고 표시 할 때, "5R"이 나타내는 것은?

① 명도　　② 색상
③ 채도　　④ 색명

35 다음 평면도법 중 '같은 면적 그리기'가 아닌 것은?

①
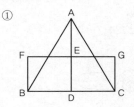

②
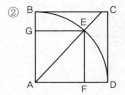

③
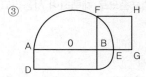

④
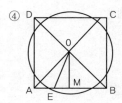

36 투시도법의 기본 요소는?

① 대상, 형상, 거리
② 색채, 명암, 음영
③ 형태, 그늘, 그림자
④ 시점, 대상물, 거리

37 그림 중 회전 단면도는?

①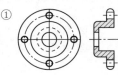

②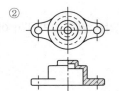

③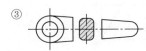

④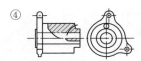

38 현재 한국산업표준으로 채택하여 사용되고 있는 색체계는?

① 오스트발트 색체계
② 먼셀 색체계
③ CIE 표준 색체계
④ 문·스펜서 색체계

39 그림과 같이 물체를 표현하는 투시법은?

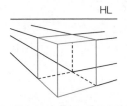

① 사각투시　　② 유각투시
③ 평행투시　　④ 삼각투시

40 그림과 같이 원기둥에 감긴 실의 한 끝을 늦추지 않고 풀어나갈 때, 이 실의 끝이 그리는 곡선은?

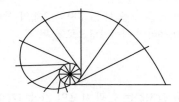

① 등간격 곡선
② 인벌류트 곡선
③ 사이클로이드 곡선
④ 아르키메데스 곡선

제3과목 : 디자인 재료 [8문제]

41 펄프의 제조 방법에 의한 분류 중 원료를 약품 처리와 기계적 처리를 범용하여 만든 펄프는?

① 세미케미컬 펄프
② 쇄목 펄프
③ 화학 펄프
④ 기계 펄프

42 스트리퍼블(strippable) 페인트의 설명으로 틀린 것은?

① 도장재의 더러움 방지를 위해 일시적으로 사용한다.
② 필요할 때 간단히 벗겨낼 수 있다.
③ 비닐계 수지이다.
④ 얇게 도장해야 한다.

43 입자가 거칠고 점력이 부족하나 불순물 함량이 적어 백색이 많은 1차 점토는?

① 내화점토　　　② 석기점토
③ 벤토나이트　　④ 고령토

44 다음 중 불규칙한 곡선을 그릴 때 사용하는 것은?

① 템플릿
② 운형자
③ 비례 디바이더
④ 비임 컴퍼스

45 필름을 인화하였을 때 검은 흠집선이 생기는 원인은?

① 네거티브 캐리어 위의 먼지
② 필름의 유제층이나 필름 뒷면의 흠집
③ 오랜 시간 현상액에 둔 경우
④ 외부에서 암실로 들어온 빛

46 인쇄물의 표면에 박막을 씌워 오염을 방지하고, 내수성과 광택을 향상시키는 후가공은?

① 엠보싱(Embossing)
② 라미네이팅(Laminating)
③ 핫 스탬핑(Hot Stamping)
④ 오버 코팅(Over Coating)

47 다음 중 유기재료에 속하는 것은?

① 목재
② 강철
③ 유리
④ 도자기

48 옥외 등의 내수합판이나 목제품의 접합에 널리 사용되는 접착제로, 사용 가능 시간이 길며 고온에서 즉시 접합되는 접착제는?

① 페놀계 접착제
② 에폭시계 접착제
③ 아크릴계 접착제
④ 멜라민계 접착제

제4과목 : 컴퓨터그래픽스 [12문제]

49 C.I.P(Corporate Identity Program)를 제작할 때 가장 유용하게 쓰이는 벡터 이미지용 소프트웨어는?

① 포토샵(photoshop)
② 스트라타 스튜디오(Strata Studio)
③ 일러스트레이터(Illustrator)
④ 페인터(Painter)

50 명도 요소와 빨강~녹색, 노랑~파랑에 이르는 2가지의 색상 축을 기준으로 색상을 표시하는 컬러 방식은?

① Lab 모드
② RGB 모드
③ HSB 모드
④ CMYK 모드

1 2 OK

51 애니메이션과 동영상 파일 포맷이 아닌 것은?

① CPT
② FLC
③ GIF
④ SWF

1 2 OK

52 컴퓨터 디지털 신호의 기본적인 0과 1의 전기적 신호체계를 의미하는 용어는?

① Binary
② Bit Map
③ Frame
④ Vector

1 2 OK

53 해상도(Resolution)에 관한 설명 중 옳은 것은?

① 화면에 이미지를 얼마나 선명하게 표현할 수 있는지를 결정한다.
② 화면을 구성하는 최소 화소 단위를 말한다.
③ 해상도가 높을수록 이미지의 질은 떨어진다.
④ 해상도는 포스트스크립트 방식에서만 적용된다.

1 2 OK

54 GUI를 바탕으로 하는 운영체제에서 제공하는 휴지통의 설명 중 틀린 것은?

① 시스템에서 완전히 삭제하기 전에 잠시 보관하는 장소이다.
② 휴지통에 들어있는 파일은 디스크의 공간을 차지하지 않으므로 디스크 관리에 용이하다.
③ 휴지통에 들어있는 파일은 휴지통을 비우기 전까지는 언제든지 복원할 수 있다.
④ 일부 시스템 파일은 휴지통에 버릴 수 없도록 안전장치를 해놓고 있다.

1 2 OK

55 베지어 곡선(Bezier Curve)에 대한 설명이 틀린 것은?

① 만들어지는 선분은 양 끝의 제어점(Control Point)을 통해 만들어진다.
② 제어점의 위치만으로 정의되기 때문에 제어성이 양호하다.
③ 1개 조정점(Control Point)의 변경은 곡선 전체에 영향을 미친다.
④ 수학적 데이터로 이미지 처리 및 리터칭에 주로 사용된다.

1 2 OK

56 파일 포맷에 대한 설명이 틀린 것은?

① PostScript – 어떤 출력장치에도 왜곡됨 없이 그래픽 이미지를 자유롭게 표현해 줄 수 있는 저장방식
② PICT – 윈도우즈 운영체제에서 지원해주는 방식으로 비트맵 이미지의 저장방식
③ PNG – 256컬러 외에 1600만 컬러 모드로 저장이 가능하고 GIF보다 10~30% 뛰어난 압축률을 제공
④ TIFF – 무손실 압축방식을 사용하며, OS에 의존하지 않고 사용 가능

1 2 OK

57 입력장치에 대한 설명이 틀린 것은?

① 컴퓨터 작업의 첫 단계이다.
② 컴퓨터 내부로 외부의 데이터를 전달한다.
③ 정보를 기억하고, 기억한 정보를 처리한다.
④ 키보드, 마우스, 스캐너 등이 입력장치이다.

58 다음 중 스캐너에 대한 설명으로 틀린 것은?

① 스캐너는 반사된 빛을 측정하기 위해 CCD
   라는 실리콘칩을 사용한다.
② 해상도의 단위는 LPI이다.
③ 입력된 파일의 크기를 작게 하거나 원하는
   영역만 스캔할 수도 있다.
④ 색상과 콘트라스트를 더욱 정확하게 조절하
   기 위해 감마보정이라는 방법을 사용한다.

59 컴퓨터 작동 시 정보를 기억할 수 있고 전원이
꺼지면 지워지는 메모리는?

① Random Access Memory
② Read Only Memory
③ Hard Disk Memory
④ Floppy Memory

60 3D 오브제의 표면을 사실적으로 표현하기 위
하여 프로그램상 만들어진 무늬와 2D 이미지
를 적용하여 사실적인 이미지를 만들 수 있도
록 하는 작업은?

① 포토리얼(Photoreal)
② 안티앨리어싱(Anti-Aliasing)
③ 매핑(Mapping)
④ 패치(Patch)

6회 컴퓨터그래픽스운용기능사 필기 기출문제

[1][2][OK] 해당 문제를 한 번 풀 때 1에 체크하고 두 번 풀 때 2에 체크합니다. 마지막으로 OK는 아는 문제일 경우 체크하고
활용법 OK 체크가 되지 않는 문제들은 여러 번 복습하세요.

제1과목 : 산업디자인 일반 [20문제]

[1][2][OK]

01 마케팅 믹스(Marketing Mix)의 구성 요소가 아닌 것은?

① 유행(fashion)　② 제품(product)
③ 가격(price)　④ 촉진(promotion)

[1][2][OK]

02 다음 중 18세기 말 영국에서 일어난 산업혁명의 디자인사적 의의로 가장 거리가 먼 것은?

① 양산제품의 고급화
② 디자인의 민주화
③ 제품의 질 저하
④ 대량생산의 실현

[1][2][OK]

03 합목적성과 관련된 설명으로 가장 옳은 것은?

① 중명도, 저채도로 그려진 포스터가 시인도가 크다.
② 기능적인 곡선의 주전자가 물 따르기에 좋다.
③ 주로 장식적인 의자의 형태가 앉기에 편리하다.
④ 크고 화려한 집이 살기에 가장 편리하다.

[1][2][OK]

04 모더니즘의 기능성을 거부하고 문화적 다양성의 가치를 인정하고 역사적 소재, 화려한 색상, 장식을 볼 수 있는 디자인 사조는?

① 아르누보　② 포스트모더니즘
③ 바우하우스　④ 미술공예운동

[1][2][OK]

05 포장디자인의 기능에 속하지 않는 것은?

① 보호의 보존성　② 단위 포장
③ 관리성　④ 상품성

[1][2][OK]

06 주거공간의 구성 중 개인공간이 아닌 것은?

① 서재　② 침실
③ 아동실　④ 식사실

[1][2][OK]

07 기존의 제품을 바탕으로 새로 디자인을 고치거나 개선하는 것은?

① 모델링(Modeling)
② 렌더링(Rendering)
③ 리디자인(Re-Design)
④ 스타일링(Styling)

[1][2][OK]

08 기업의 제품 경쟁에서 판정자 역할을 하는 사람은?

① 생산자　② 소비자
③ 디자이너　④ 기업주

[1][2][OK]

09 그림이 나타내는 주된 디자인의 원리는?

① 조화　② 강조
③ 균형　④ 율동

10 선에 대한 설명 중 옳은 것은?

① 기하학에서는 무수히 많은 점들의 집합을 선이라 한다.
② 선은 명암의 차이, 면과 면의 교차에서만 느낄 수 있다.
③ 수평선은 동적이고, 곡선은 불안정하다.
④ 사선은 안정되고, 운동감이 있다.

11 디자이너가 즉흥적으로 떠오르는 여러 가지 생각을 메모하기 위한 최초의 스케치는?

① 스크래치 스케치   ② 러프 스케치
③ 스타일 스케치   ④ 콘셉트 스케치

12 다음 중 게슈탈트(Gestalt)의 시각원리와 가장 거리가 먼 것은?

① 근접의 원리   ② 유사의 원리
③ 폐쇄의 원리   ④ 음영의 원리

13 디자인의 조건이 아닌 것은?

① 독창성   ② 욕구성
③ 경제성   ④ 심미성

14 미리 인쇄된 광고물을 신문지 사이에 끼워서 배달하는 광고는?

① 디스플레이 광고   ② 간지 광고
③ 분류 광고   ④ 변형 광고

15 인테리어 디자이너의 역할을 설명한 것으로 거리가 먼 것은?

① 시공보다는 디자인에 중점을 둔다.
② 내부공간, 가구, 조명, 주위 환경 등을 디자인하고 기획한다.
③ 디자인 의뢰자의 의견을 최대한 고려하여 디자인한다.
④ 신체 부자유자를 위한 세심한 디자인 고려가 필요하다.

16 다음 중 형태에 대한 루이스 설리반(L. H. Sullivan)의 이론은?

① 형태는 감정에 지배된다.
② 자연에서 형태를 배운다.
③ 형태는 지역적 특성을 수반한다.
④ 형태는 기능을 따른다.

17 디자인 요소에 해당되지 않는 것은?

① 형   ② 빛
③ 개성   ④ 색

18 다음 중 광고디자인에서 전략적 입장의 DM(Direct Mail)과 가장 거리가 먼 것은?

① 단발성 DM   ② 반복성 DM
③ 단계적 DM   ④ 속성 DM

19 다음 중 아이디어를 전개하고 확인하는 데 이용되는 가장 정밀한 모델(모형)은?

① 스터디 모델(study model)
② 프레젠테이션 모델(presentation model)
③ 스케치 모델(sketch model)
④ 러프 모델(rough model)

20 다음 중 TV 광고의 분류에 속하지 않는 것은?

① DM 광고
② 시보광고
③ 스폿(spot) 광고
④ 프로그램 광고

제2과목 : 색채 및 도법 [20문제]

1 2 OK

21 일반적인 색의 응용에 관한 설명 중 틀린 것은?

① 가장 넓은 부분을 차지하는 색을 보조색이라고 한다.
② 주조색에 이어 면적비가 큰 색을 보조색이라고 한다.
③ 대체로 강조색은 작은 면적에 사용한다.
④ 강조색은 눈에 띄는 포인트 컬러를 주로 사용한다.

1 2 OK

22 색상에 부합되는 연상과 상징이 옳게 연결된 것은?

① 노랑 – 위험, 혁명, 분노, 희열
② 빨강 – 명랑, 유쾌, 냉담, 신뢰
③ 파랑 – 명상, 냉정, 성실, 추위
④ 녹색 – 숭고, 영원, 신비, 혁명

1 2 OK

23 먼셀의 색체계를 기초로 오메가 공간이라는 색입체를 설정하여 성립된 색채조화 이론은?

① 문 · 스펜서 색채조화론
② 오스트발트 색채조화론
③ 저드의 색채조화론
④ 비렌의 색채조화론

1 2 OK

24 명소시와 암소시의 중간 밝기에서 추상체와 간상체 양쪽이 작용하고 있는 시각의 상태는?

① 황혼시
② 박명시
③ 저명시
④ 약명시

1 2 OK

25 색의 3속성 중 색의 강약이나 맑기를 의미하는 것은?

① 명도
② 채도
③ 색상
④ 색입체

1 2 OK

26 다음 유채색의 수식형용사 중 명도가 가장 낮은 수식어는?

① 흐린
② 어두운
③ 탁한
④ 연한

1 2 OK

27 보기 (   )에 들어갈 용어로 옳은 것은?

> 색체계에는 심리적 · 물리적인 빛의 혼색실험에 기초를 두고 색을 표시하는 (A)와 지각색을 표시하는 (B)가 있다.

① (A) 심리계, (B) 지각계
② (A) 혼색계, (B) 현색계
③ (A) 현색계, (B) 혼색계
④ (A) 물리계, (B) 지각계

1 2 OK

28 다음 중 같은 크기의 형태라도 실제보다 더 크게 보이는 색은?

① 저채도색
② 한색
③ 난색
④ 중성색

1 2 OK

29 명시성에 대한 설명 중 가장 옳은 것은?

① 사물에 색이 맑고 작게 보인다.
② 사물의 색이 밝고 하얗게 보인다.
③ 두 색상을 같이 배열하면 색상이 다르게 보인다.
④ 멀리서도 사물이 눈에 잘 보인다.

30 상점 쇼윈도의 동일한 크기의 색광 3개를 사용하여 가장 밝은 조명을 비추었다. 이 현상을 옳게 설명한 것은?

① 감법혼색의 원리를 사용한 것이다.
② 컬러인쇄와 동일한 원리를 이용한 것이다.
③ 빨강, 초록, 파랑의 색광을 사용한 것이다.
④ 시안, 마젠타, 옐로의 색광을 사용한 것이다.

31 조명이나 관측 조건이 달라도 주관적 색채 지각으로는 물채색의 변화를 느끼지 못하는 현상은?

① 매스 효과 ② 색각 항상
③ 등색 잔상 ④ 동화 현상

32 가법혼색에 대한 설명 중 옳은 것은?

① Cyan, Magenta, Red를 기본 3색으로 한다.
② 색을 혼합할수록 명도가 높아진다.
③ 3원색을 혼합하면 검정에 가까운 갈색이 된다.
④ 일반적으로 색료혼합이라고 부른다.

33 도법의 변형에서 투시도법으로 얻은 상이 작아서 그대로 사용할 수 없을 경우 사용하는 도법은?

① 확대도법 ② 연장도법
③ 축소도법 ④ 분할도법

34 아래의 정면도를 기준으로 3각도법에 의한 평면도와 측면도를 순서대로 바르게 표현한 것은?

①   ②

③   ④

35 도면의 형태가 치수와 비례하지 않을 때에 표제란에 기입하는 것은?

① A.S ② K.S
③ 1 : 2 ④ N.S

36 그림 중 두 원을 교차시킨 타원 그리기의 작도법은?

①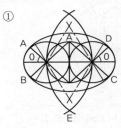

②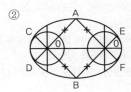

③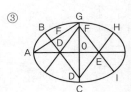

④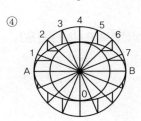

1 2 OK
37 위에서 내려다보는 느낌을 주는 투시도법은?

① 1점 투시　　② 2점 투시
③ 3점 투시　　④ 유각 투시

1 2 OK
38 물체의 앞면 모서리는 수평선과 평행하게 앞면 모서리는 수평선과 임의의 각도 α로 하여 그린 투상도는?

① 부등각 투상도　　② 등각 투상도
③ 사투상도　　　　④ 축측 투상도

1 2 OK
39 한 변 AB가 주어진 정오각형을 그릴 때의 순서가 바르게 나열된 것은?

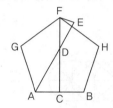

가. 선분 AB = 선분 CD의 점 D를 잡는다.
나. 선분 AD의 연장선에서 선분 AC = 선분 DE 인 점 E를 잡는다.
다. 점 A를 중심으로 선분 AE를 반지름으로 하는 원호를 그려 교점 F를 정한다.
라. 선분 AB의 2등분점 C에서 수선을 세운다.

① 라 → 다 → 나 → 가
② 라 → 가 → 나 → 다
③ 라 → 가 → 다 → 나
④ 라 → 나 → 가 → 다

1 2 OK
40 다음 중 굵은 실선으로 표시하는 선은?

① 외형선　　② 치수선
③ 지시선　　④ 치수보조선

제3과목 : 디자인 재료 [8문제]

1 2 OK
41 불투명도가 높고, 지질이 균일하여 성서나 사전의 본문 인쇄에 많이 사용되는 종이는?

① 롤지(machine glazed paper)
② 크라프트지(kraft paper)
③ 인디아지(india paper)
④ 아트지(art paper)

1 2 OK
42 종이의 제조공정 중 내수성을 주고, 잉크의 번짐을 방지하기 위하여 종이의 표면 또는 섬유를 아교물질로 피복시키는 공정은?

① 고해
② 사이징
③ 충전
④ 착색

1 2 OK
43 매직 마커의 장점으로 볼 수 없는 것은?

① 색상이 다양하고 풍부하다.
② 색상이 선명하고 아름답다.
③ 수채화의 붓 자국 표현에 효과적이다.
④ 건조시간이 빠르다.

1 2 OK
44 다음 중 유화의 성질과 비슷하고 합성수지로 만들어 접착성과 내수성이 강한 디자인 표현 재료는?

① 스크린 톤
② 스텐실
③ 픽사티브
④ 아크릴 컬러

1 2 OK

45 플라스틱에 관한 일반적인 설명 중 옳은 것은?

① 가공이 용이하고 다양한 재질감을 낼 수 있다.
② 표면 경도가 높아 목적에 알맞은 여러 형태로 바꿀 수 있다.
③ 열전도율이 높고 강도 및 전연성이 약하다.
④ 산, 알칼리 등 화학약품에 약하지만 자외선에 강하다.

1 2 OK

46 다음 중 전처리의 불완전으로 인한 도막의 결함이 아닌 것은?

① 도금막이 약하다.
② 재료의 성질이 바뀐다.
③ 표면에 얼룩이 생긴다.
④ 표면에 부식이 생긴다.

1 2 OK

47 플라스틱 중 투명성과 내충격성, 광택이 특히 좋아서 화장품과 생활용품의 용기로 주로 이용되는 것은?

① 폴리에틸렌 테레프탈레이트
② 폴리카보네이트
③ 폴리아미드
④ 폴리우레탄수지

1 2 OK

48 목재의 심재에 대한 설명이 옳은 것은?

① 무르고 연하며 수맥과 탄력성이 많다.
② 껍질 쪽의 옅은 부분을 말한다.
③ 무거우며 내구성이 풍부하고 일반적으로 질이 좋다.
④ 변형이 심한 편이나 갈라짐은 심하지 않다.

제4과목 : 컴퓨터그래픽스 [12문제]

1 2 OK

49 포토샵 프로그램에서 이미지를 흐릿하고 부드럽게 하는 기능은?

① Stylize   ② Sharpen
③ Blur   ④ Texture

1 2 OK

50 1600만 컬러모드로 저장가능하고, 비손실압축을 사용하여 이미지 변형 없이 이미지를 웹 상에 그대로 표현할 수 있고, 이미지의 투명성과 관련된 알파채널에서 향상된 기능을 제공하는 파일 포맷은?

① JPEG   ② TIFF
③ EPS   ④ PNG

1 2 OK

51 컴퓨터 운영체제나 브라우저의 종류와 상관없이 공통적으로 사용되는 웹 안전색의 색상 수는?

① 256   ② 255
③ 236   ④ 216

1 2 OK

52 심벌, 로고, 캐릭터 등의 디자인 시 가장 많이 사용되는 프로그램은?

① Quark Xpress   ② Illustrator
③ Painter   ④ Photoshop

1 2 OK

53 이미지의 페인팅에 사용하는 브러시의 크기 및 특성에 따른 툴(Tool)의 종류가 아닌 것은?

① 연필 툴(Pencil Tool)
② 에어브러시 툴(Airbrush Tool)
③ 크롭핑 툴(Cropping Tool)
④ 도장 툴(Rubber Stamp Tool)

1 2 OK

54 컬러모드에 대한 설명 중 옳은 것은?

① CMYK 모드는 가산혼합의 색상표현의 원리로 사용하고 있다.

② Grayscale 모드는 검은색과 흰색으로만 이미지를 표현한다.

③ HSB 모드는 명도 요소와 2가지 색상 축을 기준으로 정의된다.

④ 인덱스 색상 모드는 일반적인 컬러 색상을 픽셀 밝기 정보만 가지고 이미지를 구현한다.

1 2 OK

55 VGA를 대체하는 32비트 컴퓨터용 그래픽카드로 멀티미디어를 고려하여 만들어진 것은?

① CGA   ② SVGA

③ TVGA   ④ XVGA

1 2 OK

56 벡터 파일 포맷이 아닌 것은?

① TGA   ② AI

③ CDR   ④ EPS

1 2 OK

57 3차원 모델링 중 물체를 점과 선만으로 표현하는 방식은?

① 목업 모델링(Mock-up modeling)

② 매핑(Mapping)

③ 와이어프레임 모델링(Wire frame Modeling)

④ 서페이스 모델링(Surface Modeling)

1 2 OK

58 Adobe Illustrator에서 여러 오브젝트를 하나로 합치는 기능이 있는 팔레트(패널) 혹은 도구는?

① 그래디언트   ② 패스파인더

③ 블랜드   ④ 패치워크

1 2 OK

59 메모리의 종류 중 기억 내용을 삭제하기 위하여 데이터의 재입력이 항시 필요하기 때문에 다이내믹 램이라고 불리는 것은?

① SRAM

② DRAM

③ EDO RAM

④ DDR-SDRAM

1 2 OK

60 컴퓨터를 이용한 영상정보의 처리기법으로 기존의 이미지를 새로운 이미지로 창작하거나 수정하는 일반적 작업과정은?

① Image compressing

② Image processing

③ Morphing

④ Texture mapping

7회 컴퓨터그래픽스운용기능사 필기 기출문제

1 2 OK 해당 문제를 한 번 풀 때 1에 체크하고 두 번 풀 때 2에 체크합니다. 마지막으로 OK는 아는 문제일 경우 체크하고
활용법 OK 체크가 되지 않는 문제들은 여러 번 복습하세요.

제1과목 : 산업디자인 일반 [20문제]

1 2 OK

01 서로 다른 부분의 조합에 의하여 생기는 것으로, 시각상 힘의 강약에 의한 형태의 감정효과는?

① 통일　　　　② 리듬
③ 반복　　　　④ 대비

1 2 OK

02 실내디자인의 구성 요소 중 시선이 가장 많이 머무는 곳으로 주로 장식의 초점이 되는 것은?

① 바닥　　　　② 벽
③ 천장　　　　④ 담장

1 2 OK

03 DM(Direct Mail) 광고의 설명 중 틀린 것은?

① 광고 대상을 선택할 수 있는 집약적 광고이다.
② 시기와 빈도를 자유롭게 조절할 수 있다.
③ 구매 장소에서 직접적인 판매촉진 효과가 있다.
④ 소비자에게 직접 우송하는 광고 방법이다.

1 2 OK

04 입체를 적극적 입체와 소극적 입체로 분류하는 데 있어 적극적 입체에 해당하는 것은?

① 순수 형태
② 이념적인 형태
③ 크기, 폭이 없는 형태
④ 현실적인 형태

1 2 OK

05 통일된 기업 이미지, 기업문화, 미래의 모습과 전략 등을 일컫는 용어로, 기업의 이미지나 행동을 하나로 통일시키는 작업은?

① PI(President Identity)
② CI(Corporate Identity)
③ IMC(Integrated Marketing Communication)
④ POP(Point of Purchase)

1 2 OK

06 디자인에서 기초 조형의 목적이 아닌 것은?

① 조형에 대한 감각 훈련
② 창조성 개발
③ 마케팅 활동능력 배양
④ 표현기술의 습득

1 2 OK

07 기하학적 도형의 기본 3가지 형에 포함되지 않는 것은?

① 삼각형　　　　② 다각형
③ 정원　　　　④ 정사각형

1 2 OK

08 니콜라우스 페브스너(Nikolaus Pevsner)가 새로운 양식의 특성이 잘 나타나 있다고 평가한 아래의 작품(아더 맥머도의 표지디자인)과 관련된 디자인 양식은?

① 미술공예운동
② 아르누보
③ 아르데코
④ 데 스틸

1 2 OK

09 디자인 문제해결의 과정을 올바르게 나열한 것은?

① 계획 → 조사 → 분석 → 평가 → 종합
② 조사 → 계획 → 분석 → 종합 → 평가
③ 계획 → 조사 → 분석 → 종합 → 평가
④ 조사 → 계획 → 분석 → 평가 → 종합

1 2 OK

10 밤거리를 지나다니는 일반 대중의 눈을 끌어 강렬한 자극을 주고 인상을 깊게 함으로써 광고효과를 올리는 옥외광고의 종류는?

① 광고탑
② 네온사인
③ 애드벌룬
④ 빌보드

1 2 OK

11 제품의 가치판단 기준을 경제적 측면과 디자인 측면으로 구분할 때 디자인 측면과 거리가 먼 것은?

① 시장성
② 독창성
③ 심미성
④ 합리성

1 2 OK

12 다음 중 디자인 경영자의 역할과 거리가 먼 것은?

① 디자인의 조형적 문제 해결에 대한 스페셜리스트
② 조직운영에 관한 모든 의사 결정 시 결단적 역할 수행
③ 디자인 조직의 내·외부로부터 정보를 받아들이고 전달해주는 역할
④ 디자인 조직 내·외부의 사람들과 원만한 인간관계 구축

1 2 OK

13 제품 수명주기에서 매출액이 안정된 상태를 유지하는 상태로, 이 시기 마케팅 전략의 초점은 제품을 조금씩 개선하여 이 시기를 연장시키는 것은?

① 도입기
② 성장기
③ 성숙기
④ 쇠퇴기

1 2 OK

14 다음 중 제품디자인(Product Design)에 해당하는 것은?

① 주방기기 디자인
② 전시 디자인
③ 조경 디자인
④ 웹 디자인

1 2 OK

15 광고디자인 제작 시 우선적으로 고려해야 할 사항과 가장 거리가 먼 것은?

① 무엇을 알릴까 하는 소구점
② 어떻게 표현하느냐의 시각적 표현
③ 회사의 규모와 광고 매체의 안정성에 관한 표현
④ 어떠한 매체로 누구에게 호소할 것인가 하는 매체 선정

1 2 OK

16 1909년 이탈리아에서 마리네티를 중심으로 결성된 예술가 집단으로 기존 예술에 반대하여 물질문명, 속도, 운동감을 추구하고 표현한 사조는?

① 미니멀리즘
② 구성주의
③ 표현주의
④ 미래파

17 다음 중 공간디자인을 도면으로 제시하고 재료, 가구 색체계획을 시각적으로 제시하는 실내디자인 단계는?

① 사용 후 평가 단계
② 프로그래밍 단계
③ 설계 단계
④ 시공 단계

18 편집디자인의 레이아웃 요소 중 하나로, 책의 내용을 잘 파악하여 그 내용과 중요도에 따라 배열과 분할을 하는 것은?

① 여백(Margin)
② 라인 업(Line-up)
③ 포맷(Format)
④ 폰트 디자인(Font design)

19 면을 포지티브(Positive)한 면과 네거티브(Negative)한 면으로 구분할 때, 다음 중 포지티브한 면이 성립되는 것은?

① 점의 확대
② 선의 집합
③ 선의 둘러싸임
④ 점의 밀집

20 주거용 실내디자인을 계획할 때 고려해야 할 사항과 가장 거리가 먼 것은?

① 집주인의 요구
② 방문객의 수준
③ 가족들의 생활양식
④ 주위환경

제2과목 : 색채 및 도법 [20문제]

21 색의 3속성에 대한 설명으로 틀린 것은?

① 색의 3속성은 빛의 물리적 3요소인 주파장, 분광률, 포화도에 의해 결정된다.
② 명도는 빛의 반사율에 의해 다르게 나타나고, 완전한 흰색과 검은색이 존재한다.
③ 인간이 물체에 대한 색을 느낄 때는 명도가 먼저 지각되고 다음으로 색상, 채도의 순이다.
④ 채도는 색의 선명도를 나타내는 것으로 순색일수록 채도가 높다.

22 낮에는 빨간 물체가 밤이 되면 검게, 낮에는 파란 물체가 밤이 되면 밝은 회색으로 보이는 현상은?

① 푸르킨예 현상   ② 색각조절 현상
③ 베졸드 현상   ④ 변색 현상

23 채도가 높은 색들의 배색에서 얻을 수 있는 느낌은?

① 어둡고 무겁다.
② 서늘하고 정적이다.
③ 온화하고 부드럽다.
④ 화려하고 자극적이다.

24 현색계에 대한 설명이 틀린 것은?

① 색편의 배열 및 색채 수를 용도에 맞게 조절할 수 있다.
② 지각적으로 일정하게 배열되어 있다.
③ 수치로 표기되어 변색, 탈색 등의 물리적 영향이 없다.
④ 관측하는 사람에 따라 색좌표를 주관적으로 정할 수 있다.

1 2 OK

25 먼셀 색체계에서 보색의 관계가 아닌 것은?

① R – BG   ② Y – PB

③ G – RP   ④ B – GY

1 2 OK

26 주위의 색과 명도, 색상, 채도의 차를 크게 주어 배색하였을 때 나타나는 가장 큰 효과는?

① 색의 친화성   ② 색의 안정성

③ 색의 대비성   ④ 색의 동화성

1 2 OK

27 다음 중 유치원 어린이들의 유니폼 색으로 노랑을 가장 많이 선택하는 이유는?

① 중량감   ② 온도감

③ 명시도   ④ 잔상

1 2 OK

28 문·스펜서의 색채조화론에서 조화의 관계가 아닌 것은?

① 유사 조화   ② 대비 조화

③ 입체 조화   ④ 동일 조화

1 2 OK

29 다음 중 가장 가볍고 부드러운 느낌을 주는 색조는?

① soft tone   ② dark tone

③ pale tone   ④ vivid tone

1 2 OK

30 색채 조화의 원리 중 틀린 것은?

① 두 가지 이상의 색채가 서로 어우러져 미적 효과를 나타낸 것이다.

② 서로 다른 색들이 대립하면서도 통일적 인상을 주는 것이다.

③ 두 가지 이상의 색채에 질서를 부여하는 것이다.

④ 전문가의 주관적인 미적 기준에 기초한다.

1 2 OK

31 같은 밝기의 회색을 흰색 바탕과 검정 바탕에 각각 놓았을 때 흰색 바탕의 회색은 어둡게, 검정 바탕의 회색은 밝게 보이는 대비는?

① 명도대비   ② 색상대비

③ 채도대비   ④ 보색대비

1 2 OK

32 다음 중 망막에서 무수히 많은 색 차이를 지각하는 작용을 하는 시세포는?

① 상피체   ② 추상체

③ 모양체   ④ 간상체

1 2 OK

33 다음 색의 혼합 방법 중 그 방법이 나머지와 다른 것은?

① 무대 조명

② 점묘 화법

③ 직물의 씨실과 날실

④ 컬러 TV

1 2 OK

34 다음 중 가는 실선을 사용하는 선은?

① 피치선   ② 회전 단면선

③ 상상선   ④ 절단선

1 2 OK

35 그림은 어떤 원을 그리는 작도법인가?

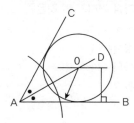

① 주어진 각에 내접하는 원

② 삼각형의 내접원

③ 삼각형의 외접원

④ 원주상에 있는 한 점에서의 접선

36 치수를 기입할 때의 유의사항 중 틀린 것은?

① 외형선, 은선, 중심선, 치수 보조선에는 사용하지 않는다.
② 180° 이하인 호의 반지름은 R로 표기한다.
③ 치수는 될 수 있는 대로 정면도에 집중적으로 기입한다.
④ 치수는 도면 여러 개에 중복 기입하여 정확도를 높인다.

37 다음 중 치수 보조선 기입이 가장 옳게 표현된 것은?

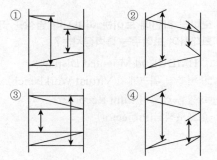

38 1소점 투시도법에 관한 설명으로 틀린 것은?

① 한쪽 면에 특징이 집중되어 있는 물체를 표현하기에 적합하다.
② 평행 투시도법이라고도 한다.
③ 화면에 대한 경사각에 따라 40°, 30~60° 등의 표현방법이 있다.
④ 도학이나 건축분야에서 평면도와 입면도에 의하여 투시도를 그리는 형식이다.

39 투상법의 종류 중 투사선이 투상화면에 경사져 있을 때의 평행투상을 말하며, 입체도를 그릴 때에 주로 사용하는 방법은?

① 등각 투상법　　② 사투상법
③ 축측 투상법　　④ 투시 투상법

40 투시도법의 부호와 용어의 연결이 잘못된 것은?

① PP : 화면
② MP : 시선
③ SP : 입점
④ VP : 소점

제3과목 : 디자인 재료 [8문제]

41 다음 중 수성암에 속하지 않는 것은?

① 사암　　　　② 응회암
③ 안산암　　　④ 석회암

42 감도에 따른 필름의 종류 중 저감도 필름의 기준은?

① ISO, ASA 50이나 그 이하의 감도
② ISO, ASA 80이나 그 이하의 감도
③ ISO, ASA 100이나 그 이하의 감도
④ ISO, ASA 120이나 그 이하의 감도

43 원래 상태로는 물체에 염착되는 성질이 없지만 전색제에 의해 물체에 고착되는 재료는?

① 염료　　　　② 안료
③ 용제　　　　④ 첨가제

44 다음 목재 중 비중이 가장 큰 것은?

① 오동나무　　② 졸참나무
③ 후박나무　　④ 전나무

45 다음 중 색상의 수가 많고 색채가 선명하며, 건조가 빠르고 사용이 간편하여 렌더링 등 디자인 작업에 많이 사용되는 재료는?

① 포스터컬러　　② 파스텔
③ 유성마커　　　④ 유화물감

46 보기의 설명에 해당되는 종이는?

> － 화학펄프를 점상으로 두드려 분해하여 만듦
> － 강한 광택과 표면이 매끈함
> － 질기며 지질이 균일하고, 파라핀 가공을 함
> － 식품, 담배, 약품들의 포장에 사용

① 인디아지　　② 글라싱지
③ 라이스지　　④ 콘덴서지

47 다음 중 열전도율이 가장 높은 재료는?

① 아연　　　　② 알루미늄
③ 플라스틱　　④ 구리

48 다음 중 수지 또는 멜라민, 요소, 염화 비닐 등을 재료로 가공하여 제조한 것으로 지도용지, 종이 타월 등의 용도로 사용되는 종이는?

① 온상지　　　② 감압지
③ 박리지　　　④ 습윤강력지

제4과목 : 컴퓨터그래픽스 [12문제]

49 컬러 모드 중 인간이 보통 색을 인지하는 방식을 기초로 한 모델로, 색의 3가지 기본 특성인 색상, 채도, 명도에 의해 색을 표현하는 방식은?

① RGB
② CMYK
③ HSB
④ Lab

50 모니터 화면에 보이는 이미지나 영상을 크게 확대하여 보여주는 출력장치는?

① HMD(Head Mounted Display)
② 버추얼 워크벤치(Virtual Workbench)
③ 필름 레코더(Film Recorder)
④ 프로젝터(Projector)

51 초당 25프레임의 주사율을 갖는 방송방식으로 주로 유럽, 호주, 중국 등지에서 사용하는 방송방식은?

① BETACAM
② PAL
③ VHS
④ NTSC

52 입 · 출력 장비마다 색공간이 다르고 설정에 따라 색재현성이 다르기 때문에 색차를 최소화하기 위한 과정은?

① 캘리브레이션(Calibration)
② 새추레이션(Saturation)
③ 모드(Mode)
④ 메모리(Memory)

53 매끄러운 평면에 광선이 비치면 일부는 반사하고 일부는 내부를 향하여 나아가며, 내부로 향하는 광선의 방향은 물체의 굴절률에 따라 다르다는 내용의 빛의 반사와 굴절에 관한 법칙은?

① 람베르트의 법칙
② 스넬의 법칙
③ 영 · 헬름홀츠의 법칙
④ 헨리 고라우드 법칙

54 포토샵(Adobe Photoshop) 프로그램에서 이미지를 튀어나오거나 움푹 들어가 보이게 만드는 효과의 필터는?

① Shear   ② Pinch
③ Twirl   ④ Ripple

55 다음 중 벡터(Vector) 이미지에 관한 설명 중 틀린 것은?

① 축소, 확대, 회전과 같은 변형이 용이하다.
② 그림이 복잡할수록 파일의 크기가 증가한다.
③ 점, 선, 면을 각각 수학적 데이터로 인식하여 표현한다.
④ 픽셀들의 집합이다.

56 이미지를 화면에 표시할 때 이미지의 윤곽을 먼저 보여주고 서서히 구체적으로 나타나도록 하는 효과는?

① 셰이딩(Shading)
② 앨리어싱(aliasing)
③ 투명 인덱스(transparency index)
④ 인터레이스(interlace)

57 3차원 입체 형상을 애니메이션할 때 뼈대에 외부형태를 입혀 동작모델을 형성시키는 기능은?

① 라운딩(Rounding)
② 스위핑(Sweeping)
③ 스키닝(Skinning)
④ 로프팅(Lofting)

58 도표와 차트를 작성하고 문서 편집, 그래픽 삽입 기능 등을 수행하여, 한정된 시간에 효과적으로 정보를 전달하는 데 가장 적절하게 활용되는 소프트웨어는?

① Power Point
② Photoshop
③ Painter
④ 3D MAX

59 1024MB와 같은 크기는?

① 1 KB
② 1 GB
③ 100 TB
④ 1000000 B

60 다음 중 비트맵 이미지를 구성하는 픽셀의 개수를 나타내는 것은?

① 모니터 해상도
② 이미지 해상도
③ 출력 해상도
④ 컬러 해상도

8회 컴퓨터그래픽스운용기능사 필기 기출문제

제1과목 : 산업디자인 일반 [20문제]

１２Ok
01 고결, 희망을 나타내며 상승감을 주는 선은?

① 수직선   ② 수평선
③ 곡선   ④ 사선

１２Ok
02 신문광고의 특성이 아닌 것은?

① 즉각적으로 광고가 가능하고 광고효과가 빠르다.
② 신뢰성과 설득력이 가능하다.
③ 자세한 정보를 실을 수 있어 전문성이 있다.
④ 지면의 선정과 광고 효과는 무관하다.

１２Ok
03 부분과 부분, 부분과 전체 사이에 시각적 힘의 안정을 주며, 안정감과 명쾌한 감정을 느끼게 하는 디자인 원리는?

① 조화   ② 균형
③ 율동   ④ 통일

１２Ok
04 바우하우스 디자이너들이 가장 강조한 것은?

① 실용성   ② 장식성
③ 율동성   ④ 경제성

１２Ok
05 브레인스토밍(Brainstorming)의 아이디어 개발회의 규칙이라 볼 수 없는 것은?

① 질보다 양을 철저히 추구한다.
② 다른 사람의 의견을 비판하는 데서 아이디어를 얻는다.
③ 자유분방하고 기발한 것을 환영한다.
④ 다른 사람의 아이디어와 결합, 개선하여 발전시킨다.

１２Ok
06 다음 중 디자인의 의미와 거리가 가장 먼 것은?

① 심적 계획으로 정신 속에서 싹이 터서 실현으로 이끄는 것
② 사용하기 쉽고 안전하며, 아름답고 쾌적한 생활환경을 창조하는 조형 행위
③ 디자인의 기본적 의미는 계획 혹은 설계라고 할 수 있음
④ 기존 사물에 대해서 행해지는 단순 미화 또는 장식

１２Ok
07 다음 중 제품디자인 작업 시 고려해야 할 일반적 조건이 아닌 것은?

① 기능성   ② 성실성
③ 심미성   ④ 경제성

１２Ok
08 능률화, 쾌적성, 신뢰감, 친근감, 통일성 등의 디자인 방침 중 신뢰와 친절을 가장 중요시해야 할 공간은?

① 극장   ② 미술관
③ 은행   ④ 학교

09 TV 광고 중 프로그램 중간에 삽입되는 광고는?

① 블록(Block) 광고
② 스폿(Spot) 광고
③ 프로그램(Program) 광고
④ 네트워크(Network) 광고

1 2 OK

10 C.I.P.란 무엇의 약자인가?

① Company Institute Program
② Cooperation Institute Program
③ Corporate Identity Program
④ Coordination Identity Program

1 2 OK

11 실내공간 중 시선이 많이 머무는 곳으로 실내 분위기 형성에 가장 큰 영향을 미치는 실내디자인 요소는?

① 바닥
② 벽
③ 천장
④ 마루

1 2 OK

12 반복적인 유니트로 구성되어 함께 조립하거나 서로 교체할 수 있는 디자인 경향은?

① 비주얼 디자인
② 모듈러 디자인
③ 콤팩트 디자인
④ 바이오 디자인

1 2 OK

13 디자인의 요소 중 점에 대한 설명으로 틀린 것은?

① 기하적으로 점은 눈에 보이지 않는 비물질적인 존재이다.
② 상징적인 면에서의 점은 조형예술의 최소 요소로 규정지을 수 있다.
③ 점은 기하학적으로는 크기가 없고 위치만 가지고 있다.
④ 점이 확대되면 선으로 느껴지기도 하며, 공간에서 여러 가지 표정을 지닌다.

1 2 OK

14 다음 중 잠재고객들의 관심을 끌고 구매를 자극해야 하는 제품수명의 주기는?

① 도입기
② 성장기
③ 성숙기
④ 쇠퇴기

1 2 OK

15 패키지 디자인 중 포장관리상 형태별 분류에 속하지 않는 것은?

① 단위포장
② 방열포장
③ 내부포장
④ 외부포장

1 2 OK

16 실내디자인의 설계단계에서 특수한 기술분야의 부분적 설계를 전문업체가 작성하여 제시하는 도면은?

① 러프 드로잉(Rough Drawing)
② 컴퓨터 드로잉(Computer Drawing)
③ 프리핸드 드로잉(Freehand Drawing)
④ 샵 드로잉(Shop Drawing)

1 2 OK

17 디자인 리서치(Design Research)란?

① 디자인 제조원가
② 디자인 조사연구
③ 디자인 특허권
④ 디자인 평가

1 2 OK

18 다음 중 조화의 원리에 속하지 않는 것은?

① 유사
② 율동
③ 균일
④ 대비

1 2 OK

19 다음 디자인 분야 중 편집디자인의 전문분야라 할 수 있는 것은?

① 패키지 디자인
② POP 디자인
③ 로고타입 디자인
④ 브로슈어 디자인

20 〈보기〉의 디자인 특징과 관련이 있는 나라는?

> - 완벽주의와 극소주의 디자인
> - 전통 수공예에 관한 이미지로 부각
> - 1970년대 후반부터 기술혁신과 세련되고 경쟁력이 우수한 전자제품, 카메라, 자동차 등 하이테크 산업제품에 관한 이미지로 세계적 부각

① 미국　　　　② 일본
③ 프랑스　　　④ 독일

제2과목 : 색채 및 도법 [20문제]

21 다음 중 차가운 느낌의 색으로만 나열된 것은?

① 빨강, 주황, 노랑
② 빨강, 파랑, 노랑
③ 청록, 파랑, 남색
④ 주황, 빨강, 남색

22 병원 수술실 벽면을 밝은 청록색으로 칠하는 가장 큰 이유는?

① 수술 시 잔상을 막기 위해
② 수술 시 피로를 덜기 위해
③ 색상 대비로 인하여 잘 보이기 위해
④ 환자의 정서적 안정을 위해

23 다음 중 색체계의 종류가 나머지와 다른 하나는?

① 먼셀 색체계
② NCS 색체계
③ 오스트발트 색체계
④ DIN 색체계

24 채도란 무엇인가?

① 색의 심리　　② 색의 맑기
③ 색의 명칭　　④ 색의 밝기

25 난색 계통의 채도가 높은 색에서 느낄 수 있는 감정은?

① 흥분　　　　② 진정
③ 둔함　　　　④ 우울

26 영·헬름홀츠의 3원색설을 설명한 것 중 틀린 것은?

① 영·헬름홀츠의 3원색은 빨강, 초록, 파랑이다.
② 노랑은 빨강과 초록의 수용기가 같이 자극되었을 때 지각된다.
③ 3종류 빛 수용기의 반응 양에 따라 무한의 색이 느껴진다.
④ 감산혼합의 이론과 일치되는 점이 있다.

27 인간이 사물을 보고 대뇌에서 느낄 수 있으려면, 빛 에너지가 전기화학적 에너지로 바뀌어야 한다. 이를 담당하는 수용기관은?

① 수정체　　　② 망막
③ 시신경　　　④ 각막

28 먼셀 휴(Munsell Hue)에서 기본 5색에 속하지 않는 것은?

① 5Y　　　　　② 5P
③ 5B　　　　　④ 5YR

29 빛이 물체에 닿아 대부분의 파장을 반사하면
그 물체는 어떤 색으로 보이는가?

① 하양　　　　② 검정
③ 회색　　　　④ 노랑

30 색의 팽창과 수축을 설명한 것 중 틀린 것은?

① 팽창색은 진출색의 조건과 비슷하며 실제
크기보다 크게 보인다.
② 수축색은 후퇴색의 조건과 비슷하며 실제
크기보다 작게 보인다.
③ 따뜻한 색 쪽이 차가운 색보다 크게 보인다.
④ 밝은 색 쪽이 어두운 색보다 작게 보인다.

31 일반적으로 색채조화가 잘 되도록 배색을 하
기 위해서 종합적으로 고려해야 할 사항이 아
닌 것은?

① 색상 수는 너무 많지 않도록 한다.
② 모든 색을 동일한 면적으로 배색한다.
③ 주제와 배경과의 대비를 생각한다.
④ 환경의 밝고 어두움을 고려한다.

32 져드의 조화론 중 '질서의 원리'에 대한 설명으
로 옳은 것은?

① 사용자의 환경에 익숙한 색이 잘 조화된다.
② 색채의 요소가 규칙적으로 선택된 색들끼
리 잘 조화된다.
③ 색의 속성이 비슷할 때 잘 조화된다.
④ 색의 속성 차이가 분명할 때 잘 조화된다.

33 투시도법에서 기호 GL은 무엇을 뜻하는가?

① 시선　　　　② 지평선
③ 기선　　　　④ 소점

34 다음 중 아래 그림의 원 중심을 구할 때 가장
먼저 해야 할 것은?

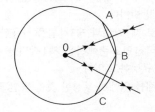

① 선분 AB의 수직 2등분선을 그린다.
② 선분 BC의 수직 2등분선을 그린다.
③ 임의의 점 0을 정한다.
④ 주어진 원주에 임의의 점 A, B, C를 정한다.

35 다면체 중 꼭짓점에서 이루는 입체각이 똑같
고 옆면이 합동이 되는 다각형으로 이루어지
는 입체를 정다면체라 한다. 다음 중 정다면체
가 아닌 것은?

① 정24면체　　　　② 정20면체
③ 정12면체　　　　④ 정6면체

36 정다면체의 전개도를 그리는 방법에 관한 설
명 중 틀린 것은?

① 실제 길이와 실형을 구한다.
② 작도를 할 때는 내부치수보다 외부치수를
택한다.
③ 작도 후 다시 접을 부분에서는 어느 정도의
여유를 준다.
④ 투상도를 그리고 면에 대한 예견을 한다.

37 깊이가 있게 하나의 화면에 그려지므로 원근
법이라고도 하며, 광학적인 원리와 흡사하기
에 사진 기하학이라고도 하는 도법은?

① 투시도법　　　　② 투상도법
③ 기본도법　　　　④ 평면도법

1 2 OK

38 정투상도에 대한 설명 중 틀린 것은?

① 물체의 각 면을 마주보는 화면에 투상시키는 방법이다.
② 주로 제1각법과 제3각법을 사용한다.
③ 한국산업표준에서는 제1각법을 사용하도록 규정하고 있다.
④ 입체를 위에서 투상한 것을 평면도라 한다.

1 2 OK

39 표현하고자 하는 물체를 투상 화면에 비스듬이 놓고, 수직 투상하는 도법은?

① 사투상
② 정투상
③ 축측 투상
④ 투시 투상

1 2 OK

40 대칭형인 물체의 외형과 내부의 구조 및 형태를 동시에 표시하는 단면도는?

① 전 단면도
② 한쪽 단면도
③ 부분 단면도
④ 회전 단면도

제3과목 : 디자인 재료 [8문제]

1 2 OK

41 〈보기〉의 특성 중 금속의 성질에서 장점에 해당하는 것을 모두 고른 것은?

> 〈보기〉
> ⓐ 비중이 작다.
> ⓑ 열 및 전기의 양도체이다.
> ⓒ 녹이 슬기 쉽다.
> ⓓ 전성과 연성이 좋다.
> ⓔ 이온화했을 때에는 음이온이 된다.

① ⓐ, ⓓ
② ⓐ, ⓑ
③ ⓐ, ⓑ, ⓓ
④ ⓑ, ⓒ, ⓓ

1 2 OK

42 용제에 대한 설명으로 옳은 것은?

① 도막을 결성하는 성분이다.
② 도막에 방습효과를 준다.
③ 도료에 여러 가지 색상을 나타낸다.
④ 도막에 평활성을 부여한다.

1 2 OK

43 유성계 도료의 특징이 아닌 것은?

① 휘발성이 적어 도막의 살오름이 양호하다.
② 피도장물과의 밀착이나 부착성이 양호하다.
③ 가격이 비교적 저렴하고 색상이 선명하다.
④ 건조가 빠르고 도장시간이 짧다.

1 2 OK

44 필름이 피사체의 밝고 어두움을 나타내는 데 있어서 어느 정도로 검고 희게 또는 진하고 연하게 나타내느냐 하는 정도의 차를 무엇이라고 하는가?

① 콘트라스트
② 감색성
③ 관용도
④ 입상성

1 2 OK

45 다음 중 목재의 주요 성분이 아닌 것은?

① 리그닌
② 셀룰로오스
③ 아세테이트
④ 헤미셀룰로오스

1 2 OK

46 항공기, 자동차, 기차 등의 차체 중량 감소를 목적으로 사용되는 재료는?

① 알루미늄
② 구리
③ 철
④ 스테인리스스틸

1 2 OK

47 종이를 양지, 판지, 기계로 만든 화지로 분류할 때 양지에 속하는 것은?

① 신문지
② 골판지
③ 창호지
④ 습자지

48 신문 용지가 가져야 할 특성이 아닌 것은?

① 종이의 질이 균일해야 한다.

② 평활도와 불투명도 등 인쇄 적성을 지녀야 한다.

③ 인장력과 흡유성이 있어야 한다.

④ 종이가 뻣뻣하고, 강한 광택이 있어야 한다.

제4과목 : 컴퓨터그래픽스 [12문제]

49 중앙처리장치(CPU)에 대한 설명 중 틀린 것은?

① 컴퓨터의 속도는 CPU의 속도에 의해 좌우된다.

② CPU는 사람으로 치면 두뇌에 해당하는 구성요소이며 마이크로프로세서라고도 한다.

③ CPU는 크게 제어장치, 연상장치, 출력장치로 구성되어 있다.

④ CPU는 계산작업을 수행하는 장치로서 명령어를 실행하고 데이터를 처리한다.

50 지방과 지방, 국가와 국가, 전 세계에 걸쳐 형성되는 통신망으로 지리적으로 멀리 떨어져 있는 넓은 지역을 연결하는 통신망을 의미하는 약어는?

① VAN

② LAN

③ WAN

④ RAN

51 전자출판에 대한 설명 중 가장 거리가 먼 것은?

① 컴퓨터나 전자기기를 이용한 문서출판을 의미한다.

② DTP(Desk Top Publishing)라고 한다.

③ In Design이나 Quark Xpress와 같은 프로그램에서 주로 작업할 수 있다.

④ 스캔받은 이미지에 특수효과를 줄 때 효과적이다.

52 단순한 모양에서 출발하여 점차 더 복잡한 형상으로 구축되는 기법으로 산, 구름 같은 자연물의 불규칙적 움직임을 표현하는 모델링 기법은?

① 파라메트릭 모델(Parametric model)

② 프랙탈 모델(Fractal model)

③ 서페이스 모델(Surface model)

④ 와이어 프레임 모델(Wire frame model)

53 다음 중 포토샵 프로그램만의 고유한 파일 포맷은?

① PSD

② AI

③ EPS

④ TIFF

54 집합연산방법으로 모델링 시, 두 물체가 겹쳐지는 부분만 남기고 나머지 부분을 지우는 방식은?

① Union(합집합)

② Intersection(교집합)

③ Subtraction(차집합)

④ Extrusion(압출)

55 다음 용어에 대한 설명 중 틀린 것은?

① 일반적으로 PC에서 캐시메모리로 사용되는 것은 DRAM이다.

② ROM은 기록된 데이터를 단지 읽을 수만 있는 메모리를 말한다.

③ RAM은 컴퓨터 작동 정보를 기억할 수 있고 전원이 꺼지면 지워지는 메모리이다.

④ SRAM은 DRAM보다 빠른 속도를 가진다.

56 2차원 그래픽용 프로그램에서 일반적으로 그림을 그릴 페이지의 크기 및 종이 방향을 설정하는 기능은?

① Preferences

② Document Setup

③ Export

④ Unit

57 컴퓨터에서 그래픽 작업을 마친 후 인쇄를 위해 인쇄소로 파일을 보낼 경우 색상체계로 적합한 것은?

① CMYK 모드

② Bitmap 모드

③ RGB 모드

④ HSB 모드

58 디스플레이 화면 표시를 두루마리 형식을 볼 때와 같이 상하좌우로 움직이는 것으로, 윈도우 방식의 프로그램 우측과 하단에 있는 표시의 이름은?

① 아이콘(Icon)

② 포인터(Pointer)

③ 스크롤바(Scroll bar)

④ 룰러(Rulers)

59 어느 화상을 얼마나 세밀하게 표시할 수 있는지 그 정밀도를 나타내는 척도는?

① 리플렉트(reflect)

② 디더링(dithering)

③ 하프톤(halftone)

④ 레졸루션(resolution)

60 포토샵(Photoshop)의 색상 모드에 대한 설명 중 틀린 것은?

① 이미지를 비트맵 모드로 변환하려면 일단 이미지가 그레이스케일 상태이어야 한다.

② RGB 이미지는 포토샵이 지원하는 모든 형식으로 저장할 수 있다.

③ Lab 모드에서의 이미지 수정은 CMYK 모드보다 훨씬 느리다.

④ 그레이스케일 모드는 256단계의 회색 음영으로 표현되며 어느 모드에서든 변환할 수 있고, 다른 모드로의 변환도 가능하다.

제1과목 : 산업디자인 일반 [20문제]

1 2 OK

01 게슈탈트(gestalt) 요인이 아닌 것은?

① 시각성의 요인
② 유사성의 요인
③ 폐쇄성의 요인
④ 근접성의 요인

1 2 OK

02 연극, 영화, 음악회, 전람회 등 고지적 기능의 포스터는?

① 상품 광고 포스터
② 계몽 포스터
③ 문화 행사 포스터
④ 공공 캠페인 포스터

1 2 OK

03 인간과 도구의 상호작용(interaction)이 중요한 연구 대상인 디자인 분야는?

① 스페이스 디자인(Space design)
② 커뮤니케이션 디자인(Communication design)
③ 프로덕트 디자인(Product design)
④ 인테리어 디자인(Interior design)

1 2 OK

04 아이디어 스케치에 대한 설명으로 틀린 것은?

① 자유로운 이미지의 표현
② 신속한 아이디어 전개
③ 이미지를 포착하기 위한 방법
④ 정확도와 정밀성이 높은 그림

1 2 OK

05 아르누보에 관한 설명 중 옳은 것은?

① 회화, 건축, 공예, 인테리어, 그래픽 등의 분야에 영향을 주었다.
② 기본적인 형태의 반복, 동심원 등의 기하학적인 문양을 선호하였다.
③ 대량생산을 위한 합리적인 기능성 장식을 사용하였다.
④ 시대를 앞선 기발하고 점진적인 디자인을 사용하였다.

1 2 OK

06 포장디자인의 조건과 거리가 가장 먼 것은?

① 유통 시 취급 및 보관의 유의점을 고려한다.
② 제품의 보호기능을 고려한다.
③ 제품의 성격을 충분히 고려한다.
④ 시장 경기의 흐름을 잘 고려한다.

1 2 OK

07 다음 중 율동을 구성하는 형식과 가장 거리가 먼 것은?

① 반복   ② 강조
③ 점이   ④ 대칭

08 실내디자인에 있어 미적 효용성을 더해주는 악센트적 역할을 하는 실내 소품 선택 시 고려할 사항으로 거리가 먼 것은?

① 실내 소품은 개인의 개성을 잘 나타낼 수 있어야 한다.
② 소품을 지나치게 많이 사용하면 혼란을 주기 때문에 주의해야 한다.
③ 소품은 주변 물건과의 디자인 성격을 잘 고려하여 적절하게 배치해야 한다.
④ 소품을 거는 벽은 되도록 진한 원색이나 무늬가 많은 것을 사용하여 주의를 끌어야 한다.

09 수직·수평의 화면 분할, 3원색과 무채색의 구성 특성을 보이는 근대 디자인 운동은?

① 아르누보(Art nouveau)
② 데 스틸(De stijl)
③ 유겐트 스틸(Jugend stil)
④ 시세션(Secession)

10 의미하는 내용의 형태를 상징적으로 시각화한 것으로 언어를 초월해서 직감적으로 이해할 수 있도록 만들어진 그래픽 심벌을 무엇이라고 하는가?

① 로고타입(Logotype)
② 타이포그래피(Typography)
③ 픽토그램(Pictogram)
④ 일러스트레이션(Illustration)

11 다음 중 제품디자인에서 아이디어를 탐색하는 방법으로 적합하지 않은 것은?

① 브레인스토밍
② 상관표 작성
③ 시네틱스
④ 형태학적 차트 작성

12 보기의 ( ) 안에 공통적으로 들어갈 용어는?

> 바탕과 구별되는 형의 인식은 ( )에 의존한다. 즉, 명암, 색, 질감 또는 깊이 등의 단서들의 ( )가(이) 바탕으로 지각되는 것과 형으로 지각되는 것들을 구별하게 해준다.

① 연속
② 대비
③ 조화
④ 강조

13 실내디자인의 과정에서 디자인 의도를 확인하고 공간의 재료나 가구, 색채 등에 대한 계획을 시각적으로 제시(Presentation)하는 과정은?

① 기획 단계
② 설계 단계
③ 시공 단계
④ 사용 후 평가 단계

14 디자인 전개 과정의 분석내용 중 디자인 문제의 범위 내에서 제품을 이루는 부품을 하나하나 분류하여 각각에 대해 평가·분석하여 과도한 부분이 있으면 줄이거나 제거하는 분석은?

① 사용 과정 분석
② 관계 분석
③ 원인 분석
④ 가치 분석

15 실내디자인에 있어서 벽에 대한 설명으로 가장 옳은 것은?

① 공간의 구분, 공기의 차단, 소리의 차단, 보온 등의 기능을 갖고 있으며 인간의 시선이 가장 많이 머무르는 공간 요소이다.
② 대지와 차단시켜 주고, 걸어다닐 수 있고 가구를 놓을 수 있도록 고른 면을 제공한다.
③ 시선이 별로 가지 않으므로 시각적 요소가 약하다.
④ 건축에서 마감한 공간을 내부에서 재마감하여 전기조명 설치, 방음, 단열, 흡음, 통신 등의 기능을 담당한다.

1 2 OK

16 제품디자인 개발과정 중 디자인 해결안 모색 단계에서 주로 이루어지는 작업은?

① 시장조사
② 렌더링
③ 아이디어 스케치
④ 디자인 목업

1 2 OK

17 마케팅 시스템의 목표와 거리가 먼 것은?

① 소비자 만족 증진
② 소비의 확대
③ 생산의 극대화
④ 생활의 질 증진

1 2 OK

18 기업에 일관된 이미지를 부여함으로써 어디서 나 시각적으로 이미지가 구별될 수 있도록 한 체계적인 이미지 전략은?

① CF
② BI
③ CI
④ DM

1 2 OK

19 형태를 분류할 때 기하학적 도형과 같은 조형 요소로 이루어지는 형태는?

① 현실적 형태
② 이념적 형태
③ 자연 형태
④ 유기적 형태

1 2 OK

20 아이덴티티 디자인 중 기본시스템에 해당하지 않는 것은?

① 로고타입
② 서체
③ 시그니처
④ 광고

제2과목 : 색채 및 도법 [20문제]

1 2 OK

21 다음 표기된 색 중 가장 무겁게 느껴지는 것 은?

① 10R 4/7
② 6P 7/6
③ 10R2/2.5
④ 5B 5/2

1 2 OK

22 중간혼합으로 병치혼합에 대한 설명 중 틀린 것은?

① 다른 색광이 망막을 동시에 자극하여 혼합 하는 현상이다.
② 주로 인쇄의 망점, 직물, 컬러 TV 등에서 볼 수 있다.
③ 색점이 주로 인접해 있으므로 명도와 채도 가 저하되지 않는다.
④ 색을 혼합하기 때문에 명도와 채도가 낮아 진다.

1 2 OK

23 색감각을 일으키는 빛의 특성을 나타내는 색 체계는?

① 혼색계
② 색지각
③ 현색계
④ 등색상

1 2 OK

24 다음의 2색 배색 중 동적인 이미지를 주는 배 색이 아닌 것은?

① 빨강 – 청록
② 연두 – 자주
③ 노랑 – 어두운 빨강
④ 하늘색 – 연한 보라

1 2 OK

25 배색의 조건과 거리가 가장 먼 것은?

① 사물의 성질, 기능, 용도에 부합되도록 해야 한다.
② 전달성을 염두에 두어야 한다.
③ 단색의 이미지만을 고려한다.
④ 재질과의 관계를 고려해야 한다.

1 2 OK

26 채도에 관한 설명 중 틀린 것은?

① 색은 무채색에 이를수록 채도가 낮아진다.
② 색의 맑기와 선명도이다.
③ 채도가 높은 색을 청(淸)색, 낮은 색을 탁(濁)색이라 한다.
④ 먼셀 색체계에서는 밸류(value)로 표시한다.

1 2 OK

27 먼셀의 기본 5색상을 옳게 나열한 것은?

① R, Y, O, B, P
② R, G, B, W, Y
③ Y, G, B, Bk, P
④ R, Y, G, B, P

1 2 OK

28 색의 3속성이 아닌 것은?

① 명도
② 채도
③ 대비
④ 색상

1 2 OK

29 다음 중 색채의 대비에 대한 설명으로 옳은 것은?

① 흰색 바탕 위의 회색은 검정 바탕 위의 회색보다 어둡게 보인다.
② 빨간색 바탕 위의 보라색은 파란색 바탕 위의 보라색보다 붉게 보인다.
③ 회색 바탕 위의 빨간색은 분홍색 바탕 위의 빨간색보다 탁하게 보인다.
④ 빨간색은 청록색과 인접하여 있을 때, 명도 차이가 두드러지게 강조된다.

1 2 OK

30 다음 중 시인성이 가장 낮은 배색은?

① 검정-노랑
② 파랑-주황
③ 빨강-흰색
④ 연두-파랑

1 2 OK

31 감광요인에 대한 설명 중 틀린 것은?

① 황-청-적-녹 등의 차이를 볼 수 있는 것은 추상체의 요인이다.
② 추상체와 간상체가 동시에 함께 활동하는 것을 박명시라고 한다.
③ 닭은 추상체만 있어 야간에는 활동할 수가 없다.
④ 색순응은 물체색을 오랫동안 보면 색의 지각이 강해지는 현상이다.

1 2 OK

32 색의 동화현상에 대한 설명이 틀린 것은?

① 바탕에 비해 도형이 작고 촘촘하면 잘 일어난다.
② 선분이 가늘고 간격이 좁을수록 잘 일어난다.
③ 배경색과 도형색의 명도차가 적을수록 잘 일어난다.
④ 배경색과 도형색의 색상차가 클수록 잘 일어난다.

1 2 OK

33 장축과 단축이 주어질 때 타원을 그릴 수 있는 방법이 아닌 것은?

① 직접법
② 4중심법
③ 대 · 소부원법
④ 평행사변형법

1 2 OK

34 다음 중 축측 투상도에 해당되는 것은?

① 투시 투상도
② 등각 투상도
③ 사투상도
④ 복면 투상도

35 그림의 기본도법은 무엇을 구하는 것인가?

A
D
E
O
C
B

① 각의 2등분 　　② 사선 긋기
③ 중심 구하기 　　④ 삼각형 그리기

36 투시도법으로 얻은 상이 작아서 그대로 사용할 수 없을 경우, 그것을 임의의 크기대로 확대하여 사용하는 도법에 해당하는 것은?

①

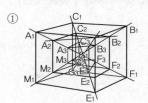

②

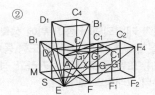

③

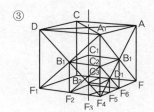

④

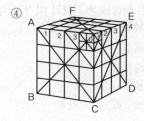

37 1점 쇄선의 용도에 대한 설명 중 옳은 것은?

① 가공 전후의 모양을 표시하는 선
② 도형의 중심을 표시하는 선
③ 대상물의 일부를 파단한 경계를 표시하는 선
④ 대상물의 보이지 않는 부분을 표시하는 선

38 입체 각 방향의 면에 화면을 두어 투영된 면을 전개하는 투상 방법은?

① 정투상 　　　② 2점 투시투상
③ 사투상 　　　④ 표고 투상

39 제도용 문자의 크기는 문자의 무엇을 기준으로 하는가?

① 너비 　　　② 굵기
③ 높이 　　　④ 간격

40 일반 제도에서 Φ30은 무엇을 나타내는가?

① 반지름 30mm
② 모따기 30mm
③ 두께 30mm
④ 지름 30mm

제3과목 : 디자인 재료 [8문제]

41 연필의 심도에 따라 무른 심 → 단단한 심의 순서대로 옳게 나열한 것은?

① 2B → HB → 2H
② 2H → HB → 2B
③ HB → 2B → 2H
④ 2B → 2H → HB

42 열경화성 플라스틱의 특징은?

① 150℃를 전후로 변형하는 것이 대부분이다.
② 사출 성형 등 능률적인 연속적 가공방법을
쓸 수 있다.
③ 성형 시 화학적 변화를 일으키지 않기 때문
에 다시 사용할 수 있다.
④ 거의 전부가 반투명 또는 불투명 제품이다.

43 다음 중 필름의 감도를 나타내는 기호가 아닌
것은?

① DIN   ② ASA
③ ISO   ④ KS

44 재료 사이클의 3요소가 아닌 것은?

① 물질   ② 에너지
③ 환경   ④ 기술

45 다음 중 중금속에 속하지 않는 것은?

① 구리   ② 아연
③ 알루미늄   ④ 텅스텐

46 나무껍질, 삼베 조각과 같은 식물의 원료를 이
용한 종이 제작법을 최초로 발명한 사람은?

① 루이 로베로   ② 채륜
③ 디킨스   ④ 케일러

47 도료의 필요조건으로 가장 거리가 먼 것은?

① 색깔의 변색과 퇴색이 없어야 한다.
② 될 수 있는 한 고가의 제품이어야 한다.
③ 지정된 색상과 광택을 유지해야 한다.
④ 모재에 부착성이 양호하여야 한다.

48 종이에 내수성을 가지게 하고, 잉크 번짐을 막
기 위해 종이의 표면 또는 섬유에 이교물질을
피복시키는 공정은?

① 고해   ② 사이징
③ 충전   ④ 착색

제4과목 : 컴퓨터그래픽스 [12문제]

49 다음 중 3차원 컴퓨터그래픽스의 기하학적 원
형(Geometric primitive)이 아닌 것은?

① Torus
② Cone
③ Boolean
④ Cylinder

50 X−Y 플로터가 개발되면서 종이 위에 정확한
그림 표현,(설계도면, 곡선, 복잡한 도형 등)이
가능하였으며, 또한 플로터의 시기라고 칭하
기도 한 컴퓨터 그래픽스 세대는?

① 제1세대
② 제2세대
③ 제3세대
④ 재4세대

51 여러 개의 단면 형상을 배치하고 여기에 막을
입혀 3차원 입체를 만드는 방법은?

① 스키닝(Skinning)
② 스위핑(Sweeping)
③ 블렌딩(Blending)
④ 라운딩(Rounding)

1 2 OK

52 도면상에서 CAD 프로그램을 사용함으로써 갖는 장점이 아닌 것은?

① 정밀한 도면 및 데이터 작성이 가능하다.
② 풍부한 아이디어가 제공된다.
③ 규격화와 데이터 관리가 용이하다.
④ 입력 및 수정이 편리하다.

1 2 OK

53 모니터 화면에서 그림이나 글자가 입력되거나 출력될 위치에 깜박거리는 표시는?

① 아이콘(Icon)
② 커서(Cursor)
③ 픽셀(Pixel)
④ 패턴(Pattern)

1 2 OK

54 고품질 인쇄출력에 가장 적합한 파일 포맷은?

① EPS
② BMP
③ PNG
④ JPEG

1 2 OK

55 모니터의 색상과 출력물 간의 색상 차이를 최소화하는 작업은?

① 로토스코핑(Rotoscoping)
② 트림(Trim)
③ 캘리브레이션(Calibration)
④ 새추레이션(Saturation)

1 2 OK

56 포토샵 작업 중 처음에 설정한 페이지의 크기를 조절하는 방법이 아닌 것은?

① 이미지의 크기를 변경한다.
② 컨버스의 크기를 변경한다.
③ Crop 툴을 사용하여 변경한다.
④ Magic wand 툴로 선택하여 변경한다.

1 2 OK

57 스캐너(Scanner)에 대한 설명 중 틀린 것은?

① 스캐너의 해상도는 X, Y 좌푯값으로 나타난다.
② 컴퓨터그래픽스 작업 시 이미지를 입력한다.
③ 화소(Pixel)의 방출이 많을수록 해상도가 높다.
④ 드럼 스캐너는 원색분해 시스템에서 많이 사용된다.

1 2 OK

58 다음 중 입력장치에 해당되지 않는 것은?

① 플로터
② 마우스
③ 스캐너
④ 디지타이징 태블릿

1 2 OK

59 3차원 형상 모델링 중, 속이 꽉 차 있어 수치 데이터 처리가 정확하며 제품 생산을 위한 도면 제작과 연계된 모델은?

① 와이어프레임 모델
② 서페이스 모델
③ 솔리드 모델
④ 곡면 모델

1 2 OK

60 동작의 목록을 아이콘이나 메뉴로 보여주고 사용자가 마우스로 작업을 수행하는 방식을 뜻하는 것은?

① CLI
② LCD
③ GPS
④ GUI

10회 컴퓨터그래픽스운용기능사 필기 기출문제

①②☑ 해당 문제를 한 번 풀 때 ①에 체크하고 두 번 풀 때 ②에 체크합니다. 마지막으로 ☑는 아는 문제일 경우 체크하고
활용법 ☑ 체크가 되지 않는 문제들은 여러 번 복습하세요.

제1과목 : 산업디자인 일반 [20문제]

①②☑
01 다음 용어 설명 중 적합하지 않은 것은?

① 멀티미디어란 복합매체로서 동영상, 애니메이션, 사운드, 이미지, 텍스트 등의 매체를 혼합한 것이다.
② HDTV는 텔레비전 해상도를 발전시킨 고품질의 텔레비전이다.
③ 뉴미디어란 신문, 방송 등의 기존 매체에 최고의 정보통신기술이 결합된 미디어 또는 그들을 조합한 네트워크를 총칭한다.
④ 아이덴트(Ident)는 TV프로그램이나 영화 제작에 참여한 연기자와 작가, 연출가 등의 명단을 말한다.

①②☑
02 '마케팅 믹스'라고 하는 마케팅의 구성 요소인 4P에 해당되지 않는 것은?

① 제품 ② 가격
③ 기업 ④ 유통

①②☑
03 마케팅 조사의 실시 방법이 아닌 것은?

① 개인면접법 ② 우편조사법
③ 관찰조사법 ④ 확대조사법

①②☑
04 게슈탈트의 그루핑 법칙 중 비슷한 모양이 서로 가까이 놓여 있을 때 관찰자가 그 모양들을 합하여 동일한 형태 그룹으로 보는 특성은?

① 유사성 ② 근접성
③ 연속성 ④ 친숙성

①②☑
05 심벌(Synnbol)의 종류 중 비교적 거리가 먼 것은?

① 로고타입(Logotype)
② 픽토그램(Pictogram)
③ 컬러(Color)
④ 엠블럼(Emblem)

①②☑
06 렌더링에 관한 설명 중 옳은 것은?

① 머리에 떠오르는 이미지를 그리는 것을 말한다.
② 디자인의 개념을 나타내는 이미지 스케일을 말한다.
③ 목업을 제작하기 위하여 그리는 도면의 일종이다.
④ 실제 제품과 같은 상태의 형태, 재질감, 색상 등을 실감 있게 표현하는 것이다.

①②☑
07 바우하우스 운동의 창시자는?

① 윌리엄 모리스
② 헨리 반 데 벨데
③ 루이스 설리반
④ 월터 그로피우스

08 편집디자인에서 레이아웃(Lay −Out)의 4대 요소가 아닌 것은?

① 타이포그래피(Typography)
② 라인업(Line−up)
③ 포맷(Format)
④ 디스플레이(Display)

09 이념적 형태의 기본요소에 관한 설명 중 올바른 것은?

① 점은 위치는 없지만 크기가 있다.
② 선은 선의 한계 또는 교차이다.
③ 면은 선이 이동한 것이다.
④ 입체는 점과 선이 이동한 것이다.

10 윌리엄 모리스의 미술공예운동이 전개된 동기가 되었던 세계최초의 산업 대박람회가 열린 곳은?

① 런던 　　　　 ② 파리
③ 시카고 　　　 ④ 프랑크푸르트

11 그림의 입체는 어느 면이 이동하여 만들어진 것인가?

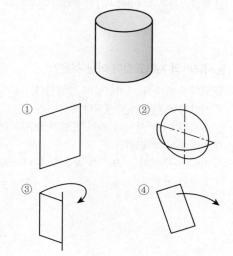

① 　　　　 ②
③ 　　　　 ④

12 인테리어 디자인에서 내부 생활 공간을 구성하는 요소와 가장 거리가 먼 것은?

① 인간
② 익스테리어 공간
③ 쉘터의 스킨과 에워싸인 공간
④ 장치

13 그림과 같은 대칭형은?

① 방사대칭 　　　 ② 이동대칭
③ 선대칭 　　　　 ④ 역대칭

14 디자인을 최종 결정하여 관계자들에게 제시용으로 제작되는 모형(Presentation model)의 재질로 적합하지 않은 것은?

① 목재 모형 　　　 ② 모래 모형
③ 석고 모형 　　　 ④ 금속 모형

15 형태지각의 심리가 아닌 것은?

① 애매모호한 형태보다 익숙한 형태가 쉽게 인식된다.
② 단순한 형태는 복잡한 형태보다 우선 기억된다.
③ 형태를 지각할 때 항상 불변하게 지각된다.
④ 과거의 경험과 기억은 지각에 영향을 준다.

1 2 OK

16 디자인의 실체화 과정에서 가장 먼저 전개되어야 할 것은?

① 용도
② 재료와 가공기술
③ 색상
④ 형태

1 2 OK

17 매슬로우(Maslow)의 인간욕구 5단계 중 사회적 욕구에 대한 설명으로 바른 것은?

① 자존심, 지위, 명성, 권위
② 애정, 집단에서의 소속
③ 질서, 보호
④ 음식, 성, 생존

1 2 OK

18 환경디자인 분야에서 디스플레이 분야 중 공적 분야에 속하지 않는 것은?

① 박람회
② 페스티벌
③ 쇼윈도
④ 기념행사

1 2 OK

19 제품디자인 실무의 전개 순서가 바르게 된 것은?

① 스케치 – 렌더링– 목업 – 모델링
② 목업 – 스케치 – 렌더링 – 모델링
③ 모델링 – 목업 – 렌더링 – 스케치
④ 스케치 – 모델링 – 목업 – 렌더링

1 2 OK

20 의미하는 내용의 형태를 상징적으로 시각화한 것으로 언어를 초월해서 직감적으로 이해할 수 있도록 만들어진 그래픽 심벌을 무엇이라고 하는가?

① 로고타입(Logotype)
② 타이포그래피(Typography)
③ 픽토그램(Pictogram)
④ 일러스트레이션(Illustration)

제2과목 : 색채 및 도법 [20문제]

1 2 OK

21 색에 관한 설명 중 틀린 것은?

① 물리보색과 심리보색은 반드시 일치한다.
② 색상이나 채도보다 명도에 대한 반응이 더 민감하게 느껴진다.
③ 무채색끼리는 채도대비가 일어나지 않는다.
④ 보색을 대비시키면 채도가 높아지고, 색상을 강조하게 된다.

1 2 OK

22 유사색조의 배색은 어떤 느낌을 주는가?

① 화려함
② 자극적임
③ 안정감
④ 생생함

1 2 OK

23 색각(色覺)에 대한 설명 중 잘못된 것은?

① 영·헬름홀츠의 3원색설은 망막에 적·녹·청의 시신경 섬유가 있다는 이론이다.
② 헤링의 4원색설은 청–자, 황–녹, 적–청의 반대되는 수용체가 있다는 이론이다.
③ 영·헬름홀츠의 3원색설은 색광혼합인 가산혼합과 일치된다.
④ 색각이상은 3색형에서 1색형까지 분류된다.

1 2 OK

24 동시대비의 지각조건이 아닌 것은?

① 색차가 클수록 대비현상이 강해진다.
② 시각차에 의해서 발생한다.
③ 자극과 자극 사이의 거리가 멀어질수록 대비현상은 약해진다.
④ 자극을 부여하는 크기가 작을수록 대비의 효과가 커진다.

1 2 OK

25 다음 색 중 가장 진출 및 팽창이 큰 색은?

① 5GY 4/4　　② 5GY 8/8
③ 5GR 4/4　　④ 5YR 8/8

1 2 OK

26 박명시 시기에 일시적으로 잘 보이지 않는 색과 반대로 밝게 보이기 시작하는 색의 순서로 옳게 짝지어진 것은?

① 노랑 – 빨강　　② 빨강 – 파랑
③ 흰색 – 검정　　④ 파랑 – 노랑

1 2 OK

27 다음 중 가산혼합에 해당하는 것은?

① 무대조명의 혼합
② 물감의 혼합
③ 페인트의 혼합
④ 잉크의 혼합

1 2 OK

28 한국산업표준에서 일반색명은 어느 색명법에 근거를 두고 있는가?

① KS –SOS
② DIN – JIS
③ ISCC – NIST
④ IUSA – NAS

1 2 OK

29 혼합하기 이전 색의 명도보다 혼합할수록 색의 명도가 높아지는 혼합은?

① 가산혼합　　② 감산혼합
③ 중간혼합　　④ 병치혼합

1 2 OK

30 회전원판의 두 가지 이상 색이 혼합되어 평균치가 되는 혼색방법은?

① 색광혼합　　② 회전혼합
③ 병치혼합　　④ 감법혼합

1 2 OK

31 색의 대비현상에 대한 일반적인 설명으로 잘못된 것은?

① 보색대비 – 보색이 대비되면 본래의 색보다 채도가 높아지고 선명해진다.
② 색상대비 – 색상이 다른 두 색을 인접시키면 서로의 영향으로 색상차가 나지 않게 된다.
③ 면적대비 – 옷감을 고를 때 작은 견본에 비하여 옷이 완성되면 색상이 뚜렷해진다.
④ 채도대비 – 무채색 바탕 위의 유채색은 본래의 색보다 선명하게 보인다.

1 2 OK

32 유사색 조화에 해당되는 것은?

① 연두 – 초록 – 청록
② 주황 – 파랑 – 자주
③ 주황 – 초록 – 보라
④ 노랑 – 연두 – 남색

1 2 OK

33 지면과 투상면에 대해 육면체의 각 면이 각기 임의의 경사를 가지도록 놓인 경우의 투시는?

① 평행투시　　② 유각투시
③ 사각투시　　④ 수평투시

1 2 OK

34 그림과 같은 전개도의 다면체는?

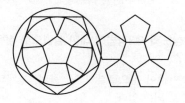

① 정사면체　　② 정팔면체
③ 정이십면체　　④ 정십이면체

35 2소점 유각 투시도에서 H.L(Horizontal Line)을 높이면 물체가 어떻게 보이는가?

① 물체의 아랫면이 더욱 확대되어 보인다.
② 물체의 우측면이 더욱 확대되어 보인다.
③ 물체의 윗면이 더욱 확대되어 보인다.
④ 물체가 실제보다 확대되어 보인다.

36 다음 중 제도의 표시기호가 올바른 것은?

① 지름 : ⊙
② 반지름 : R
③ 정사각형 : ▣
④ 두께 : ≡

37 다음 그림과 같은 평면도법은?

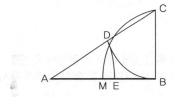

① 직선을 2등분하기
② 직선을 n등분하기
③ 직선을 주어진 비례로 분할하기
④ 직선을 황금비로 분할하기

38 투상도의 제3각법에 대한 설명으로 잘못된 것은?

① 기준이 눈으로부터 눈, 화면, 물체의 순으로 되어 있다.
② 미국에서 발달하여 빠른 속도로 보급되었다.
③ 한국산업표준의 제도통칙에 이를 적용하였다.
④ 유럽에서 발달하여 독일을 거쳐 우리나라에 보급되었다.

39 절단된 곳의 단면을 명시하기 위해 쓰이는 선은?

① 피치선   ② 파단선
③ 은선   ④ 해칭선

40 두 정점에서 거리의 차가 일정한 점의 궤적은?

① 쌍곡선   ② 와선
③ 대칭선   ④ 사이클로이드

제3과목 : 디자인 재료 [8문제]

41 원색판을 이용한 캘린더를 제작하려고 한다. 가장 적합한 종이 재료는?

① 아트지   ② 신문지
③ 모조지   ④ 크라프트지

42 밤이나 어두운 불빛, 실내의 흐린 빛에서 유용하며 빠른 셔터 속도를 사용할 수 있는 가장 적합한 필름의 감도는?

① ISO, ASA 50
② ISO, ASA 100
③ ISO, ASA 200
④ ISO, ASA 400

43 원의 기울기에 따라 여러 변형의 타원으로 구성되어 있으며 원형이 많아 문자 레터링에 사용하기 적합한 도구는?

① 컴파스   ② 타원형 템플릿
③ 디바이더   ④ T자

1 2 OK

44 아트필름 또는 스크린 톤의 착색재료를 사용하여 지정된 부분에 압착시켜 표현하는 렌더링 기법은?

① 에어브러시 렌더링
② 마크 렌더링
③ 아크릴 렌더링
④ 필름 오버레이 렌더링

1 2 OK

45 종이의 밀도가 높을수록 나타나는 장점은?

① 기계적 강도가 증가한다.
② 함수율의 변화가 심하다
③ 가공성이 좋아진다.
④ 평활도가 좋아지며 흡수성이 좋다.

1 2 OK

46 천연의 유기체 고분자 화합물에 속하지 않는 것은?

① 단백질　　　　② 알루미늄
③ 녹말　　　　　④ 글리코겐

1 2 OK

47 다음 중 PVDC란?

① 폴리염화비닐수지
② 폴리아미드수지
③ 폴리스티렌
④ 폴리염화비닐리덴수지

1 2 OK

48 용해점이 낮은 금속을 용해한 도금탱크에 도금될 소자를 통과 또는 침적시켜 도금층을 얻는 도금법은?

① 용융도금　　　② 용사도금
③ 동도금　　　　④ 니켈도금

제4과목 : 컴퓨터그래픽스 [12문제]

1 2 OK

49 컴퓨터 애니메이션 제작에 있어 영상에서 기본이 되는 단위는?

① 이미지(Image)
② 프레임(frame)
③ 픽셀(Pixel)
④ 카툰(cartoon)

1 2 OK

50 인간의 오감(五感) 중 컴퓨터그래픽의 발전을 가져오게 된 영향이 가장 큰 감각은?

① 시각　　　　　② 청각
③ 촉각　　　　　④ 미각

1 2 OK

51 한글 한문자를 표현하기 위해 필요한 비트(Bit)는 몇 개인가?

① 1　　　　　　② 2
③ 8　　　　　　④ 16

1 2 OK

52 컴퓨터그래픽스의 장점이라고 볼 수 없는 것은?

① 화면과 출력물이 동일한 컬러를 항상 얻을 수 있다.
② 아주 미세한 부분까지 표현이 가능하다.
③ 작업 데이터의 이동 및 보관이 간편하다.
④ 색상, 재질의 수정이 자유로워 비용이 절감된다.

1 2 OK

53 다음 중 TIFF(Tagged Image File Format)에 관한 설명으로 잘못된 것은?

① 어플리케이션과 컴퓨터 플랫폼 간의 파일을 교환할 때 사용되는 파일 포맷이다.

② 기본적으로 OS에 의존하지 않고 사용할 수 있어서 해상도나 압축방식 등을 기술할 수 있다.

③ 단색에서 컬러까지의 화상데이터를 보존하기 위한 포맷방식이다.

④ 256색을 이용하여 웹 사이트의 아이콘으로 많이 사용되고 있다.

1 2 OK

54 멀티미디어의 매체적 요소만으로 구성된 것은?

① 시나리오, 그래픽스, 콘티, 영상

② 동영상, 애니메이션, 사운드, 텍스트

③ 공간, 시간, 비디오, 타이틀

④ 스토리, 콘티, 이미지, 음향

1 2 OK

55 포토샵의 기능 중 이미지에서 원하는 부분만 남기고 나머지 부분을 잘라 없애는 명령은?

① 선택 툴(marquee tool)

② 크롭 툴(crop tool)

③ 펜 툴(pen tool)

④ 올가미 툴(lasso tool)

1 2 OK

56 컴퓨터 운영체제(OS ; Operation System)가 아닌 것은?

① DOS 　　② Window7

③ UNIX 　　④ TARGA

1 2 OK

57 스캔할 이미지의 해상도를 지정하는 항목은?

① Document source

② Image Type

③ Destination

④ Resolution

1 2 OK

58 와이어 프레임 모델링(wire-frame modeling)의 특징과 가장 거리가 먼 내용은?

① 회전 이동이 신속하다.

② 비교적 데이터 양이 적다.

③ 추가 삭제가 신속하다.

④ 물체의 면을 잘 표현한다.

1 2 OK

59 컴퓨터 시스템에서 하드웨어 장치를 별도의 설정 없이 입출력 포트에 꽂기만 하면 바로 사용할 수 있는 것을 뜻하는 것은?

① Cable 　　② Network

③ PnP 　　④ Node

1 2 OK

60 PC에서 데이터를 호환하기 위해 사용하는 주변장치 연결방식이 아닌 것은?

① IDE 　　② SCSI

③ VDSL 　　④ USB

11회 컴퓨터그래픽스운용기능사 필기 기출문제

1 2 OK 해당 문제를 한 번 풀 때 1에 체크하고 두 번 풀 때 2에 체크합니다. 마지막으로 OK는 아는 문제일 경우 체크하고
활용법 OK 체크가 되지 않는 문제들은 여러 번 복습하세요.

제1과목 : 산업디자인 일반 [20문제]

1 2 OK
01 마케팅의 원칙에 속하지 않는 것은?

① 수요전제의 원칙
② 판매촉진의 원칙
③ 수요창조의 원칙
④ 적정배분의 원칙

1 2 OK
02 제품디자인의 프로세스로 가장 적합한 것은?

① 계획– 분석 – 조사 – 평가 – 종합
② 조사– 분석 –계획– 평가 – 종합
③ 계획 – 조사 – 분석 – 종합 – 평가
④ 조사 - 계획 - 분석 - 종합 - 평가

1 2 OK
03 디자인과 건축분야에서 "형태는 기능을 따른다."라고 기능미를 처음 주장한 사람은?

① 루이스 설리반
② 프랭크 로이드 라이트
③ 윌리엄 모리스
④ 월터 그로피우스

1 2 OK
04 인테리어 실내공간의 기본적인 요소가 아닌 것은?

① 바닥   ② 가구
③ 벽   ④ 천장

1 2 OK
05 굿 디자인(Good Design)의 조건이 아닌 것은?

① 합목적성   ② 심미성
③ 종합성   ④ 독창성

1 2 OK
06 시각디자인의 주요 분야가 아닌 것은?

① 텍스타일 디자인
② 편집디자인
③ 일러스트레이션
④ 패키지 디자인

1 2 OK
07 질감에 대한 설명으로 틀린 것은?

① 빛에 의해 만들어지므로 명암효과에 따라 다르게 보일 수 있다.
② 명도의 대비나 시각적 거리감과 함께 표현된다.
③ 물체에 무게와 안정감을 부여하는 기능은 없다.
④ 촉각적 질감과 시각적 질감으로 나누어진다.

1 2 OK
08 마케팅에 대한 설명 중 틀린 것은?

① 고객의 필요에 초점을 두어야 한다.
② 고객의 필요, 충족을 통해서 이익을 획득한다.
③ 기업의 제품개발, 광고전개, 유통설계를 중심으로 한 활동이다.
④ 소비자 중심에서 기업 중심으로 가야 한다.

1 2 OK

09 편집디자인의 요소로 가장 거리가 먼 것은?

① 타이포그래피　　② 레이아웃

③ 포토그래피　　　④ 스토리보드

1 2 OK

10 원시인들이 사용하였던 흙의 사용 용도로 볼 수 없는 것은?

① 집을 짓는 재료

② 수렵용 도구

③ 물을 담는 용기

④ 종교적인 토우

1 2 OK

11 포장디자인(Package Design)의 주요 기능이 아닌 것은?

① 보호성　　　　　② 생산성

③ 명시성　　　　　④ 환경성

1 2 OK

12 실내디자인의 목적과 거리가 가장 먼 것은?

① 문화적 · 경제적 측면을 고려한 합리적인 실내공간 계획

② 기능적이고, 쾌적한 환경을 창조하기 위한 실내공간 계획

③ 독창적이고, 합리적인 공간으로 창조하기 위한 실내공간 계획

④ 기능적 설계요소보다 미적인 요소를 중시하는 실내공간 계획

1 2 OK

13 다음 중 제품디자인의 영역이 아닌 것은?

① 가구 디자인

② 완구 디자인

③ 자동차 디자인

④ 디스플레이 디자인

1 2 OK

14 일반적으로 유연성과 우아함, 부드러움과 운동감이 느껴지는 선은?

① 자유곡선형　　　② 자유직선형

③ 기하직선형　　　④ 기하곡선형

1 2 OK

15 다음 중 객실 인테리어(Private interior)에 해당되는 것은?

① 기숙사의 침실, 교실

② 사무실, 병원의 병실

③ 연구실, 나이트클럽

④ 주택의 거실, 호텔의 객실

1 2 OK

16 DM(Direct Mail) 광고라고 볼 수 없는 것은?

① 폴더(Folder)

② 리플릿(leaflet)

③ 포스터(poster)

④ 카탈로그(catalogue)

1 2 OK

17 디자인 과정 중에서 스케치의 역할이 아닌 것은?

① 기존의 형태를 모방한다.

② 아이디어를 빠르게 표현한다.

③ 의도된 형태를 발견, 전개시킨다.

④ 프레젠테이션을 통해 최종 디자인을 결정할 때 쓰인다.

1 2 OK

18 다음 중 면에 대한 설명이 틀린 것은?

① 길이와 너비를 가진다.

② 공간을 구성하는 단위이다.

③ 수직면은 동적이면서도 안정감을 준다.

④ 넓이는 있으나 두께는 없다.

19 고객 분석 및 경쟁업자 분석을 하는 것은 다음 제품디자인 프로세스 중 어디에 속하는가?

① 제품 스케치
② 계획
③ 드로잉
④ 모델링

20 디자인에서 최종적으로 생명을 불어넣을 수 있는 요소는?

① 독창성   ② 유행성
③ 재료성   ④ 성실성

제2과목 : 색채 및 도법 [20문제]

21 색료를 혼합해서 만들 수 없는 색은?

① 주황   ② 노랑
③ 녹색   ④ 남색

22 색채 공감각과 거리가 가장 먼 것은?

① 맛   ② 냄새
③ 촉감   ④ 대비

23 채도를 낮추지 않고 어떤 중간색을 만들어 보자는 의도로 화면에 작은 색점을 많이 늘어놓아 사물을 묘사하려는 것에 속하는 것은?

① 가산혼합   ② 감산혼합
③ 병치혼합   ④ 회전혼합

24 색의 3속성에 따라 분류하여 표현하는 색이름은?

① 관용색명
② 고유색명
③ 순수색명
④ 계통색명

25 오스트발트의 색입체에서 등가색환 계열에 관한 설명 중 잘못된 것은?

① 링스타(ring star)라고 부른다.
② 20개의 등가색환 계열로 되어 있다.
③ 이 계열 속에서 선택된 색을 모두 조화한다.
④ 무채색을 축으로 백색량과 흑색량이 같은 등가색환 계열이다.

26 영 · 헬름홀츠 지각설에서 주장한 3원색이 아닌 것은?

① Red   ② Yellow
③ Green   ④ Blue

27 색채조화에 대한 연구를 통하여 이론을 제시한 사람이다. 관련이 없는 사람은?

① 레오나르도 다빈치
② 뉴턴
③ 쉐브럴
④ 맥스웰

28 안내표지의 바탕이 검정일 때 멀리서도 인지하기 쉬운 문자의 색으로 가장 적합한 것은?

① 노랑   ② 빨강
③ 파랑   ④ 주황

29 어두워지면 가장 먼저 사라져서 보이지 않는 색은?

① 노랑   ② 빨강
③ 녹색   ④ 보라

30 색의 분류 중 무채색에 속하는 것은?

① 황토색   ② 어두운 회색
③ 연보라   ④ 어두운 회녹색

31 다음 색상 중 후퇴, 수축색은?

① 노랑   ② 파랑
③ 주황   ④ 빨강

32 색채, 질감, 형태, 무늬 등이 어떤 체계를 가지고 점점 커지거나 강해져 동적인 리듬감이 생겨나는 것은?

① 스케일   ② 비례
③ 대비   ④ 점이

33 그림의 투상도는?

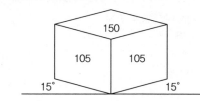

① 2등각 투상도
② 1소점 투시도
③ 사투상도
④ 2소점 투시도

34 다음 그림은 무엇을 구하기 위한 것인가?

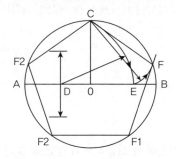

① 원주에 근사한 직선 구하기
② 원에 내접하는 정5각형 그리기
③ 원에 내접하는 반원형 그리기
④ 한 변에 주어진 정5각형 그리기

35 투시도법의 기호와 용어가 틀린 것은?

① GP-기선   ② PP-화면
③ HL-수평선   ④ VP- 소점

36 선의 종류 중 은선의 용도는?

① 물품의 보이는 외형을 표시하는 선
② 보이지 않는 부분의 형상을 표시하는 선
③ 치수를 기입하는 데 쓰이는 선
④ 도형의 중심을 표시하는 선

37 다음은 무엇을 나타낸 도면인가?

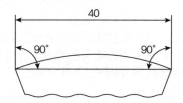

① 현의 치수 기입 방법
② 반지름의 치수 기입 방법
③ 원호의 치수 기입 방법
④ 곡선의 치수 기입 방법

38 등각 투상도(isometric projection drawing)에서 등각축의 각도는?

① 45°   ② 90°
③ 120°   ④ 150°

39 도면에서 치수의 단위에 대한 설명으로 틀린 것은?

① 길이의 단위는 cm를 사용한다.
② 길이의 단위는 mm를 사용하나, 기입하지 않는다.
③ 각도는 필요에 따라 분, 초의 단위도 함께 사용할 수 있다.
④ 각도의 단위는 도(°)를 사용한다.

40 자연광에 의한 음영 작도에서 화면에 평행하게 비칠 때의 광선은?

① 측광   ② 배광
③ 역광   ④ 음광

제3과목 : 디자인 재료 [8문제]

41 열경화성 수지를 대표하는 플라스틱으로 절연성이 커서 전기 재료로 많이 사용되며 베이클라이트라고도 하는 수지는?

① 요소 수지   ② 멜라민 수지
③ 페놀 수지   ④ 푸란 수지

42 도료의 구성성분이 아닌 것은?

① 안료   ② 전색제
③ 첨가제   ④ 항료

43 다음 중 무기재료로 짝지어진 것은?

① 도자기, 플라스틱   ② 유리, 피혁
③ 금속, 유리   ④ 목재, 종이

44 에어브러시(air brush)에 관한 설명 중 틀린 것은?

① 거칠고 대담한 표현에 가장 적합하다.
② 공기의 압력을 이용해서 잉크나 물감을 내뿜어 그려진다.
③ 사실적이고 환상적인 일러스트레이션 표현에 알맞은 기법이다.
④ 가장 중요한 것은 컴프레서와 스프레이건의 취급법이다.

45 안료와 접착제를 종이 표면에 발라 강한 광택을 입힌 것으로 원색판의 고급인쇄에 적합한 종이는?

① 모조지   ② 아트지
③ 갱지   ④ 켄트지

46 완성된 원고를 인쇄하기 위해서는 정확한 색 지정이 중요하다. 다음 중 미국색채연구소에서 개발되어 세계적으로 통용되는 컬러 가이드는?

① 펜톤 컬러 가이드
② DIC 컬러 가이드
③ 오스트발트 색표집
④ 한국표준색표집

47 특수 목적의 렌즈 중 꿈 같은 환상적 분위기를 연출하는 데 사용하는 것은?

① 줌렌즈   ② 마이크로렌즈
③ 시프트렌즈   ④ 연초점렌즈

48 아트지, 바리타지 등에 많이 쓰이는 가공지는?

① 변성가공지 ② 적층가공지
③ 도피가공지 ④ 흡수가공지

제4과목 : 컴퓨터그래픽스 [12문제]

49 컴퓨터에 관한 설명 중 잘못된 것은?

① 컴퓨터에서 CPU는 사람 두뇌에 해당된다.
② CPU는 데이터의 연산 및 컴퓨터 각각의 부분을 제어하는 기능을 가지고 있다.
③ 레지스터(Register)는 CPU의 임시기억장치로 컴퓨터의 중앙처리장치에서 사용되는 고속의 기억장치이다.
④ 제어장치(Control Unit)에서 덧셈, 뺄셈 등과 같은 산술 연산과 AND, OR 등과 같은 논리 연산을 수행한다.

50 컴퓨터 모니터나 TV에서는 모든 컬러를 3개의 기본색으로 구성한다. 다음 중 기본색이 아닌 것은?

① Yellow ② Green
③ Blue ④ Red

51 인덱스 색상 모드에 관한 설명으로 틀린 것은?

① 인터넷 데이터 포맷으로 널리 쓰이는 포맷 방식은 BMP 포맷방식이다.
② 원본 이미지의 색상이 표에 없으면 색상표에서 가장 근접한 색상으로 표시한다.
③ 팔레트 색상을 제한하여 일정한 품질을 유지하면서 이미지의 파일 크기를 줄일 수 있다.
④ 256색을 사용하여 색상을 변환하고 이미지의 색을 저장한다.

52 컴퓨터그래픽스 파일 포맷에 대한 설명으로 틀린 것은?

① BMP : 마이크로소프트사에서 지원하는 파일포맷으로 압축방법을 사용하지 않는다.
② EPS : 포스트스크립트 형태의 파일 형식으로 비트맵 이미지와 벡터 그래픽 파일을 함께 저장할 수 있다.
③ GIF : 사진이미지의 압축에 가장 유리한 포맷으로 정밀한 이미지 저장에 적합한 파일이다.
④ PNG : JPG와 GIF의 장점만을 가진 포맷으로 투명성과 관련된 알파채널에서 향상된 기능을 제공한다.

53 3차원 컴퓨터그래픽스에서 물체의 투명도를 조절할 수 있는 셰이딩 기법은?

① Transparency
② Bump
③ Refraction
④ Glow

54 다음 중 비트맵 파일 포맷이 아닌 것은?

① GIF ② PSD
③ AI ④ BMP

55 컴퓨터에 내장된 실제 RAM이 사용하려고 하는 프로그램의 권장 메모리보다 작을 때 취해야 할 옳은 방법은?

① Video Ram(비디오 램)을 증가시킨다.
② Hard Disk(내장 하드디스크) 용량을 증가시킨다.
③ ROM(Read Only Memory)을 이용한다.
④ Virtual Memory(가상메모리)를 사용한다.

56 저해상도에서 곡선이나 사선을 표현할 때 생기는 계단현상을 완화하기 위해 사용하는 기법은?

① 모핑(Morphing)
② 안티앨리어싱(Anti-aliasing)
③ 스위핑(Sweeping)
④ 미러(Mirror)

57 컴퓨터그래픽스의 도입 효과에 대한 설명으로 가장 거리가 먼 것은?

① 다양한 대안의 제시가 비교적 쉽다.
② 여러 가지 수정이 용이하며 변형이 자유롭다.
③ 컴퓨터그래픽 기기를 쉽게 익힐 수 있다.
④ 정보들의 축적으로 나중에 다시 이용할 수 있다.

58 반사율과 굴절률을 계산하여 투명감과 그림자까지 완벽하게 표현하는 렌더링 기법은?

① 레이트레이싱 방식
② 셰이딩 방식
③ 텍스처 매핑 방식
④ 리코딩 방식

59 움직이지 않는 배경 그림 위에 투명한 셀로판을 올려놓고 한 컷 한 컷 촬영하는 기법은?

① 투광 애니메이션
② 컷 아웃 애니메이션
③ 클레이 애니메이션
④ 셀 애니메이션

60 작업도중 명령을 취소하고 싶을 때 쓰는 명령은?

① save
② Place
③ Group
④ undo

12회 컴퓨터그래픽스운용기능사 필기 기출문제

①②ඕ 해당 문제를 한 번 풀 때 ①에 체크하고 두 번 풀 때 ②에 체크합니다. 마지막으로 ඕ는 아는 문제일 경우 체크하고
활용법 ඕ 체크가 되지 않는 문제들은 여러 번 복습하세요.

제1과목 : 산업디자인 일반 [20문제]

①②ඕ

01 다음 중 이념적 형태에 해당하는 것은?

① 자연형태   ② 인위형태
③ 현실형태   ④ 순수형태

①②ඕ

02 바우하우스에 대한 설명이 틀린 것은?

① 조형교육과 기술교육을 함께 가르쳤다.
② 1919년 월터 그로피우스가 설립한 디자인 대학이다.
③ 대표적인 작가로는 헨리 반 데 벨데, 아더 맥머도 등이 있다.
④ 공업 시스템과 예술가 사이의 갈등을 해결하려고 노력했다.

①②ඕ

03 브레인스토밍에 대한 설명 중 가장 거리가 먼 것은?

① 오스본에 의해 1930년대 후반에 제안된 아이디어 발상법이다.
② 토의 그룹을 만들어 제약이 없는 상태에서 자유롭게 아이디어를 내는 방법이다.
③ 각자의 아이디어를 토의를 통해 선별하고 기존의 아이디어를 보완하는 역할로 사용된다.
④ 이 방법을 진행하는 데 필요한 기본원칙에는 비평 금물, 많은 양의 아이디어 요구 등이 있다.

①②ඕ

04 기하학적 추상 일러스트레이션의 설명 중 옳은 것은?

① 대상을 질서에 의하여 사실적으로 표현하는 것이다.
② 직선, 삼각형, 사각형, 원 등의 형태를 이용하는 것이다.
③ 비구상적, 부정형적인 것을 말한다.
④ 자연계에서 찾아볼 수 있는 형태를 이용한 것이다.

①②ඕ

05 게슈탈트 요인 중 벌어진 도형을 완결시켜 보려는 경향을 갖는 것은?

① 근접성의 법칙   ② 방향성의 법칙
③ 유사성의 법칙   ④ 폐쇄성의 법칙

①②ඕ

06 오프셋(Offset) 인쇄에 대한 설명이 틀린 것은?

① 색채 표현성이 좋다.
② 색도 수의 사용이 자유롭다.
③ 대량 인쇄 시 비용이 저렴하다.
④ 지폐나 유가증권 인쇄에 적합하다.

①②ඕ

07 디자인의 궁극적인 목적을 가장 잘 설명한 것은?

① 용도나 기능을 목표로 하는 생산행위에 목적이 있다.
② 인간의 행복을 위한 물질적 생활환경의 개선 및 창조를 목적으로 한다.
③ 대중의 미의식보다는 개인의 취향을 전제로 디자인하는 데 목적이 있다.
④ 경제 발전에만 치중한다.

08 물체의 표면이 가지는 성질로서 '매끄럽다, 거칠다, 부드럽다, 딱딱하다' 등의 느낌은?

① 양감   ② 온도감

③ 재질감   ④ 입체감

09 통일된 이미지를 소비자에게 전달하기 위해 가장 고려해야 하는 것은?

① 일러스트레이션   ② 브랜드 네임

③ 셀링 포인트   ④ 브랜드 아이덴티티

10 실내디자인에 드는 비용을 최소화하는 방안으로 틀린 것은?

① 시설비를 줄인다.

② 천장이나 벽면에는 요철을 적게 한다.

③ 표준화된 치수의 제품과 규격화된 기성품을 활용한다.

④ 실내디자인의 효과를 높이기 위해서는 구입비와 유지 관리비를 최대한 많이 책정한다.

11 기업의 디자인 매니지먼트와 거리가 가장 먼 것은?

① 디자인 프로젝트 관리

② 기업 이미지 관리

③ 소비자의 생활양식 관리

④ 디자인 전략 기획

12 다음 그림과 같은 대칭은?

① 역대칭   ② 방사대칭

③ 점대칭   ④ 선대칭

13 4차원 디자인에 속하는 것은?

① 일러스트레이션   ② 그래픽디자인

③ 애니메이션   ④ 텍스타일 디자인

14 광원에서 나온 빛을 천장이나 벽에 부딪혀 확산된 반사광으로 비추는 조명방식은?

① 직접조명   ② 간접조명

③ 전반확산조명   ④ 반직접조명

15 디자인의 조형요소가 아닌 것은?

① 형   ② 색채

③ 균형   ④ 질감

16 인쇄 판식에 관한 설명 중 잘못된 것은?

① 평판 : 물과 기름의 반발 원리를 이용한 것으로 오프셋 인쇄가 대표적이다.

② 볼록판 : 화선부가 볼록한 부분이며, 볼록한 부분에만 잉크가 묻기 때문에 문자가 선명치 못하고 박력이 없다.

③ 오목판 : 평평한 판면을 약품이나 조각으로 패이게 하는 방법으로 그라비어 인쇄가 대표적이다.

④ 공판 : 인쇄하지 않을 부분의 구멍을 막아 제판하여 인쇄하며 인쇄량이 비교적 적은 인쇄에 사용된다.

17 마케팅 활동에서 광고 관리를 위해 필요한 정보로 사용되는 라이프 스타일(Life style)은 어느 정보에 속하는가?

① 광고 정보   ② 소비자 정보

③ 시장 정보   ④ 환경 정보

1 2 OK

18 아르누보 양식의 특징이 아닌 것은?

① 대칭   ② 생동적
③ 곡선적   ④ 여성적

1 2 OK

19 박물관, 대형마트, 뷔페식 식당 등의 실내디자인 계획 시 공통적으로 고려해야 할 사항 중 가장 중요한 것은?

① 난간 및 계단은 설치하지 않는다.
② 동선의 역순과 교차를 고려한다.
③ 사용자를 고려하여 간접 조명을 설치한다.
④ 외부 빛의 유입 방안을 모색하여야 한다.

1 2 OK

20 래피드 프로토타이핑(rapid prototyping)에 관한 설명 중 옳은 것은 무엇인가?

① 디자이너가 제품의 평가척도를 만드는 데 필요한 도구
② 짧은 시간 내에 디자인의 실제 모델을 다양하게 만드는 방법
③ 단기간 내에 디자인 기획을 수행할 수 있는 방법론
④ 디자이너가 스케치를 통해 형태를 검토하는 방법

제2과목 : 색채 및 도법 [20문제]

---

1 2 OK

21 다음 색 중 보색관계로 짝지어진 것은?

① 5R – 5BG
② 10Y – 10RP
③ 5B – 10YR
④ 5P – 10GY

1 2 OK

22 점을 찍어가며 그림을 그린 인상파 화가들의 그림과 관련된 혼합은?

① 가산혼합   ② 감산혼합
③ 병치혼합   ④ 회전혼합

1 2 OK

23 유사 색조의 배색에서 받는 느낌은?

① 강함, 똑똑함, 생생함, 활기참
② 평화적임, 안정됨, 차분함
③ 동적임, 화려함, 적극적임
④ 예리함, 자극적임, 온화함

1 2 OK

24 파장이 가장 긴 색과 짧은 색이 맞게 짝지어진 것은?

① 빨강과 주황   ② 빨강과 남색
③ 빨강과 보라   ④ 노랑과 초록

1 2 OK

25 다음 중 성격이 다른 하나는?

① 혼색효과   ② 전파효과
③ 동일효과   ④ 줄눈효과

1 2 OK

26 어두운 상태에서 우리 눈의 간상체가 지각할 수 있는 색은?

① 황색   ② 회색
③ 청색   ④ 적색

1 2 OK

27 다음 중 단색광(monochromatic light)을 바르게 설명한 것은?

① 가장 짧은 파장의 광선
② 두 단색광을 합하여 백색광이 되는 광선
③ 눈에 보이지 않는 광선
④ 더 이상 분광될 수 없는 광선

28 먼셀 표색계의 채도에 대한 설명 중 틀린 것은?

① 채도는 색상의 강약을 말한다.
② 채도는 색상이 있을 때만 나타난다.
③ 순색은 한 색상에서 무채색의 포함량이 가장 적은 채도의 색을 말한다.
④ 모든 색상의 채도단계는 동일하다.

29 배색의 효과에 대한 설명으로 거리가 먼 것은?

① 고명도의 색을 좁게 하고 저명도의 색을 넓게 하면 명시도가 높아 보인다.
② 같은 명도의 색이라도 면적이 커지면 고명도로 보이고 밝아 보인다.
③ 같은 채도의 색이라도 면적이 작아지면 저채도로 보이고 탁하게 보인다.
④ 같은 명도의 색이라도 면적이 작아지면 고명도로 보인다.

30 심리적으로 가장 마음을 안정시키는 색은?

① 5Y 6/8 　　　② 5G 4/6
③ 5R 5/10 　　　④ 5YR 3/6

31 배경색이 N4이고, 그림색이 5YR 8/4일 경우 그림색은 어떻게 보이는가?

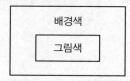

① 어둡게 느껴진다.
② 강하게 부각된다.
③ 희미하게 부각된다.
④ 더욱 탁하게 느껴진다.

32 물체가 없어진 후에도 얼마 동안 상이 남아 있는 현상은?

① 상상 　　　② 환상
③ 잔상 　　　④ 추상

33 도면을 내용에 따라 분류할 때 해당되지 않는 것은?

① 계통도 　　　② 설명도
③ 배치도 　　　④ 외형도

34 다음 도형은 무엇을 구하기 위한 것인가?

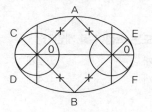

① 두 원을 격리시킨 타원 그리기
② 두 원을 연접시킨 타원 그리기
③ 장축과 단축이 주어진 타원 그리기
④ 4중심법에 의한 타원 그리기

35 제3각법에서 눈과 물체, 투상면의 순서가 올바른 것은?

① 눈 → 물체 → 투상면
② 투상면 → 물체 → 눈
③ 물체 → 눈 → 투상면
④ 눈 → 투상면 → 물체

36 다음 그림과 같은 곡선은?

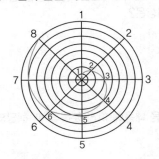

① 인벌류트 곡선 그리기
② 등간격으로 나사선 그리기
③ 아르키메데스 나사선 그리기
④ 하트형 응용곡선 그리기

37 조감도는 소점이 몇 개인가?

① 1개　　　　　② 2개
③ 3개　　　　　④ 4개

38 선의 종류 중 절단면을 나타내는 선은?

① 해칭선　　　② 파선
③ 피치선　　　④ 지시선

39 입체를 평면에 평행인 평면으로 절단하였을 때의 투상도와 전개도이다. 어떤 입체를 절단한 것인가?

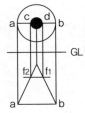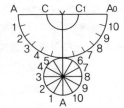

① 원통　　　　② 구
③ 원뿔대　　　④ 삼각뿔

40 투시도의 종류에 해당되지 않는 것은?

① 평행투시도　　　② 투상투시도
③ 사각투시도　　　④ 유각투시도

제3과목 : 디자인 재료 [8문제]

41 목재의 물리적 성질에 대한 설명으로 옳은 것은?

① 인장강도 – 목재에 압력을 가할 때의 내부 저항력
② 압축강도 – 마멸에 대한 내부 저항력
③ 경도 – 목재를 잡아끄는 외력에 대한 내부 저항력
④ 전단강도 – 목재의 일부를 남은 부분 위에 올려놓았을 때, 이 단면에 평행하게 작용하는 저항력

42 포스터컬러의 특성에 관한 설명 중 잘못된 것은?

① 불투명하고, 은폐력과 접착력이 강해야 한다.
② 색상이 밝고 정확하며, 광택이 없어야 한다.
③ 입자가 세밀하고 고르며, 매끈하게 칠해져야 한다.
④ 건조된 후에는 칠할 때의 색보다 또렷해야 한다.

43 종이를 서로 붙여서 두꺼운 판지 또는 골판지를 만드는 가공방법을 무엇이라 하는가?

① 도피가공　　　② 배접가공
③ 흡수가공　　　④ 변성가공

44 필름의 감도표시가 아닌 것은?

① ISO ② DIN
③ ASA ④ KS

45 한지의 용도에 따른 분류에 해당하는 것은?

① 화선지 ② 닥종이
③ 운용지 ④ 창호지

46 물을 용제로 사용하는 도료는?

① 에멀션 도료
② 페놀 수지 도료
③ 프탈산 수지 도료
④ 에폭시 수지 도료

47 유기재료 중 대량생산에 가장 많이 사용되는 것은?

① 목재 ② 가죽
③ 볏짚 ④ 플라스틱

48 다음 재료 중 가볍고 표면의 산화 피막 때문에 내식성이 좋으며, 철강 다음으로 사용량이 많은 금속은?

① 납 ② 아연
③ 구리 ④ 알루미늄

제4과목 : 컴퓨터그래픽스 [12문제]

49 컴퓨터그래픽에서 3차원 입체 형상 모델링의 표현 방식이 아닌 것은?

① 와이어프레임 모델링(Wireframe Modeling)
② 서페이스 모델링(surface Modeling)
③ 솔리드 모델링(Solid Modeling)
④ 목업 모델링(Mock-up Modeling)

50 3D 입체 프로그램에서 매핑(Mapping)을 가장 잘 설명한 것은?

① 2D 이미지를 3D 오브젝트 표면에 입히는 것
② 2D로 된 지도나 도형을 3D 입체로 전환하는 것
③ 3D 입체물을 여러 각도에서 단면을 볼 수 있도록 2D의 수치를 기입하는 것
④ Extrude한 입체를 다시 한 번 Revolve시키는 것

51 실제 또는 가상의 동적 시스템 모형을 컴퓨터를 사용하여 연구하는 것은?

① 렌더링(Rendering)
② 과학적 시각화(Scientific Visualization)
③ 시뮬레이션(Simulation)
④ 캐드 캠(CAD CAM)

52 매킨토시나 윈도우 환경에서 광범위하게 사용되며 높은 압축률로 웹용 이미지로 많이 사용되는 그래픽 이미지 압축 포맷 방식은?

① TIFF ② EPS
③ JPEG ④ BMP

53 다음 중 고라우드(Gouraud) 셰이딩보다 부드럽고 좋은 질의 화상을 얻을 수 있으며, 부드러운 곡선 표면의 물체에 적용하는 셰이딩 기법은?

① 플랫 셰이딩(Flat Shading)
② 레이 트레이싱(Ray Tracing)
③ 퐁 셰이딩(Phong Shading)
④ 리플렉션(Reflection)

54 RGB 모드 색상에 관한 설명 중 틀린 것은?

① 혼합될수록 어두워지는 감산혼합이다.
② 영상 이미지 또는 TV 등의 컬러 처리를 수행한다.
③ 빛의 3원색이라고도 한다.
④ 최대의 강도로 3가지 색의 빛이 겹칠 때 흰색으로 보인다.

55 다음 중 픽셀(Pixel)에 대한 설명 중 틀린 것은?

① 1Pixel에 8비트를 할당하면 8색이 표현된다.
② 1Pixel에 16비트를 할당하면 6만 5천 색이 표현된다.
③ 수백만 색상 이상을 표현하려면 1Pixel에 24비트를 할당해야 한다.
④ 1680만 색상의 표현이 가능하면 트루 컬러라고 부른다.

56 아날로그 화상을 디지털 화상으로 전환하는 장치가 아닌 것은?

① 디지털카메라   ② 필름 레코더
③ 모션캡처   ④ 스캐너

57 비트맵 이미지의 특징으로 거리가 먼 것은?

① 깊이 있는 색조와 부드러운 질감을 나타낼 수 있다.
② 이미지의 크기에 따라 출력에 영향을 준다.
③ 압축을 통해 해상도와 파일크기의 조절이 가능하다.
④ 베지어 곡선의 오브젝트로 구성된다.

58 포토샵에서 CMYK 모드로 작업할 때 활성화되지 않아 실행할 수 없는 필터는?

① Gaussian Blur
② Sharpen Edges
③ Difference Clouds
④ Lighting Effects

59 컬러사진의 네거티브 필름 이미지를 인화지로 인화하면 색이 보색으로 표현된다. 이와 같은 포토샵의 기능은?

① Equalize   ② Threshold
③ Variations   ④ Invert

60 다음 중 입력장치에 해당되는 컴퓨터 그래픽 시스템은?

① 프로젝트   ② 프린터
③ 스캐너   ④ 플로터

제1과목 : 산업디자인 일반 [20문제]

01 매슬로우(Maslow)의 욕구 5단계 순서가 옳게 나열된 것은?

① 자아 욕구 → 생리적 욕구 → 안전의 욕구
→ 사회적 욕구 → 자기실현의 욕구

② 생리적 욕구 → 자아 욕구 → 사회적 욕구
→ 안전의 욕구 → 자기실현의 욕구

③ 자아욕구 → 생리적 욕구 → 사회적 욕구
→ 안전의 욕구 → 자기실현의 욕구

④ 생리적 욕구 → 안전의 욕구 → 사회적 욕구 → 자아 욕구 → 자기실현의 욕구

02 기존 제품의 재료나 기능 또는 형태를 개량하고 개선하는 것은?

① 리터치(Retouching)
② 리디자인(Redesign)
③ 굿 디자인(Good design)
④ 토털 디자인(Total design)

03 다음 중 비영리 광고가 아닌 것은?

① 공공광고
② 정치광고
③ 기업광고
④ 이념광고

04 다음 중 미술공예운동과 관련이 없는 것은?

① 미술 민주화 운동으로 현대디자인의 이념적 배경이 되었다.
② 기계에 의한 제품생산을 반대했다.
③ 미술·공예·공업 등을 통합하고 최고의 제품생산이 목표였다.
④ 전통적 장식 개념에서 크게 벗어나지 못했다.

05 다음 형태 중 가장 동적이며 연속적인 변화를 느끼게 하는 형태는?

① 직육면체
② 삼각형
③ 구형
④ 정사각형

06 제조자와 소비자를 연결해 주는 촉진제가 되며, 유통과정에서 제품을 보호하는 기능을 가져야 하는 디자인은?

① 편집디자인
② 포장디자인
③ 광고디자인
④ 기업이미지 디자인

07 게슈탈트 심리학의 창시자 베르트하이머(M. Wertheimer)가 제창한 형태변화법칙의 요인과 거리가 먼 것은?

① 근접성의 요인
② 유사성의 요인
③ 연속성의 요인
④ 심미성의 요인

08 다음 중 제품디자인 과정으로 옳은 것은?

① 계획 → 조사 → 분석 → 평가 → 종합
② 계획 → 조사 → 분석 → 종합 → 평가
③ 조사 → 계획 → 종합 → 분석 → 평가
④ 조사 → 계획 → 분석 → 종합 → 평가

09 디자인 아이디어 창출기법 중 집단사고에 의한 자유분방한 아이디어를 얻기 위하여 서로 비평을 금하고, 상대방의 아이디어에 상승 작용을 할 수 있게 하는 기법은?

① 문제분석법 　② 체크리스트법
③ 특성열거법 　④ 브레인스토밍법

10 면을 소극적인 면(Negative Plane)과 적극적인 면(Positive Plane)으로 구분할 때 적극적인 면의 성립 조건은?

① 점의 밀집이나 선의 결합으로 성립된다.
② 선으로 둘러싸여 성립된다.
③ 공간에서 입체화된 점이나 선에 의해서 성립된다.
④ 선의 이동이나 폭의 확대 등에 의해서 성립된다.

11 다음 중 바우하우스가 시도한 디자인 철학과 관련이 없는 것은?

① 대량생산을 위한 굿 디자인의 문제 해결
② 역사주의와 전통적 장식개념
③ 공업시스템과 예술가의 결합
④ 기계의 허용

12 디자인 작업 중 이미지를 포착하기 위한 목적으로 표현하는 기법은?

① 아이디어 스케치 　② 렌더링
③ 제도 　④ 모델링

13 현대 미국의 그래픽디자인에 가장 뚜렷한 영향을 미친 조형예술 사조는?

① 아르누보(Art Nouveau)
② 예술생산(Art manufacture)
③ 로마네스크(Romanesque)
④ 옵 아트(Op Art), 팝 아트(Pop Art)

14 잡지광고의 종류와 거리가 먼 것은?

① 기사 중 광고
② 스폿(SPOT) 광고
③ 표지 1면 광고
④ 목차면 광고

15 마케팅에 대한 설명 중 적합하지 않은 것은?

① 마케팅은 크게 미시마케팅과 거시마케팅으로 구분할 수 있다.
② 경영 현상으로서의 성격으로 확대되고 있다.
③ 마케팅이란 교환과정을 통하여 욕구와 필요를 충족시키려는 인간의 활동을 뜻한다.
④ 마케팅은 생산활동이 주요 연구대상이다.

16 다음 중 기본 형태에 대한 설명이 올바른 것은?

① 면 : 물체가 점유하는 공간
② 선 : 면의 한계 또는 교차
③ 점 : 입체의 한계 또는 교차
④ 입체 : 선의 한계 또는 교차

17 실내에서 감각적인 효과를 가장 먼저 주는 요소는?

① 색채 　② 질감
③ 형태 　④ 무늬

18 광고제작물의 구성요소 중에서 독자들에게 주의를 환기시키고 본문으로 유도하기 위한 호소력이 담긴 간결하고 함축미가 있는 말은?

① 캡션 ② 일러스트레이션
③ 슬로건 ④ 헤드라인

19 다음 중 문과 창문의 기능이 아닌 것은?

① 한 공간과 인접된 공간을 연결시킨다.
② 문과 창문의 위치는 가구 배치와 동선에 영향을 준다.
③ 공기와 빛을 통과시켜 통풍과 채광이 가능하게 한다.
④ 내부와 외부를 구획하는 역할을 한다.

20 점이 움직인 궤적을 무엇이라 하는가?

① 점 ② 면
③ 선 ④ 입체

제2과목 : 색채 및 도법 [20문제]

---

21 시세포의 기능 부족 등으로 색을 제대로 느끼지 못하는 현상은?

① 색각이상 ② 색청이상
③ 배색이상 ④ 수용이상

22 강하고 짧은 자극 후에도 계속 보이는 것으로, 어두운 곳에서 빨간 불꽃을 빙빙 돌리면 길고 선명한 빨간 원을 볼 수 있는데 이것은 어떤 현상이 계속해서 일어나기 때문인가?

① 부의잔상 ② 정의잔상
③ 보색효과 ④ 도지반전효과

23 반대색의 배색에서 느낄 수 있는 심리는?

① 협조적, 온화함, 상냥함
② 차분함, 일관됨, 시원함
③ 강함, 동적임, 화려함
④ 정적임, 간결함, 건전함

24 먼셀 20색상환에서 청록의 보색은?

① 빨강 ② 노랑
③ 보라 ④ 주황

25 간상체와 추상체의 특성과 관계없는 현상은?

① 암순응
② 기억색
③ 스펙트럼 민감도
④ 푸르킨예 현상

26 오스트발트 색체계에 대한 설명으로 옳은 것은?

① Yellow의 보색은 Turquoise이다.
② 색상번호, 흑색량, 백색량의 순서로 색을 표기한다.
③ 어떤 색의 보색은 색 차이가 '10'이다.
④ 색상환은 헤링의 4원색설을 기본으로 한다.

27 하나의 색이 그보다 탁한 색 옆에 위치할 때 실제보다 더 선명하게 보이는 대비현상은?

① 색상대비 ② 채도대비
③ 보색대비 ④ 계시대비

1 2 OK

28 색의 항상성(恒常性)에 관한 설명 중 옳은 것은?

① 가시도 내에서 조명에 따라 같은 색이 달라 보인다.
② 조명의 자극이 변해도 어떤 물체의 색이 변해 보이지 않는다.
③ 조명이 변하는 즉시 물체의 색도 달라 보인다.
④ 색을 인식할 때는 자극과 감각, 시각과는 관계가 없다.

1 2 OK

29 진출색과 후퇴색에 대한 일반적인 설명 중 틀린 것은?

① 따뜻한 색이 차가운 색보다 진출해 보인다.
② 밝은 색이 어두운 색보다 진출해 보인다.
③ 채도가 높은 색이 채도가 낮은 색보다 진출해 보인다.
④ 무채색이 유채색보다 진출해 보인다.

1 2 OK

30 먼셀 색체계 표기인 5R 6/9 대한 설명으로 옳은 것은?

① 명도(V) = 9, 채도(C) = 6의 빨간색
② 명도(V) = 5, 채도(C) = 9의 빨간색
③ 명도(V) = 6, 채도(C) = 9의 빨간색
④ 명도(V) = 9, 채도(C) = 5의 빨간색

1 2 OK

31 색의 3속성에 관한 설명으로 틀린 것은?

① 채도는 색의 강약, 맑기, 선명도이다.
② 색상이란 빨강, 파랑, 노랑이라고 표현되는 이름으로 어떤 색을 다른 색과 쉽게 구별하는 특성으로 나타낸 성질이다.
③ 명도는 색의 밝고 어두운 정도를 의미한다.
④ 명도는 물체 표면에서 선택적으로 반사되는 주파장에 의해 결정된다.

1 2 OK

32 먼셀 색체계에 대한 설명 중 틀린 것은?

① 빨강, 노랑, 초록, 파랑의 4가지 기본 색상에 중간색을 넣고 각각 10등분하였다.
② 색상, 명도, 채도의 3속성에 의해 색을 분류하는 방법이다.
③ 채도단계는 무채색의 축 0을 기준으로 한 후 수평방향으로 커지게 하였다.
④ 무채색의 표기방법으로 명도 단위 앞에 N을 붙여 사용한다.

1 2 OK

33 도면의 치수 숫자와 기호에 대한 설명 중 틀린 것은?

① 치수 숫자는 치수선으로부터 약간 띄어 쓴다.
② 치수는 치수선에 평행하게 도면의 왼쪽에서 오른쪽으로, 아래로부터 위로 읽을 수 있도록 기입한다.
③ 한 도면 내에서 용도에 따라 치수 숫자의 크기를 다르게 한다.
④ 경사진 치수선의 경우, 숫자는 치수선의 위쪽에 기입한다.

1 2 OK

34 그림과 같은 투시도법은?

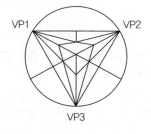

① 평행투시
② 유각투시
③ 사각투시
④ 입체투시

35 그림과 같이 물체를 왼쪽으로 돌린 다음 앞으로 기울여 두 개의 옆면 모서리가 수평선과 30° 되게 잡으면 물체의 세 모서리가 120°의 각을 이룬다. 이런 투상도를 무엇이라고 하는가?

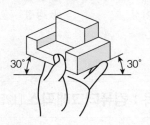

① 부등각 투상도   ② 등각 투상도
③ 보조 투상도   ④ 회전 투상도

36 투시도에 대한 설명으로 틀린 것은?

① 시점과 대상물 사이의 화면에 상을 맺게 만든다.
② 회화 공간에 표현한 대표작으로 '최후의 만찬'을 들 수 있다.
③ 먼 곳에 있는 것은 크게, 가까이 있는 것은 작게 표현한다.
④ 기본 요소는 눈의 위치, 대상물, 거리로 성립된다.

37 그림에 해당하는 작도법은?

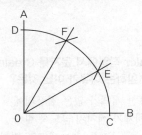

① 수직선 긋기
② 직선의 n등분
③ 직각의 3등분
④ 각의 n등분

38 3개의 축선이 서로 만나서 이루는 세 각들 중에서 두 각은 같게, 나머지 한 각은 다르게 그리는 투상도는?

① 등각투상도
② 부등각투상도
③ 사투상도
④ 전개도

39 다음 제도용지 중 A3의 크기는?

① 210mm × 297mm
② 297mm × 420mm
③ 420mm × 594mm
④ 594mm × 841mm

40 다음 중 축척자(스케일자)의 쓰임새로 가장 옳은 것은?

① 그림이나 문자를 그릴 때 사용한다.
② 각도를 측정할 때 사용한다.
③ 도면의 축척에 따라 길이를 알 수 있는 자이다.
④ 컴퍼스만으로 그리기 어려운 곡선이나 원호를 그린다.

제3과목 : 디자인 재료 [8문제]

41 컬러 네거티브 필름으로 노란색(Yellow)의 피사체를 촬영하여 현상하면 이 피사체는 필름상에 어떤 색으로 나타나는가?

① 청색(Blue)
② 녹색(Green)
③ 적색(Red)
④ 노란색(Yellow)

42 종이를 서로 붙여서 두꺼운 판지를 만드는 가공방법은?

① 도피가공   ② 흡수가공
③ 변성가공   ④ 배접가공

43 용해된 유리소지를 취관 끝에 두고 입으로 불어 늘리는 방법의 성형법은?

① 앰플제법   ② 평판법
③ 수취법   ④ 롤러법

44 다음 중 목재질 재료가 아닌 것은?

① 집성재   ② 단판
③ 합판   ④ 요소수지

45 무기재료의 보편적인 3분법에 따른 분류로 묶인 것은?

① 단일물, 복합물, 합성물
② 금속재료, 유리, 도자기
③ 유기재료, 무기재료, 복합재료
④ 금속재료, 이온재료, 공유재료

46 주성분이 우루시올이며 용제가 적게 들고 광택이 우아하여 공예품에 주로 사용되는 천연수지 도료는?

① 래커   ② 옻
③ 에폭시 수지 도료   ④ 에멀션 도료

47 다음 중 물을 사용하여 명도를 조절하며 가장 맑고 투명한 효과를 얻을 수 있는 것은?

① 유화물감   ② 수채화 물감
③ 컬러 마커   ④ 포스터컬러

48 종이에 내수성을 주고, 잉크의 번짐을 방지하기 위하여 종이의 표면 또는 섬유를 아교물질로 피복시키는 종이의 가공공정은?

① 고해   ② 충전
③ 사이징   ④ 정정

제4과목 : 컴퓨터그래픽스 [12문제]

49 산맥, 해안선 등과 같이 복잡하고 불규칙한 자연 현상을 나타내기 위해서 기본이 되는 하나 혹은 두 개의 형태로 반복해서 사용되어지는 기법은?

① Ray Tarcing(레이트레이싱)
② Aliasing(앨리어싱)
③ Animation(애니메이션)
④ Fractal(프랙탈)

50 GIF와 JPEG의 장점을 가진 포맷으로 알파채널을 가지고 있어 웹디자인에서 GIF 대체용으로 사용되는 파일 포맷은?

① PDF   ② TIFF
③ EPS   ④ PNG

51 Illustrator 작업에서 문자를 Create Outlines으로 변환하는 이유가 아닌 것은?

① 사용한 서체가 없는 컴퓨터에서 출력할 때도 서체가 깨지지 않도록 한다.
② 사용한 글자를 오브젝트로 변환하여 그래픽 효과를 줄 수 있다.
③ 글자를 마스크용 오브젝트로 만들 수 있다.
④ 레이어의 개수를 줄여 용량을 줄일 수 있다.

52 미국에서 설립된 컴퓨터 학술단체인 ACM
(Association of Computing Machinery) 산하
의 한 분과로 컴퓨터그래픽스에 관련된 대표
적인 국제행사기구는?

① SIGGRAPH　　② NICOGRAPH
③ PARIGRAPH　　④ NCGA

53 Potoshop에서 레이어와 알파 채널 등을 모두
저장할 수 있는 파일 포맷은?

① JPEG　　　　② PSD
③ GIF　　　　④ BMP

54 컴퓨터그래픽을 활용하여 제작한 이미지를 인
쇄하고자 할 때 사용하는 인쇄의 4원색은?

① CMYB(Cyan, Magenta, Yellow, Blue)
② CMYK(Cyan, Magenta, Yellow, Black)
③ RGBY(Red, Green, Blue, Yellow)
④ RGBK(Red, Green, Blue, Black)

55 2D 컴퓨터 애니메이션 제작에서 사용되는 개
념이 아닌 것은?

① 인비트윈(in-between)
② 로토스코핑(rotoscoping)
③ 트위닝(tweening)
④ 트레이싱 라인(tracing line)

56 네 가지 노즐을 통해 잉크를 뿌려서 문자나 이
미지를 나타내는 프린트 방식은?

① 레이저 프린터(Laser Printer) 방식
② 잉크젯 프린터(Inkjet Printer) 방식
③ 도트 매트릭스(Dot Matrix) 방식
④ 펜 플로터(Pen plotter) 방식

57 벡터 그래픽(Vector Graphic) 방식을 기본으
로 하는 프로그램이 아닌 것은?

① Potoshop　　② Illustrator
③ Corel Draw　　④ Auto CAD

58 다음 중 최상의 인쇄물을 제작하기 위해 가장
적합한 해상도는?

① 250 ~ 300dpi　　② 200 ~ 250dpi
③ 150 ~ 200dpi　　④ 100 ~ 150dpi

59 모니터에 나타난 도형이나 그림을 35mm 슬
라이드에 저장하는 출력장치는?

① 플로터　　　　② 필름 레코더
③ 레이저 프린터　　④ 스캐너

60 컴퓨터그래픽의 역사에서 CPU의 소자에 의한
분류로 옳은 것은?

① 제1세대 : 트랜지스터
② 제2세대 : 진공관
③ 제3세대 : IC
④ 제4세대 : ENIAC

14회 컴퓨터그래픽스운용기능사 필기 기출문제

123OK 활용법 | 해당 문제를 한 번 풀 때 1에 체크하고 두 번 풀 때 2에 체크합니다. 마지막으로 OK는 아는 문제일 경우 체크하고
OK 체크가 되지 않는 문제들은 여러 번 복습하세요.

제1과목 : 산업디자인 일반 [20문제]

1 2 OK

01 다음 중 2차원 디자인에 속하는 것은?

① 타이포그래피(Typo Graphy)
② 가구디자인(Furniture design)
③ 패키지(Package)
④ 인테리어(Interior)

1 2 OK

02 디자인의 요소 중 선에 대한 설명으로 틀린 것은?

① 선은 여러 가지 너비를 가지고 있고, 너비를 넓히면 면으로 이동된다.
② 선의 동적 특성에 영향을 끼치는 것은 점의 속도, 강약, 방향 등이다.
③ 점이 일정한 방향으로 진행할 때 곡선이 생긴다.
④ 포물선은 속도감을 주고, 쌍곡선은 균형미를 연출한다.

1 2 OK

03 다음 중 광고디자인의 구성요소가 아닌 것은?

① 보디카피(body copy)
② 헤드라인(headline)
③ 일러스트레이션(illustration)
④ 시그니처(signature)

1 2 OK

04 다음 중 이념적인 형의 예로서 옳은 것은?

① 점, 선, 면
② 조약돌, 바다
③ 나무, 꽃
④ 아치, 빌딩

1 2 OK

05 다음 중 황금분할의 비로 맞는 것은?

① 1 : 1.618
② 1 : 1.414
③ 1 : 1.518
④ 1 : 1.418

1 2 OK

06 빅터 파파넥(Victor Papanek)이 말하는 디자인의 복합기능 중 재료와 도구, 공정과의 상호작용을 의미하는 것은?

① 방법
② 용도
③ 연상
④ 필요성

1 2 OK

07 실내 공간의 구성요소로만 나열한 것은?

① 벽, 바닥, 천장, 창문과 문
② 벽, 재료, 천장, 색채
③ 벽, 창문과 문, 형태, 색채
④ 형태, 질감, 재료, 매스

1 2 OK

08 멤피스 그룹이 대표적인 경우로, 기능주의에 입각한 모던 디자인에 항거하여 인간의 정서적, 유희적 본성을 중시하는 경향을 지니는 양식은?

① 초현실주의
② 포스터모더니즘
③ 구성주의
④ 다다이즘

09 디자인 문제 해결의 과정으로 옳은 것은?

① 계획 → 조사 → 분석 → 종합 → 평가
② 계획 → 분석 → 조사 → 종합 → 평가
③ 계획 → 조사 → 분석 → 평가 → 종합
④ 조사 → 계획 → 분석 → 종합 → 평가

10 아이덴티티 디자인(Identity design)의 기본 시스템(Basic System)에 속하지 않는 것은?

① 패키지　　　　② 캐릭터
③ 색상　　　　　④ 서체

11 스크래치 스케치의 설명으로 옳은 것은?

① 조형, 구성 등에 대해 하나하나의 아이디어를 비교·검토하는 것
② 메모의 성격을 띤 스케치로 기본적인 개념 전개의 발전에 중점을 두는 것
③ 비례의 정확성과 투시작도에 의한 외형변화과정을 색채처리에 의해 구체화하는 것
④ 결정권자에게 설명하고자 형태, 재질, 색채, 스타일을 적절한 용구와 재료를 이용하여 구체화하는 것

12 제품디자인 개발 시 아이디어 탐색 방법 중 가장 비효율적인 것은?

① 소비자의 욕구, 생활양식 등을 고려한다.
② 영업부서, 판매처로부터 아이디어 제안을 받는다.
③ 제안된 아이디어를 상호 비판을 통해 가려낸다.
④ 자신의 관찰 경험을 디자인에 자연스럽게 연결하여 아이디어 발상과 전개에 활용한다.

13 실내디자인의 4단계 과정에 관한 설명으로 옳은 것은?

① 기획과정 : 실내디자인 작업과 관련되어 디자인을 시정하거나 시공상의 문제점을 해결하는 단계이다.
② 설계과정 : 기획 과정에서 수집한 정보를 활용하여 대상 공간에 가구를 배치하는 단계이다.
③ 시공과정 : 설계과정의 결과를 기초로 하여 실제 작업을 하는 단계이다.
④ 사용 후 평가과정 : 결과를 기초로 하여 관련되어 있는 모든 정보를 수집하는 단계이다.

14 편집디자인에서 레이아웃(Lay-out)이 갖추어야 할 기본 조건과 거리가 가장 먼 것은?

① 가독성　　　　② 주목성
③ 조형성　　　　④ 광고성

15 디자인의 조형원리인 균형과 관련이 없는 것은?

① 비대칭　　　　② 반복
③ 주도와 종속　　④ 비례

16 다음 중 실내디자인에 드는 비용을 최소화하는 방안이 아닌 것은?

① 평당 시설비용이 많이 드는 공간의 면적을 줄인다.
② 천장이나 벽면에는 요철을 적게 한다.
③ 표준화된 치수의 제품과 규격화된 기성품을 활용한다.
④ 자동화 시설로 편리함을 주며, 시설비는 여유롭게 책정한다.

1 2 OK

17 다음 중 간결함, 명쾌한 기능성, 유선형이 디자인의 특징인 나라는?

① 독일　　　　　② 이탈리아
③ 미국　　　　　④ 스칸디나비아

1 2 OK

18 다음의 디자인 전개과정 중 가장 기초적인 단계는?

① 생산 감리　　　② 생산도면 제작
③ 정밀 렌더링　　④ 아이디어 스케치

1 2 OK

19 다음 중 가장 높은 신뢰성과 짧은 매체 수명을 가지는 광고는?

① 프로모션 광고　② 라디오 광고
③ 신문광고　　　④ 잡지광고

1 2 OK

20 마케팅 목표의 효과적인 달성을 위하여 마케팅 활동에서 사용되는 여러 가지 방법을 전체적으로 균형이 잡히도록 조정·구성하는 일은?

① 맞춤 마케팅
② 마케팅 비법
③ 다이렉트 마케팅
④ 마케팅 믹스

제2과목 : 색채 및 도법 [20문제]

---

1 2 OK

21 다음 중 색채의 무게감과 가장 관계가 있는 것은?

① 색상　　　　　② 명도
③ 채도　　　　　④ 순도

1 2 OK

22 가법혼색의 특징이 아닌 것은?

① 색광의 겹침으로 인한 혼색 현상이다.
② 컬러 TV, 스포트라이트 등의 조명이 해당된다.
③ 혼합된 색은 명도가 낮아진다.
④ 3원색은 빨강(R), 녹색(G), 파랑(B)이다.

1 2 OK

23 배색에 관한 설명 중 틀린 것은?

① 강조색은 작은 면적으로 효과를 극대화할 때 사용하고 배색의 지루함을 없애준다.
② 배색에서 전체적으로 가장 많은 면적과 기능을 차지하는 것을 주조색이라 한다.
③ 여러 가지 색을 서로 어울리게 배열하는 것으로 기능, 목적, 효용에 따라 다양한 방법이 있다.
④ 톤온톤(tone on tone) 배색은 무채색에 의한 분리효과를 표현한 배색이다.

1 2 OK

24 먼셀의 표색계에서 색의 표시 방법인 H V/C에 대한 설명으로 맞는 것은?

① 색상의 머리글자는 V이다.
② 명도의 머리글자는 H이다.
③ 채도의 머리글자는 C이다.
④ 표기 순서가 H V/C일 때 HV는 색상이다.

1 2 OK

25 색의 주목성에 대한 설명 중 틀린 것은?

① 고명도, 고채도의 색은 주목성이 높다.
② 일반적으로 명시도가 높으면 주목성도 높다.
③ 녹색은 빨강보다 주목성이 높다.
④ 포스터, 광고 등에서는 주목성이 높은 배색을 한다.

26 색의 3속성 중 색의 밝고 어두운 정도를 뜻하는 것은?

① 색상　　　　　② 명도
③ 채도　　　　　④ 색각

27 동양의 전통적 색채는 음과 양의 역학적 원리에 근거를 두고 있다. 다음 색 중 음의 색은?

① 빨강　　　　　② 노랑
③ 파랑　　　　　④ 주황

28 어두운 곳에서 빨간 불꽃을 돌리면 길고 선명한 빨간 원을 볼 수 있다. 어떤 현상 때문인가?

① 색의 연상　　　② 부의 잔상
③ 정의 잔상　　　④ 동화 현상

29 색채의 표면색(surface color)을 바르게 설명한 것은?

① 물체의 표면에서 빛이 반사하여 나타나는 색이다.
② 색유리와 같이 빛이 투과하여 나타나는 색을 말한다.
③ 색채는 물체의 간접색과 인접색으로 나눌 수 있다.
④ 분광 광도계와 같은 접안렌즈를 통하여 보는 색이다.

30 용기와 열정 생동감의 표현, 활력의 원천으로 상징되어 온 색은?

① 빨강　　　　　② 파랑
③ 초록　　　　　④ 보라

31 "파랑 느낌의 녹색"과 같이 기본 색명에 색상, 명도, 채도를 나타내는 수식어를 붙인 색명은?

① 관용색명　　　② 고유색명
③ 일반색명　　　④ 기본색명

32 두 개 이상의 색을 보게 될 때, 때로는 색들끼리 서로 영향을 주어서 인접 색에 가까운 것이 느껴지는 경우가 있다. 이러한 현상을 뜻하는 내용과 관련이 없는 것은?

① 동화효과　　　② 전파효과
③ 혼색효과　　　④ 감정효과

33 제3각법에 대한 설명 중 옳은 것은?

① 3소점 투시도를 의미한다.
② 일반적으로 디자인 제도에서는 활용하지 않는다.
③ 물체를 제3각에 놓고 투상하는 방식이다.
④ 정면도를 중심으로 위쪽에 좌측면도, 오른쪽에 우측면도를 놓는다.

34 그림의 평면도법은 무엇을 나타내는가?

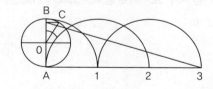

① 원주 밖의 1점에서 원에 접선 긋기
② 원주에 근사한 직선 그리기
③ 원에 외접선 그리기
④ 원호를 직선으로 펴기

1 2 OK

35 다음 중 선을 사용할 때의 우선순위로 옳은 것은?

① 외형선 → 숨은선 → 중심선
② 숨은선 → 중심선 → 외형선
③ 중심선 → 외형선 → 숨은선
④ 외형선 → 중심선 → 숨은선

1 2 OK

36 그림과 같은 타원 그리기 방법은?

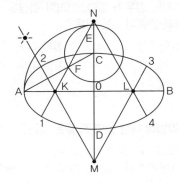

① 두 원을 연접시킨 타원 그리기
② 두 원을 격리시킨 타원 그리기
③ 4 중심법에 의한 타원 그리기
④ 장축과 단축을 이용한 타원 그리기

1 2 OK

37 다음 치수 표시기호 중 45˚ 모따기 기호는?

① R   ② C
③ S   ④ t

1 2 OK

38 지형의 높고 낮음을 지도 위에 표시하는 것과 같이 기준면을 정하고, 기준면에 평행한 평면을 같은 간격으로 잘라 평화면상에 투상한 수직투상은?

① 정투상법   ② 축측 투상법
③ 표고 투상법   ④ 사투상법

1 2 OK

39 등각투상도에서 등각축의 각도는?

① 45˚   ② 90˚
③ 120˚   ④ 150˚

1 2 OK

40 다음 투시도의 작도법은?

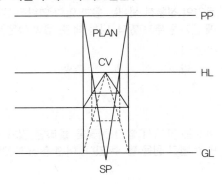

① 1소점 투시도
② 2소점 투시도
③ 3소점 투시도
④ 표고 투상도

제3과목 : 디자인 재료 [8문제]

1 2 OK

41 안료에 대한 설명 중 옳은 것은?

① 안료는 일반적으로 물이나 기름 등에 녹는다.
② 안료는 미립자 상태의 액체로 되어 있고, 백색 또는 유색이다.
③ 안료는 입자의 크기가 작아지면 내광성이 커진다.
④ 안료는 전색제와 함께 물체에 착색된다.

1 2 OK

42 보기와 같은 성질 및 전제 조건이 필요한 용지의 종류는?

> 표면이 평활하고 보푸라기가 없으며, 거칠지 않고 신축성이 있으며, 흡유성이 좋고, 종이의 앞 뒷면의 차이가 없으며, 제지과정에서 얼룩이 없어야 한다.

① 신문지   ② 인쇄용지
③ 도화지   ④ 포장지

1 2 OK

43 목재의 화학성분 중 40~50%가량을 차지하는 것은?

① 셀룰로오스   ② 헤미셀룰로오스
③ 리그닌   ④ 물

1 2 OK

44 다음 중 기계펄프에 속하는 것은?

① 아황산 펄프
② 쇄목(碎木) 펄프
③ 소다 펄프
④ 크라프트(Kraft) 펄프

1 2 OK

45 필름의 감도를 나타내는 국제표준화기구에서 제정한 표시기호는?

① DIN   ② ASA
③ ISO   ④ KS

1 2 OK

46 가공지의 제조방법 중 도피가공을 한 종이는?

① 아트지
② 유산지
③ 리트머스 시험지
④ 크레이프지

1 2 OK

47 가열하여 유동 상태로 된 플라스틱을 닫힌 상태의 금형에 고압으로 충전하여 이것을 냉각, 경화시킨 다음 금형을 열어 성형품을 얻는 방법은?

① 압축성형   ② 사출 성형
③ 압출 성형   ④ 블로우 성형

1 2 OK

48 물의 양에 따라 농도 조절이 가능하며 접착력이 강하고 내수성이 뛰어난 채색 재료는?

① 수채물감   ② 마커
③ 아크릴 물감   ④ 사인펜

제4과목 : 컴퓨터그래픽스 [12문제]

1 2 OK

49 3차원 컴퓨터그래픽스의 가장 기본적인 형태 제작 기법으로서 꼭짓점의 좌푯값을 기본으로 모든 형상의 데이터를 구성해가는 것은?

① 큐빅(cubic)   ② 그래비티(gravity)
③ 메타볼(metaball)   ④ 폴리곤(polygon)

1 2 OK

50 다음 중 전자출판방식으로 디자인하고자 할 때 가장 효과적인 소프트웨어는?

① 3D MAX   ② Illustrator
③ Photoshop   ④ Indesign

1 2 OK

51 비트맵 방식의 프로그램에서 화면을 구성하고 있는 최소 단위는?

① 픽셀(Pixel)   ② 페인팅(painting)
③ 필터(Filter)   ④ 채널(Channel)

1 2 OK

52 다음 중 세계 최초의 진공관식 컴퓨터는?

① ENIAC
② EDSAC
③ EDVAC
④ UNICAD

1 2 OK

53 탁상출판 혹은 전자출판이라고 일컫는 말의
약어는?

① DPI(Dot per inch)
② CAD(Computer Aided Design)
③ DTP(Desk Top Publishing)
④ PPI(Pixel per inch)

1 2 OK

54 입출력 데이터를 일단 고속의 보조기억장치에
일시 저장해두어 중앙처리장치가 지체 없이
프로그램의 처리를 계속하는 방법을 뜻하는
것은?

① 클립보드(Clip board)
② 캐시 메모리(Cache memory)
③ 스풀(Spool)
④ 하드디스크(hard disk)

1 2 OK

55 3차원 모델의 처리속도의 빠르기를 올바르게
표현한 것은?

① 솔리드 모델 > 와이어프레임 모델 > 서페
이스 모델
② 서페이스 모델 > 솔리드 모델 > 와이어프
레임 모델
③ 와이어프레임 모델 > 서페이스 모델 > 솔
리드 모델
④ 서페이스 모델 > 와이어프레임 모델 > 솔
리드 모델

1 2 OK

56 크기를 변화시켜 출력해도 이미지 데이터의
해상도가 손상되지 않는 이미지는?

① Bitmap Image   ② Vector Image
③ TIFF Image   ④ PICT Image

1 2 OK

57 인쇄와 인쇄용지에 관한 설명 중 맞지 않는 것
은?

① 국전지 사이즈는 636×936mm이다.
② A4사이즈는 210×297mm이다.
③ 볼록판 인쇄(relief printing)에 사용하는
판은 잉크가 묻는 화선부가 비화선부보다
높게 되어 있다.
④ 인쇄에 사용되는 기본컬러는 RGB이다.

1 2 OK

58 포토샵에서 이미지 편집 시 패스(Path) 기능
이 필요 없는 경우는?

① 전체 이미지의 밝기와 색상 보정하기
② 경로를 따라가는 글자 입력하기
③ 스캔받은 이미지의 일부분을 따내기
④ 특정 모양을 만들어 채색하기

1 2 OK

59 셀에 그려진 후 촬영된 애니메이션 필름과 동
화상 필름을 하나로 합성하여 만드는 애니메
이션 기법은?

① 로토스코핑(Rotoscoping)
② 몰핑(Morphing)
③ 블랜드(Blend)
④ 트위닝(Tweening)

1 2 OK

60 다음 소자에 따른 컴퓨터그래픽스의 역사 분
류가 맞지 않는 것은?

① 제1기 – 진공관
② 제2기 – 트랜지스터
③ 제3기 – 집적 회로
④ 제4기 – 인공지능

제1과목 : 산업디자인 일반 [20문제]

1 2 OK

01 다음 중 디자인의 궁극적인 목적은?

① 인간의 행복을 위한 생활환경의 개선 및 창조
② 경제적 이윤을 추구하기 위한 디자이너의 욕망
③ 예술적인 창작 작품 제작을 위한 수단
④ 인간의 장식적 욕구를 충족시키기 위한 수단

1 2 OK

02 공예를 예술의 수준으로 높이고 사회 개혁의 운동으로 전개시켜 근대디자인운동의 시금석이 된 디자인 사조는?

① 아르누보
② 독일공작연맹
③ 미술공예운동
④ 반디자인운동

1 2 OK

03 타이포그래피에 대한 설명 중 가장 올바른 것은?

① 활자를 통해 정보를 효과적으로 전달하는 것을 말한다.
② 타이포그래피의 글자디자인은 레터링에 비해 약하다.
③ 활판에 의한 인쇄술이다.
④ 활판에 의한 글자의 구성만을 의미한다.

1 2 OK

04 선의 조형적 표현 방법 중 단조로움을 없애주고 흥미를 유발시켜 활동적인 분위기를 조성하지만 지나치게 많이 사용하면 불안정한 느낌을 주는 것은?

① 수직선
② 수평선
③ 사선
④ 포물선

1 2 OK

05 실내디자인의 계획단계에서 고려할 조건으로 가장 거리가 먼 것은?

① 입지적 조건
② 건축적 조건
③ 설비의 조건
④ 색채의 조건

1 2 OK

06 다음 중 시각디자인의 분야가 아닌 것은?

① 광고 디자인
② 패브릭 디자인
③ 포장 디자인
④ 타이포그래픽

1 2 OK

07 제품디자인 과정의 구성을 올바르게 나열한 것은?

① 계획 → 조사 → 분석 → 종합 → 평가
② 계획 → 평가 → 종합 → 조사 → 분석
③ 분석 → 종합 → 평가 → 계획 → 평가
④ 조사 → 계획 → 분석 → 종합 → 평가

1 2 OK

08 타입페이스(typeface) 중 가장 단순하며 획의 굵기가 일정하여 깨끗해 보이는 것은?

① 세리프
② 산세리프
③ 바스커빌
④ 해서체

1 2 OK

09 베르트하이머의 "부분과 부분이 서로 유사성에 의해 그룹을 이루어 보인다."는 유사성의 원리와 관계가 없는 것은?

① 크기의 요인　　　② 형태의 요인
③ 명도의 요인　　　④ 유행의 요인

1 2 OK

10 면의 특징에 관한 설명 중 틀린 것은?

① 점의 확대, 폭의 확대 등에 의해 성립된다.
② 이동하는 선의 자취가 면을 이룬다.
③ 길이나 너비, 넓이는 있으나 두께는 없다.
④ 삼각형, 사각형, 원형 등을 무정형이라 한다.

1 2 OK

11 제품디자인에 대한 설명 중 틀린 것은?

① 과학, 기술, 인간, 환경 등이 공존하는 분야이다.
② 생산 가능한 형태, 구조, 재료 등을 고려하여 설계해야 한다.
③ 인간과 자연의 매개 역할로서의 도구이다.
④ 인간의 감성에 맞춘 순수예술이어야 한다.

1 2 OK

12 수공예 부흥운동인 Art & Craft는 다음 중 어떤 양식을 주로 추구했는가?

① 바로코　　　② 고딕
③ 로코코　　　④ 로마네스크

1 2 OK

13 다음 중 온화하고 유연한 동적인 표정을 가지는 것은?

① 수직면　　　② 수평면
③ 곡면　　　　④ 사면

1 2 OK

14 실내디자인 분야에서 여러 가지 실내장식 액세서리를 이용하여 실내 분위기를 새롭게 연출하는 장식적 디자인은?

① 전시 디자인　　　　② 하우스에이전시
③ 코디네이터 디자인　④ 어번 디자인

1 2 OK

15 소비자 행동연구의 중요성에 대한 내용과 거리가 먼 것은?

① 마케팅 환경의 변화
② 시장세분화 전략의 필요성
③ 애프터 서비스의 필요성
④ 마케팅 콘셉트의 등장

1 2 OK

16 차별화 마케팅 전략의 목적으로 거리가 먼 것은?

① 경쟁우위 장악　　② 시장입지 획득
③ 수익증대　　　　④ 협력업체 합병

1 2 OK

17 디자인의 조형 요소와 관련이 없는 것은?

① 질감　　　② 색
③ 형　　　　④ 기호

1 2 OK

18 포장(Packaging)의 기능과 관계가 먼 것은?

① 내용물 보호　　② 상품정보 전달 기능
③ 진열효과 연출　④ 충동적 구매

1 2 OK

19 기계, 건축, 선박 등에 있어서 큰 축척으로 그려졌을 경우, 그 일부분의 축척을 확대하여 모양과 치수, 기구 등을 분명히 하기 위한 도면의 종류는?

① 평면도　　　② 입면도
③ 상세도　　　④ 단면도

20 다음 중 제품의 디자인 요소와 가장 관련이 없는 것은?

① 구조　　　　　② 재료
③ 이론　　　　　④ 형태

제2과목 : 색채 및 도법 [20문제]

21 다음 중 가벼운 느낌을 주는 색은?

① 자주　　　　　② 노랑
③ 녹색　　　　　④ 파랑

22 같은 색상에서 큰 면적의 색은 작은 면적의 색보다 화려하고 박력이 있어 보이는데 이러한 현상은?

① 정의잔상　　　② 명도효과
③ 부의잔상　　　④ 매스효과

23 미국의 색채학자 저드(D. B Judd)가 주장하는 색채조화의 네 가지 원칙이 아닌 것은?

① 방향성의 원리　② 질서의 원리
③ 친근성의 원리　④ 명료성의 원리

24 푸르킨예 현상을 설명한 것 중 틀린 것은?

① 어두워지면서 파장이 긴 색이 먼저 사라지고 파장이 짧은 색이 나중에 사라진다.
② 새벽이나 초저녁의 물체들이 푸르스름한 색으로 보이는 현상을 말한다.
③ 어두운 곳의 명시도를 높이기 위해서는 초록이나 파랑 계열의 색이 유리하다.
④ 조명이 점차 어두워지면 파란색 계통의 색이 먼저 영향을 받는다.

25 한국산업표준(KS) 물체색의 색이름에 대한 설명으로 틀린 것은?

① 먼셀의 10색상환에 근거하여 기본색이름을 정하였다.
② 색이름을 크게 계통색 이름과 관용색 이름으로 구별한다.
③ 기본색이름 앞에 붙는 색이름 수식형은 빨간, 흰 등과 같은 형용사만 사용된다.
④ 관용색명은 일상적으로 자주 사용되고 많은 사람이 색을 연상할 수 있는 색명이다.

26 먼셀(Munsell) 표색계의 기본색은?

① Red, Yellow, Green, Blue, Purple
② Yellow, Ultramarine Blue, Red, Sea Green
③ Orange, Turquoise, Purple, Leaf Green
④ Red, Green, Blue

27 다음 중 후퇴·수축되어 보이는 계통의 색은?

① 고명도의 색　　② 한색계의 색
③ 고채도의 색　　④ 난색계의 색

28 다음 중 인접색의 조화에 해당하는 것은?

① 노랑－다홍－빨강　② 노랑－남색－자주
③ 다홍－연두－남색　④ 녹색－주황－보라

29 빛에 대한 설명으로 틀린 것은?

① 빛은 눈을 자극하여 시각을 일으키는 물리적 원인이다.
② 분광된 빛을 단색광이라고 한다.
③ 태양의 빛을 백색광이라고 한다.
④ 동일 파장으로 구성되어 있다.

1 2 OK

30 날이 저물어 서서히 어두워지기 시작하면 추상체와 같이 작용하게 되어 사물의 윤곽이 흐릿하여 보기가 어렵게 된다. 이러한 상태는?

① 명소시　　　　② 암소시
③ 박명시　　　　④ 형태시

1 2 OK

31 다음 중 색채의 중량감에 대한 설명으로 옳은 것은?

① 주로 채도에 의하여 좌우된다.
② 중명도의 회색보다 노란색이 무겁게 느껴진다.
③ 난색계통보다 한색계통이 가볍게 느껴진다.
④ 주로 고명도의 색은 가볍게 느껴진다.

1 2 OK

32 먼셀표색계와 같이 색표 같은 것을 미리 정하여 놓고 물체의 색채와 비교하여 물체의 색을 표시하는 표색계는?

① 혼색계　　　　② 관용색명
③ 고유색명　　　④ 현색계

1 2 OK

33 은선을 사용할 때 주의사항으로 틀린 것은?

① 은선이 외형선에 접속될 때에는 여유를 둔다.
② 은선이 외형선에서 끝날 때에는 여유를 두지 않는다.
③ 은선과 외형선의 교점에서는 여유를 두지 않는다.
④ 다른 은선과의 교점에서는 여유를 두지 않는다.

1 2 OK

34 다음 그림과 같은 작도법은?

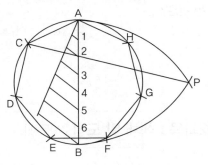

① 한 변이 주어진 임의의 정다각형
② 원에 내접하는 임의의 정다각형
③ 원의 중심 구하기
④ 다각형에 외접하는 원 그리기

1 2 OK

35 다음 중 투시도에 대한 설명으로 틀린 것은?

① 물체를 보고 그 형상을 판별할 수 있는 범위를 시야라 한다.
② 시점을 정점으로 하고 시중심선을 축으로 하여 꼭지각 60°의 원뿔에 들어가는 범위를 시야라 한다.
③ 큰 것을 그릴 때는 시거리를 짧게 잡아야 한다.
④ 시야의 넓음은 시거리에 의해서 결정된다.

1 2 OK

36 전개가 복잡한 비대칭형의 물체 내부를 상세하게 표시할 필요가 있을 때에 사용하는 도법은?

① 한쪽 단면도　　② 계단 단면도
③ 부분 단면도　　④ 회전 단면도

1 2 OK

37 형태의 대상물과 그것을 관찰하는 눈 사이에 화면을 두고, 시점에서 대상물의 각 점을 이어 화면에 투영된 그림을 얻는 도법은?

① 정투상도　　　② 투시도
③ 일러스트레이션　④ 등각투상도

38 입체에서 서로 직각으로 만나는 모서리를 세 축으로 하여 투상도를 그리면 입체의 형상을 한 투상도를 나타낼 수 있다. 이러한 투상법은?

① 구 투상도　　　　② 축측 투상도
③ 각기둥 투상도　　④ 사투상도

39 다음 도형을 제3각법에 의해 작도할 때 필요한 투상면(평면도−정면도−우측면도)을 바르게 고른 것은?

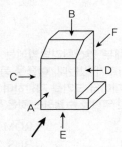

① A − C − D　　　② B − A − E
③ B − A − D　　　④ C − E − D

40 치수보조선에 알맞은 용도의 선은?

① 굵은 실선　　　　② 가는 실선
③ 가는 일점쇄선　　④ 굵은 일점쇄선

제3과목 : 디자인 재료 [8문제]

41 다음 중 책의 표지나 카탈로그, 포스터 등에 사용하는 종이는?

① 신문용지　　　　② 아트지
③ 글라싱지　　　　④ 콘덴서지

42 무기안료의 특징과 거리가 먼 것을 고르면?

① 은폐력이 크다.
② 색상이 선명하다.
③ 내열성이 크다.
④ 내광성이 크다.

43 사람의 눈으로 볼 수 없는 파장에 반응하는 필름은?

① 오토크로매틱 필름
② 팬크로매틱 필름
③ 적외선 필름
④ 레귤러 필름

44 특수강에 첨가하는 원소가 아닌 것은?

① 망간　　　　　　② 규소
③ 스테인리스　　　④ 코발트

45 얇고 흰색으로 불투명도가 높고 지질이 균일하여 성서나 사전과 같이 양질의 인쇄물을 만들 때 사용하는 종이는?

① 글라싱지　　　　② 라이스지
③ 인디아지　　　　④ 콘덴서지

46 도자기 제조에 쓰이는 유약의 3대 요소가 아닌 것은?

① 장석　　　　　　② 규석
③ 석회석　　　　　④ 밀납

47 다음 중 열가소성 플라스틱은?

① 페놀수지　　　　② 에폭시수지
③ 멜라민수지　　　④ 염화비닐수지

1 2 OK

48 융해한 금속을 급랭함으로써 만들어지는 금속으로 초강력에 못지않은 강도를 가지고 있으며, 뛰어난 내식성과 내마모성, 자기화 특성을 가지고 있는 금속은?

① 형상기억합금
② 소결합금
③ 수소 저장 합금
④ 아모르퍼스 합금

제4과목 : 컴퓨터그래픽스 [12문제]

1 2 OK

49 CMYK 모드를 모두 수용할 수 있는 색영역을 가지기 때문에 RGB 모드로의 변환 시에 중간 단계로 사용되는 등 색상 모드들 간의 색상 변환 시 유용하게 사용되는 컬러모드는?

① HSB 모드
② LAB 모드
③ HSV 모드
④ Indexed 모드

1 2 OK

50 3차원 모델링에서 2차원 도형을 어느 직선방향으로 이동시키거나 어느 회전축을 중심으로 회전시켜 입체를 생성하는 기능은?

① 스위핑(Sweeping)
② 라운딩(Rounding)
③ 프리미티브(Primitive)
④ 트위킹(Tweaking)

1 2 OK

51 3차원 모델링에 관한 내용 중 잘못된 것은?

① XYZ 좌표상의 특정한 위치에 고정된 객체들은 다른 특성들을 그대로 유지하면서 쉽게 위치, 크기, 각도를 변형할 수 있다.
② 축을 중심으로 회전시켜 모델링하는 것을 Lathe라고 한다.
③ 크기조절(scale)은 대상물의 크기와 비율을 바꾼다.
④ 폴리곤은 거의 대부분 b-spline으로 정의될 수 있다.

1 2 OK

52 컴퓨터 내부 연산처리방법에는 보통 8, 16, 32, 64비트가 있는데, 이들을 동시에 전송할 수 있는 데이터 크기를 제한하며 신호를 주고받기 위한 역할을 수행하는 것은?

① CPU
② ROM
③ RAM
④ BUS

1 2 OK

53 컴퓨터그래픽스의 발달 역사에 대한 설명으로 옳은 것은?

① 1950년대 : 컴퓨터의 등장과 함께 컴퓨터그래픽이 탄생된 시기로, 주요 소자는 진공관으로 컴퓨터의 초기 단계에 해당한다.
② 1960년대 : 고라우드에 의하여 면과 면 사이의 영역을 부드럽게 처리하는 매핑(Mapping) 기법이 개발되었다.
③ 1970년대 : 개인용 컴퓨터의 급속한 발전과 보급으로 컴퓨터그래픽이 대중화된 시기로 컴퓨터그래픽의 전성기라고 할 수 있다.
④ 1980년대 : 서덜랜드에 의하여 CRT 위에 라이트 펜으로 직접 그릴 수 있는 플로터(Plotter)가 개발되었다.

54 2D 그래픽 처리 프로그램에서 이미지의 합성, 변형 등의 과정을 통해 처리하는 작업을 뜻하는 용어는?

① 클리핑
② 이미지 프로세싱
③ 모션캡처
④ 스캐닝

55 다음 중 동영상 파일 포맷이 아닌 것은?

① AVI   ② SWF
③ MPEG   ④ NTSC

56 다음 중 물체의 고유한 질감(Texture)을 표현해 주기 위한 기능은?

① 디더링(Dithering)
② 블랜드(Blend)
③ 스미어(Smear)
④ 매핑(Mapping)

57 디스플레이 표시나 프린터로 인쇄할 때의 정밀도를 나타내는 해상도의 단위로서 1인치(Inch)당 몇 개의 점(dot)으로 이루어졌는지를 나타내는 해상도의 약어는?

① DPI   ② HSB
③ EPS   ④ TIFF

58 다음 중 컴퓨터 시스템의 기본 구성장치가 아닌 것은?

① 입력장치   ② 출력장치
③ 중앙처리장치 ④ 스피커장치

59 모바일 캐릭터 애니메이션 제작 프로세스 중 가장 마지막 단계에 실행되는 작업은?

① 통신사 전송
② 스토리보드 제작
③ 러프콘티 설정
④ 이미지 최적화

60 모니터에 나타난 이미지를 슬라이드 필름으로 옮기고 싶다면 다음 중 어떤 출력장치를 써야 하는가?

① 비디오 레코더   ② 플로터
③ 필름레코더   ④ 도트프린터